可持续发展实验区建设理论探索与北京实践

周中仁◎著

THEORETICAL EXPLORATION OF
SUSTAINABLE DEVELOPMENT EXPERIMENTAL ZONE CONSTRUCTION
AND BEIJING PRACTICE

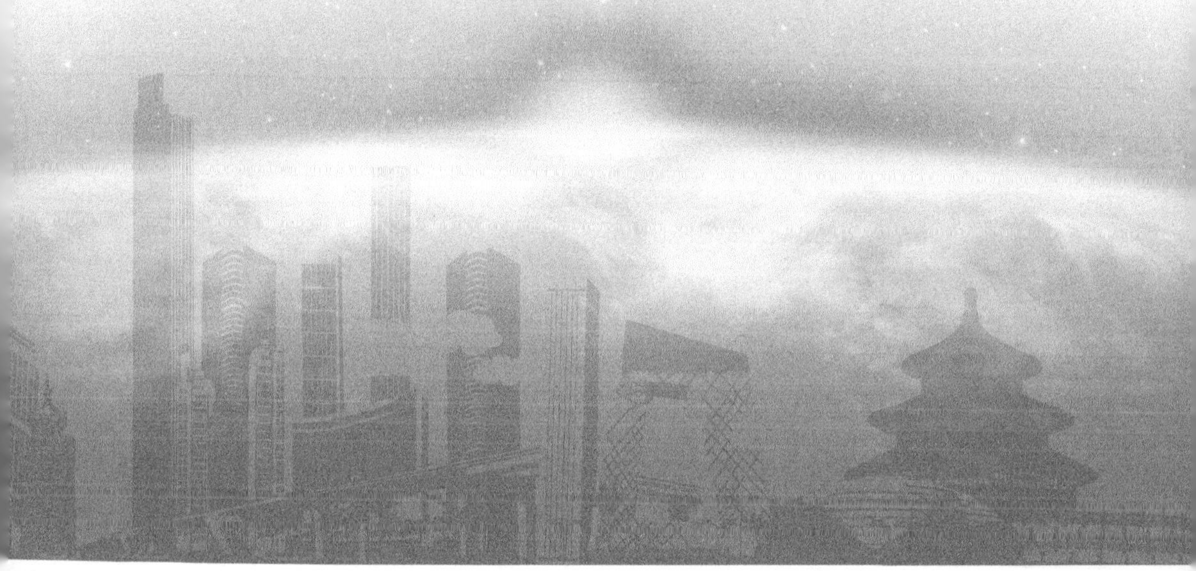

中国经济出版社
CHINA ECONOMIC PUBLISHING HOUSE
北 京

图书在版编目（CIP）数据

可持续发展实验区建设理论探索与北京实践 / 周中仁著. --北京：中国经济出版社，2021.10
ISBN 978-7-5136-6665-7

Ⅰ. ①可… Ⅱ. ①周… Ⅲ. ①区域经济发展-实验区-研究-北京 Ⅳ. ①F127.1

中国版本图书馆 CIP 数据核字（2021）第 201536 号

责任编辑　罗　茜
责任印制　马小宾
封面设计　华子图文

出版发行　中国经济出版社
印 刷 者　北京中石油彩色印刷有限责任公司
经 销 者　各地新华书店
开　　本　710mm×1000mm　1/16
印　　张　15
字　　数　223 千字
版　　次　2021 年 10 月第 1 版
印　　次　2021 年 10 月第 1 次
定　　价　78.00 元
广告经营许可证　京西工商广字第 8179 号

中国经济出版社　**网址** www.economyph.com　**社址** 北京市东城区安定门外大街 58 号　**邮编** 100011
本版图书如存在印装质量问题，请与本社销售中心联系调换（联系电话：010-57512564）

前言

党的十八大以来，以习近平同志为核心的党中央遵循人类社会发展规律，顺应人民群众对美好生活的期盼，把建设美丽中国摆在前所未有的高度，将其作为统筹推进经济建设、政治建设、文化建设、社会建设、生态文明建设“五位一体”总体布局和协调推进全面建设社会主义现代化国家、全面深化改革、全面依法治国、全面从严治党的“四个全面”战略布局的重要内容；把坚持人与自然和谐共生纳入新时代坚持和发展中国特色社会主义基本方略；把绿色发展纳入新发展理念，坚定不移地走生态优先的绿色发展之路，有力推进人类社会可持续发展。

党的十九大报告指出，经过长期努力，中国特色社会主义进入了新时代，社会主要矛盾已经转化为人民日益增长的美好生活需要和不平衡不充分的发展之间的矛盾。我国要全力推进绿色发展，在发展中保障和改善民生，在幼有所育、学有所教、病有所医、老有所养等方面不断取得新进展，不断促进全体人民共同富裕。我国要进一步树立和践行“绿水青山就是金山银山”的理念，坚持节约资源和保护环境的基本国策，统筹山水林田湖草系统治理，实行最严格的生态环境保护制度，形成绿色发展方式和生活方式，坚定走生产发展、生活富裕、生态良好的文明发展道路，建设美丽中国，实现中华民族永续发展的千年大计。可持续发展思想已经深入人心，并成为指导国家和地方经济社会发展的主旋律。

可持续发展实验区，是可持续发展思想、理念、行动等在某一区域的集中实验与示范，与美丽中国建设、绿色发展、生态文明思想一脉相承，并且其在建设中与时俱进、不断创新。自1986年国家启动实验区建设工作以来，按照可持续发展的总体要求，我国在大城市改造、小城镇建设、社区管理、生态环境保护及资源可持续利用、资源型城市发展等方面积累了丰富经验。在可持续发展实验区建设的实践中，我国依靠科技进步、机制创新和制度建设，探索出了不同类型地区的经济、社会和资源环境协调发展的机制和模式，为不同类型地区实施可持续发展战略提供了示范，使可持续发展理念在全国各地得到全面深入的推广。2015 年 9 月，联合国可持续发展峰会通过了《变革我们的世界：2030 年可持续发展议程》（以下简称《2030 年可持续发展议程》），这是继《21 世纪议程》《联合国千年发展目标》之后，人类在可持续发展领域的又一项具有里程碑意义的行动。《2030 年可持续发展议程》受到国际社会高度关注和广泛支持。2016 年 12 月，国务院出台了《关于印发中国落实 2030 年可持续发展议程创新示范区建设方案的通知》（国发〔2016〕69 号），正式启动国家可持续发展议程创新示范区（以下简称“国家创新示范区”）建设工作，这对可持续发展实验区建设提出了更高要求，即通过建设形成一批可复制、可推广的可持续发展现实样板，对内继续为中国其他地区可持续发展发挥示范带动效应，对外为其他国家落实《2030 年可持续发展议程》提供中国经验。

当前，国内外发展环境正经历着深刻变化，2020 年年初暴发的新冠肺炎疫情把这种变化暴露得更加明显，人类社会的发展面临更多不确定性，人与自然和谐共处，国与国之间和平发展显得更加弥足珍贵。现已拉起序幕的“十四五”是我国全面建成小康社会、实现第一个百年奋斗目标之后，乘势而上开启全面建设社会主义现代化国家新征程、向第二个百年奋斗目标进军的第一个五年。在新的历史时期，站在新的起点上，我们要统筹中华民族伟大复兴战略全局和世界百年未有之大变局，在科学分析我国社会主要矛盾发展变化带来的新特征、新要求的基础上，深刻认识错综复杂的国际环境带来的新矛盾、新挑战，要紧抓战略机遇期，让“创新、协调、绿色、开放、共享”新发展理念和构建人类命运共同体等中国智慧惠及人类，引领人类社会持续健康发展。可持续发展实验区和国家创新示范区作为高质量绿色发展的样板，可以更好地集中展示中国发展成果。

北京市高度重视实验区建设工作。1995 年 7 月，西城区被批准为全国特大城市中心城区国家级可持续发展实验区，这也是北京市的第一个国家级可持续发展实验区；随后，怀柔区、石景山区、门头沟区也先后成为国家可持续发展实验区。2008 年西城区因为在人口、资源、环境协调发展的组织体系和保障机制探索与研究过程中的突出成绩，被确定为国家首批 13 个可持续发展先进示范区之一。2014 年科技部专家组高度评价西城区可持续发展实验区建设工作："西城可持续发展工作走在了全国前列，是全国实验区建设中的一面旗帜，西城可持续发展工作具有标杆的意义。"北京市可持续发展实验区建设工作获得了国家的充分认可。除了 4 个国家级可持续发展实验区，北京市还围绕可持续发展领域的一些突出瓶颈问题和短板，设立了丰台区王佐镇、榆树庄村，大兴区留民营村，海淀区四季青镇，朝阳区金盏乡，西城区广安门外街道，顺义区李桥镇，密云区穆家峪镇、大城子镇、太师屯镇，延庆区旧县镇，房山区大石窝镇 12 个市级可持续发展实验区，在城镇建设、产业转型、社会发展、民生事业和生态环境建设等方面进行实验示范，总体成效显著，有力推进了北京市可持续发展建设工作。

近年来，北京市城乡建设发生了翻天覆地的变化，城市的功能也在发展中不断调整。党的十八大以来，习近平总书记 8 次视察北京，13 次对北京发表重要讲话，为新时期首都发展指明了方向。为深入贯彻落实习近平总书记视察北京重要讲话精神，紧紧扣住"两个一百年"奋斗目标和中华民族伟大复兴的时代使命，围绕"建设一个什么样的首都，怎样建设首都"这一重大问题，谋划首都未来可持续发展的新蓝图，北京市规划和国土资源管理委员会发布了《北京城市总体规划（2016—2035 年）》。新版规划清晰明确地描绘了今后一段时期北京发展的指导思路、战略定位、发展目标、规模和空间布局、功能定位等。北京的功能定位是中华人民共和国的首都，是全国政治中心、文化中心、国际交往中心、科技创新中心，要把"四个中心"功能建设作为当前和今后一段时期的中心任务来抓，要优化城市空间布局，大力实施以疏解北京非首都功能为重点的京津冀协同发展战略，转变城市发展方式，完善城市治理体系，有效治理“大城市病”，不断提升城市发展质量、人居环境质量、人民生活品质、城市竞争力，实现城市可持续发展，率先全面建成小康社会，建设国际一流的和谐宜居之都。在此宏观背景下，实验区肩负着传承和创新的使命，系统梳理可持续发展实验区的建设历程，总结实践经验和成果，开展新时期北京市可持续发展实验区建设的理论与未来发展路径研究是尤为必要的。

本书作为对北京市可持续发展实验区建设的全面系统研究，共包含十章内容。第一章分析了可持续发展实验区建设的理论基础，包括可持续发展实验区提出的时代背景、可持续发展实验区相关概念的辨析、可持续发展实验区建设相关支撑理论以及可持续发展实验区建设的主要特征等。第二章对国家可持续发展实验区建设进行了系统梳理，包括可持续发展实验区演变与建设阶段划分、可持续发展实验区建设时间与空间格局、可持续发展实验区建设典型模式。第三章对目前已获批的6个国家创新示范区的创建路径进行了科学总结，主要包括国家创新示范区建设的时代需求，创建主题选择、建设思路、具体推进路径和对北京市可持续发展实验区建设启示等。第四章和第五章对北京市可持续发展实验区建设现状进行了系统总结，包括北京市可持续发展实验区的建设历程、各个可持续发展实验区建设主题的选取、可持续发展实验区建设成效、存在的主要问题、建设中形成的宝贵经验和典型模式等。第六章对新时期北京市可持续发展实验区建设的思路、目标与路径进行了战略研究，包括新时期可持续发展实验区建设面临的新形势和新任务、建设的指导思想、建设遵从的主要原则、总体建设思路与战略目标、建设的总体路径和对策建议等。第七章至第十章，选择门头沟区、西城区两个国家级可持续发展实验区和房山区大石窝镇、密云区太师屯镇两个市级可持续发展实验区进行了具体研究。

周中仁

2021 年 5 月

目　录

第一章
可持续发展实验区建设的理论基础

一、可持续发展理念与可持续发展实验区的提出

（一）可持续发展理念的产生与发展

现代工业革命带来社会飞速发展的同时，也引发了对自然资源的过度掠取和对环境的肆意破坏，特别是比利时马斯河谷烟雾事件、英国伦敦烟雾事件、美国洛杉矶光化学烟雾事件、日本水俣病事件等环境公害事件的发生，使人类开始思考传统粗放式发展模式的弊端。1962 年，美国科普作家蕾切尔·卡逊（Rachel Carson）《寂静的春天》一书的出版给人类发展敲响了警钟，唤起了人类对发展模式的重新思考。该书主要描述了化学肥料和杀虫剂的过度使用导致的环境污染和对生态系统的破坏，最终给人类带来不堪重负的灾难。1972 年，联合国人类环境会议在瑞典斯德哥尔摩举行，这是世界各国政府共同探讨环境问题，探讨保护全球环境战略的第一次国际会议，在人类环境保护和可持续发展史上具有里程碑意义。这次会议通过了《联合国人类环境会议宣言》，宣告了人类对环境的传统观念的终结，达成了“只有一个地球”，人类与环境是不可分割的“共同体”的共识，开启了人类环境保护事业的新纪元。

可持续发展一词被明确提出最早可以追溯到 1980 年，世界自然保护联盟（IUCN）、联合国环境规划署（UNEP）、野生动物基金会（WWF）共同发表的《世界自然保护大纲》，提出“必须研究自然的、社会的、生态的、经济的以及利用自然资源过程中的基本关系，以确保全球的可持续发展”。1981 年，美国世界观察研究所所长莱斯特·R. 布朗（Lester

R. Brown）出版《建设一个可持续发展的社会》一书，提出以控制人口增长、保护资源基础和开发再生能源来实现社会可持续发展。1987 年，联合国世界环境与发展委员会（WCED）发表了报告《我们共同的未来》，这份报告对可持续发展概念做出了系统阐述，并对可持续发展进行了定义，即“既能满足当代人的需要，又不对后代人满足其需要的能力构成危害的发展”，这一定义是可持续发展众多概念释义中最经典的，也是被广泛认可的。

（二）可持续发展实验区提出的时代背景

可持续发展实验区是我国首创的，我国在不断摸索发展中形成了一系列宝贵的经验。从 20 世纪下半叶开始，环境保护和可持续发展在国际上不断得到重视，特别是在发达国家，环境治理和生态修复力度不断加大。中国环境治理步伐滞后于西方国家。改革开放确立的以经济建设为中心的基本国策把国家发展推向快车道，经济得到快速发展，人民生活得到极大改善；但与此同时，工业化大发展伴随的环境污染、生态破坏、极端气候频繁、贫富差距加大等影响经济社会可持续发展的困境也在中国不断涌现，如何科学健康地发展引起了政府和学界的思考。鉴于西方发达国家的发展经验和中国的发展困境，1986 年原国家科委会同原国家体改委、原国家计委等政府部门在江苏省常州市和无锡市华庄镇共同推动了城镇社会发展综合试点工作。1992 年，原国家科委和原国家体改委共同发布了《关于建立社会发展综合实验区的若干意见》，提出在试点工作基础上，建立“社会发展综合实验区”。

在全球环境持续恶化、社会发展问题更趋严重的背景下，1992 年联合国环境与发展大会在巴西里约热内卢召开。这次会议是继 1972 年联合国人类环境大会之后，规模最大、级别最高的一次国际盛会，也是一次环境保护里程碑事件，人类在环境保护与可持续发展进程上迈出了重要一步。本次大会围绕环境与发展这一主题，在维护发展中国家主权和发展权、发达国家提供资金和技术等核心关键问题上进行谈判，最后通过了《关于环境与发展的里约热内卢宣言》（又称《地球宪章》）、《21 世纪议程》和《关于森林问题的原则声明》3 项文件，明确了发达国家和发展中国家在全球环境问题方面“共同但有区别的责任”、发达国家向发展中国家提供资金和转让技术的承诺以及制定了实施可持续发展的目标和行动计划等。

中国高度重视此次联合国环境与发展大会，国务院原总理李鹏出席大会并发表重要讲话，做出了履行《21 世纪议程》等文件的庄严承诺。为进一步响应 1992 年联合国环境与发展大会精神，1994 年 3 月 25 日，国务院第十六次常务会议审议通过了《中国 21 世纪议程》，该议程主要分为四大部分：可持续发展总体战略与政策、社会可持续发展、经济可持续发展、资源的合理利用与环境保护。中国成为世界上第一个编制出本国 21 世纪议程行动方案的国家。随后，我国社会发展综合实验区工作重心转向可持续发展，我国要求各实验区率先建成实施《中国 21 世纪议程》和可持续发展战略的基地。为切实有效推进《中国 21 世纪议程》的实施，中央机构编制委员会办公室还批准成立了专门管理机构——中国 21 世纪议程管理中心（科技部直属事业单位），可见我国对此项工作的重视程度之高。

1995 年，中共十四届五中全会正式将可持续发展战略写入《中共中央关于制定国民经济和社会发展“九五”计划和 2010 年远景目标的建议》，提出“必须把社会全面发展放在重要战略地位，实现经济与社会相互协调和可持续发展”。这是党中央在文件中第一次使用“可持续发展”的概念。根据中共十四届五中全会精神，1996 年，第八届全国人民代表大会第四次会议批准了《中华人民共和国国民经济和社会发展“九五”计划和 2010 年远景目标纲要》，可持续发展作为一条重要的指导方针和战略目标上升为国家意志。1997 年，全国人民代表大会将可持续发展战略确定为中国的长远发展战略之一，同年底“社会发展综合实验区”正式更名为“国家可持续发展实验区”。国家可持续发展实验区的建设旨在依靠科技进步、机制创新和制度建设，在大力发展经济的同时，同步解决城镇基础设施建设水平低、环境污染、科教文卫等社会事业发展滞后等问题，探索不同类型地区的经济、社会和资源环境协调发展的机制和模式，为不同类型地区实施可持续发展战略提供示范。

二、可持续发展实验区相关概念辨析

为了解决经济社会发展中不断涌现的问题，我国进行了多渠道、多路径的实践探索，并形成了各具特色的试验示范区，如国家级生态县（省、市、区）、国家生态文明建设示范市县、“绿水青山就是金山银山”实践创新基地、国家生态文明试验区（国家生态文明先行示范区）、国家高新技术产业开发区、国家城乡融合发展试验区、国家农业可持续发展试验示范区等。这些试验示范区与可持续发展实验区相比，在建设内容上既有交叉重叠，又有独立、突出之处。

（一）国家级生态县（省、市、区）

生态县概念最早可追溯到20世纪80年代中叶，主要源自生态学家马世骏提出的“社会—经济—自然复合生态系统”思想，其倡导开展城乡生态建设。中国科学院生态环境研究中心的学者根据1986年在江苏省大丰县开展的大丰生态县规划与建设的研究，提出生态县是一个以循环再生的生态工艺为基础，以协调共生的生态体制为骨架，以持续自生的生态活力为灵魂建立起来的物质能量高效利用，社会、经济、自然和谐共生，并实现人对系统的趋优调控，人与自然协同进化的复合生态系统。从20世纪90年代中期开始，我国先后实施了一批生态县建设项目，后续拓展到生态市、生态省。在2006年第35个世界环境日表彰大会上，浙江省安吉县被授予中国第一个“国家生态县”称号。截至2020年年底，我国开展国家级生态县（省、市、区）建设超过1000个。国家级生态县（省、市、区）是一个实现生态环境保护和经济社会发展双赢的金字招牌，由国家环保主管部门授牌表彰，其建设有力推进了地区的可持续发展。

（二）国家生态文明建设示范市县和“绿水青山就是金山银山”实践创新基地

2012年11月，党的十八大站在新的历史起点，做出了“大力推进生态文明建设”的战略决策，把生态文明建设放在更加突出的地位，融入经济建设、政治建设、文化建设、社会建设各方面和全过程，即新时代“五位一体”总体布局。国家生态文明建设示范市县和“绿水青山就是金山银山”实践创新基地作为推进生态文明建设的重要平台和载体，以统筹推动“五位一体”为重点，加快地方生态文明体系（主要包括生态安全、环境支撑、生态经济、生态文化、生态人居和生态制度6个方面）构建，力求探索出符合地方特色的生产发展、生活富裕、生态良好的文明发展之路，夯实绿水青山本底、壮大绿色发展动能、创新并健全“绿水青山”与“金山银山”转化机制，培育高质量发展绿色增长点，以生态环境高水平保护促进经济高质量发展。此项工作主要由生态环境部组织实施。截至2020年年底，我国共命名了262个国家生态文明建设示范市县和87个“绿水青山就是金山银山”实践创新基地。生态文明建设示范市县和“绿水青山就是金山银山”实践创新基地的建设，在有效带动区域生态环境质量显著改善、有力促进各地绿色高质量发展、全面推动生态文明建设改革任务落地见效、显著提升全社会生态文明意识和参与水平等方面发挥了重要的示范引领作用。

（三）国家生态文明试验区（国家生态文明先行示范区）

国家生态文明试验区，起源于生态文明思想战略，是贯彻落实党中央、国务院关于生态文明建设和生态文明体制改革的有效载体和试验平台。2013年12月，国家发展改革委、财政部、国土资源部等六部委下发了《关于印发国家生态文明先行示范区建设方案（试行）的通知》，在全国范围内选择有代表性的100个地区开展国家生态文明先行示范区建设，探索符合我国国情的生态文明建设模式。生态文明先行示范区以推动绿色、循环、低碳发展为基本途径。2014年3月10日，国务院正式印发《关于支持福建省深入实施生态省战略加快生态文明先行示范区建设的若干意见》，福建省成为党的十八大以来，国务院确定的全国第一个生态文明先行示范区。由于历史等多方面原因，我国生态文明建设水平总体仍然滞后于经济社会发展，制度体系还不健全，体制机制瓶颈亟待突破，迫切需要加强顶层设计与地方实践的结合，原有的示范已不足以解决体制机制障碍，需要开展改革创新试验，探索适合我国国情和各地发展阶段的生态文明制度模式。为此，2015年10月，党的十八届五中全会和“十三五”

规划纲要明确提出设立统一规范的国家生态文明试验区。自2016年以来，国家先后在福建、江西、贵州和海南四省开展了国家生态文明试验区建设，各试验区围绕生态文明体制改革大胆探索、先行先试，形成了一系列宝贵的改革经验和建设成果。

（四）国家高新技术产业开发区

国家高新技术产业开发区，简称“国家高新区”，是由科技部牵头在一些知识与技术密集的大中城市和沿海地区建立的发展高新技术的产业开发区。1985年3月，《中共中央关于科学技术体制改革的决定》正式发布，文件明确指出：“为加快新兴产业的发展，要在全国选择若干智力密集地区，采取特殊政策，逐步形成具有不同特色的新兴产业开发区。”1988年5月，《国务院关于深化科学技术体制改革若干问题的决定》中进一步明确指出：“智力密集的大城市，可以积极创造条件，试办新技术产业开发区，并制定相应的扶持政策。”同年，国家第一个高新区在北京中关村落地。高新区以智力密集和开放环境条件为依托，依靠国内科技与经济资源，充分吸收和借鉴国外先进科技资源、资金和管理手段，通过实施高新技术产业的优惠政策和各项改革措施，实现软硬环境的局部优化，最大限度地把科技成果转化为现实生产力。国家高新区已经成为我国依靠科技进步和技术创新支撑经济社会发展、走中国特色自主创新道路的一面旗帜，是我国高新技术产业发展的最为主要的战略力量，是引领科学发展、创新发展和可持续发展的战略先导。截至2019年年底，我国国家高新区数量达到169个，实现生产总值12.2万亿元，上缴税费1.9万亿元，分别占国内生产总值的12.3%、税收收入的11.8%。为进一步完善科技创新体制机制，加快发展战略性新兴产业，推进创新驱动发展，国务院在国家高新区建设的基础上又实施了国家自主创新示范区建设。截至2019年年底，我国共建设了21个国家自主创新示范区。

（五）国家城乡融合发展试验区

城乡之间的差距是经济社会矛盾的重要根源。自改革开放以来，我国城乡关系在发展中不断走向融合，特别是进入21世纪后，城乡融合步伐更是不断加快。党的十九大报告明确提出“我国社会主要矛盾已经转化为人民日益增长的美好生活需要和不平衡不充分的发展之间的矛盾”，要“建立健全城乡融合发展体制机制和政策体系”。在2017年中央农村工作会议中，党中央又将“重塑城乡关系，走城乡融合发展之路”置于乡村振兴战略七条道路之首，可见城乡融合发展的重要性。尽管国家对城乡融合发展战略高度重视，政策不断加码，但因城乡关系是长期历史形成的产物，融合发展中的掣肘依然较多，包括土地户籍制度改革亟待深化、城乡二元经济结构矛盾尖锐、城乡要素流动不顺畅、城乡基础设施和公共服务差距较大，以及乡村凋敝日益加剧等。为此，2019年5月，中共中央、国务院发布了《关于建立健全城乡融合发展体制机制和政策体系的意见》，提出要选择有一定基础的市县两级设立国家城乡融合发展试验区。习近平总书记也明确做出指示，抓好试点对改革全局意义重大，要坚持解放思想、实事求是，鼓励探索、大胆实践，敢想敢干、敢闯敢试，多出可复制、可推广的经验做法，带动面上改革。2019年年底，国家发展改革委、中央农村工作领导小组办公室、农业农村部、公安部等十八部门联合印发了《国家城乡融合发展试验区改革方案》，确定11个国家城乡融合发展试验区，其中东部地区有5个，中部地区有2个，西部地区有3个，东北地区有1个。国家城乡融合发展试验区重点在建立健全有利于城乡要素合理配置的体制机制、建立健全有利于城乡基本公共服务普惠共享的体制机制、建立健全有利于城乡基础设施一体化发展的体制机制、建立健全有利于乡村经济多元化发展的体制机制、建立健全有利于农民收入持续增长的体制机制等5个方面试验探索，以重塑新型城乡关系，加快城乡融合发展之路，促进乡村振兴和农业农村现代化。

（六）国家农业可持续发展试验示范区

为了贯彻落实《国民经济和社会发展第十三个五年规划纲要》《全国农业可持续发展规划（2015—2030年）》和2016年中央一号文件关于建设农业可持续发展试验示范区的要求，践行绿色发展理念、推动生态文明建设、转变农业发展方式、补齐资源环境短板、加快农业现代化、促进农业可持续发展，2016 年农业部联合国家发展改革委、科技部、财政部等八个部门制定了《国家农业可持续发展试验示范区建设方案》。方案提出，试验示范区建设要着重探索农业生产与资源环境保护协调发展的有效途径，治理当前农业农村环境突出问题，形成可复制、可推广的技术路径与运行机制。国家农业可持续发展试验示范区的建设将重点围绕农业产业可持续、资源环境可持续、农村社会可持续 3 个方面，整合各项碎片化的单项措施，系统谋划、分工协作，综合施策、统筹推进，目标是到 2030 年实现全国范围内供给保障有力、资源利用高效、产地环境良好、生态系统稳定、农民生活富裕、田园风光优美的农业可持续发展新格局基本确立。在各地积极申报的基础上，经过八部门组织遴选，2017 年产生了第一批 40 个国家农业可持续发展试验示范区。另外，为贯彻落实中共中央办公厅、国务院办公厅《关于创新体制机制推进农业绿色发展的意见》，加快推进试验示范区创建，第一批试验示范区同时还作为农业绿色发展的试点先行区，通过先行先试，创新机制，创造经验，以带动面上绿色发展。为了进一步加强国家农业可持续发展试验示范区（农业绿色发展先行区）建设管理，2018 年 11 月农业农村部等八部门又出台了《国家农业可持续发展试验示范区（农业绿色发展先行区）管理办法（试行）》，提出了试验示范区的考核指标体系（包括定量指标和定性指标）。

（七）相关试验（实验）示范区内涵比较

从上述各类试验（实验）示范区建设的背景、任务目标与建设重点内容等可见，国家可持续发展实验区和国家高新技术产业开发区是由科技部牵头实施，突出科技创新的重要支撑作用，前者重点关注科技与创新对区域可持续发展的促进，后者关注科技与创新对产业经济发展的促进；国家级生态县（省、市、区）和国家生态文明建设示范市县（“绿水青山就是金山银山”实践创新基地）是由生态环境部牵头实施的，重点是加强生态建设和环境保护，探寻生态环境保护与经济社会发展双赢，二者具有延续性和传承性，是生态（生态文明）建设的重要平台；国家生态文明试验区（国家生态文明先行示范区）和国家城乡融合发展试验区由国家发展改革委牵头实施，二者关注的重点是发展中的体制机制障碍，开展改革创新试验，前者围绕生态文明建设，后者围绕城乡融合建设；国家农业可持续发展试验示范区由农业农村部牵头实施，重点关注农业生产中发展方式的转变与资源环境短板的补齐等，最终目标是实现农业绿色可持续发展。另外，从各类试验（实验）示范区建设的内容覆盖面来说，国家可持续发展实验区、国家级生态县（省、市、区）、国家生态文明建设示范市县和国家生态文明试验区（国家生态文明先行示范区）涵盖区域生态环境建设、经济与社会发展等方方面面，而国家高新技术产业开发区、国家城乡融合发展试验区和国家农业可持续发展试验示范区主要围绕一个领域开展。即各类试验示范区与国家可持续发展实验区在建设任务与内容上存在不同，但是各类试验示范区建设的落脚点都是推动产业经济高质量绿色发展和追求经济社会发展与生态环境建设的双赢，以促进区域可持续发展，这与可持续发展实验区是统一的。相关试验（实验）示范区辨析见表 1-1。

表 1-1 相关试验（实验）示范区辨析

名称	涉及领域	突出重点	主要路径目标	牵头单位
国家可持续发展实验区	经济、社会、生态环境	科技创新	科技与创新促进区域可持续发展	科技部
国家级生态县（省、市、区）	经济、社会、生态环境	生态环境建设	加强生态建设和环境保护，探寻生态环境保护与经济社会发展双赢	生态环境部
国家生态文明建设示范市县	经济、社会、生态环境	生态环境建设	加强生态文明建设，推动经济绿色高质量发展	生态环境部
国家生态文明试验区（国家生态文明先行示范区）	经济、社会、生态环境	体制机制改革创新	加强生态文明体制改革创新，推动生态文明进步	国家发展改革委
国家高新技术产业开发区	高新技术产业	科技创新	科技与创新促进产业经济发展	科技部
国家城乡融合发展试验区	城乡融合	体制机制改革创新	破解城乡二元结构体制机制障碍，加快城乡融合步伐	国家发展改革委
国家农业可持续发展试验示范区	农业发展	农业绿色发展	转变农业发展方式与补齐资源环境短板，实现农业绿色发展	农业农村部

三、可持续发展实验区建设的理论基础

可持续发展理论非常宽泛、深厚，现有的一切指导和推动人类经济社会进步与发展的科学理论都可以认为是其理论基础。可持续发展理论已基本渗透到经济社会发展的方方面面，但是不同领域，其理论基础又有所不同。可持续发展实验区建设，顾名思义就是在一定区域以可持续发展观为理论指导开展实践探索，形成模式样板，发挥示范引领作用，从而促进经济社会的持续健康发展，为人类可持续发展做出贡献。可见，这是一项系统工作，并且是在发展中不断变化与优化的，其理论基础概括起来主要有系统论、可持续发展观、生态经济学理论、生态文明思想、创新理论等。

（一）系统论

系统论最初为一般系统论，是由美籍奥地利生物学家冯·贝塔朗菲（L. V. Bertalanffy）提出的，它是研究系统的一般模式、结构和规律的理论。它研究各种系统的共同特征，用数学方法定量地描述其功能，寻求并确立适用于一切系统的原理、原则和数学模型，是具有逻辑和数学性质的一门新兴的科学。系统论的产生和运用对现代科学技术的发展产生了积极影响，更重要的是它提供了一种新的系统思维模式。

系统是相互作用的若干要素的复合体，对此钱学森给出的定义较为完整，即“由相互作用和相互依赖的若干组成部分结合而成的具有特定功能的有机整体”。系统论的核心思想就是系统的整体观念。任何系统都是一个有机的整体，它不是各个部分的机械组合或简单相加，系统的整体功能是各要素在孤立状态下所没有的新质，它是“新加的”或“突现的”。“整体大于部分之和”是对系统的整体性一个精辟概括，也否定了那种认为要素性能好，整体性能就一定好，以局部说明整体的机械论的观点。系统中各要素并不是孤立地存在着，每个要素在系统中都处于一定位置，起着特定的功能作用；并且各要素之间相互关联，构成了一个不可分割的整体。系统论的基本思想方法，就是把所研究和处理的对象，当作一个系统，分析系统的结构和功能，研究系统、要素、环境三者的相互关系和变

化的规律性。

可持续发展实验区建设涵盖一个区域的产业经济发展、社会公共服务、基础设施建设、生态环境建设、科技与体制机制创新等各方面，建设的过程是物质循环、能量转换、信息传递和价值转移等多种功能集合的过程，并且是由众多互相联系、互相依赖、互相制约、互相作用的事物和关系所形成的统一体。概括地说，可持续发展实验区主要涉及三大子系统——自然子系统、经济子系统和社会子系统，每个子系统又包含若干不同的子子系统，并且每个子系统有相对独立的结构、功能与行为。自然子系统主要是区域内的水、土、大气、动植物、矿产等资源条件，是一个区域生态环境的本底与经济社会发展的基础；经济子系统主要是区域内生产与消费过程涉及的诸多经济活动；社会子系统主要是指区域内的各种与人有关的社会活动。这三个子系统同时又是开放的、紧密联系的，每个子系统的变化都会受到其他子系统的影响，并且会引起其他子系统的变化。比如一个可持续发展实验区的生态环境建设与改善，既可以提高区域内人民群众的幸福指数，也可以成为旅游产业发展的重要支撑；产业经济发展既可以提供资金促进生态环境建设和人民生活水平提高，也可能造成污染给区域生态环境造成破坏并影响人民生活质量。综上所述，可持续发展实验区建设涉及的诸多因素是一个自然—经济—社会复杂系统。运用系统理论指导可持续发展实验区建设可以做到从长远、全局来协调人与自然、社会的关系，全面、综合、科学地统筹兼顾各个因素，达到整体优化，实现经济效益、社会效益和生态效益的最佳统一。因此，从系统论角度来研究分析可持续发展实验区建设意义重大。

（二）可持续发展观

“可持续发展”一词的提出迄今已有 30 余年，1987 年 WCED 发表报告《我们共同的未来》，给出了可持续发展的经典定义，即“既能满足当代人的需要，又不对后代人满足其需要的能力构成危害的发展”。可持续发展观的核心在于“持续”。“持续性”一词最早是由生态学家提出来的，即所谓“生态持续性”，意在说明自然资源及其与开发利用程度间的平衡。

可持续发展观提出的初衷是在生态环境恶化对人类发展造成严重影响的困境下，寻求一种克服传统发展方式对自然生态和环境的负面影响的有效途径，所要解决的核心矛盾是人与自然的对立问题。随后，其“生态持续性”拓展到“经济持续性”“社会持续性”“文化持续性”等，可持续发展观的核心变为处理好人与自然以及人与人之间的关系。

与传统的发展观念相比，可持续发展观强调对未来发展义务的承担，强调不能因盲目追求经济的发展而破坏生态环境和社会的公平正义，要把经济发展、环境污染、资源消耗、社会公平等有机统一，相互统筹协调，走一条社会、经济、资源和环境相互协同的可持续发展道路。由此可见，可持续发展观具有整体性、有机协调性和以人为本的特征。整体性是指可持续发展观多维统一，在空间维度上体现着整体与局部的统一；在时间维度上体现着现在和未来的统一；在文化维度上，体现着理性与价值的统一；在纵向关系上注重把持续的和长远的利益作为社会发展的一个重要衡量标准。所以可持续发展观追求的不是局部的、暂时的效益，而是整体的、长远的效益。有机协调性是指把整个自然界和人类社会看成一个各种要素有机组成的密不可分的巨系统，各部分是相互规定、同构共生、协调发展的关系，强调各部分功能的正常发挥对保持整体稳定的重要性。以人为本是指人的根本性，在整个可持续发展框架中人是其中最重要的因素，是关键决定变量，而一切理性工作的出发点和落脚点都是为了人类世代永续高质量发展。

可持续发展观是一种全新的科学发展观，强调人类社会和大自然的和谐永续共处，内涵极其丰富。第一，可持续发展不是牺牲当代的发展或否定经济增长，而是转变传统粗放型发展方式，探寻一条高质量发展之路；第二，可持续发展是以不断改善人类生活质量、提高社会公平为目标，实现人的全面发展；第三，可持续发展以保护自然资源和生态环境为基础，经济社会发展要与资源环境的承载能力相适应、相协调；第四，可持续发展承认并要求体现资源环境的价值，建立绿色核算机制是实现可持续发展的必由之路，绿色发展理念现在已悄然升起；第五，可持续发展要通过科技创新加以驱动，以应对气候、土壤、水源、粮食安全、污染、病毒、疾病等一系列挑战，需要人类用好科技创新的利剑，世界各国携手合作共同寻求解决方案。可持续发展实验区的建设正是基于可持续发展观的强大活力和生命力而兴起与发展的。

（三）生态经济学理论

随着世界人口的剧增和人类需求的不断增长，生态系统失调、自然资源锐减、环境污染严重和能源紧缺，已成为人类面临的重大社会经济问题。转变传统经济增长模式成为时代发展的必然趋势，在这一宏观背景下生态经济逐渐走入人们的视野。1969 年，美国经济学家 K. 波尔丁在《一门科学——生态经济学》中首次正式提出“生态经济”的概念，随后大批经济学家、生态学家和社会学家加入该研究领域，在可持续发展理念的强烈社会需求和推动下，生态经济学理论不断得到丰富，其应用不断得到拓展和升华。美国著名生态经济学家科斯坦萨（Costanza R.）指出，生态经济学是一门全面研究生态系统与经济系统关系的科学，这些关系是当今人类所面临的众多紧迫问题（如可持续性、酸雨、全球变暖、物种消失等）的根源，而现有的学科均不能对这些关系予以很好的研究，其提出了生态经济是可持续性的科学与管理的论断。美国著名经济学家莱斯特·R. 布朗认为，生态经济是有利于地球的经济构想，是一种能够维系环境永续不衰的经济，是既能够满足我们的需求又不会危及子孙后代满足其自身需求前景的经济，而这也正是可持续发展实验区所要追求的发展模式。

生态经济理论对主流经济学“效用最大化”的理论形成了挑战。“效用最大化”理论是现代经济学关于以“最小的代价取得最大的收益”的“理性经济人”假定的具体应用，集中体现了现代经济学的中心和精髓的“效率”理念。生态经济作为一种新的经济形式，首先也是以效率为中心原则的，但同时也强调这种效率是一种可持续的，是生态环境友好型的经济发展模式。按照传统经济学的观念，生态经济是低效率的，但按照广义的生态效率观念，传统经济恰恰是低效率的，而生态经济是高效率的。生态计量经济学就是研究生态效率问题的，其抓住了经济学的关键，突出了传统经济学与生态经济学的区别。

生态经济学理论是从广泛的角度研究生态系统和经济社会系统的相互作用关系。人与自然的关系是生态经济学理论中根本层次的生态经济关系，如何处理人与自然的关系以实现协调发展的理论是生态经济学中最根本性的理论。先前的征服自然、人定胜天等片面思想必须加以扭转，要形成人与自然和谐发展的观念。人类只有依靠自然才能得以生存，同样只有依靠自然才能得以发展。因此，必须改变人类对自然的掠夺性利用方式，以生态经济学理论为指导，建立正确的经济发展指导思想和正确的经济行为，把经济发展放在人与自然和谐相处的基础上。以生物质利用为例，生物质是一种极其重要的自然资源，对其利用不当将会造成对自然资源的破坏和环境污染，如森林的过伐、排放未加处理的畜禽粪便等。在生物质能发展过程中，必须慎重利用生物资源，把握好利用的方向和利用的度。“大力发展生物质能”的口号是没有问题的，其对整个国家经济社会发展也是有利的，但是如果片面强调“以能为纲”，就可能重蹈过去“以粮为纲”所引发的诸多生态环境退化的覆辙。因此，在特定的时间和空间下，哪些土地资源适合发展生物质资源，哪些生物质资源可以用来发展生物质能都需要尊重人与自然和谐发展观，唯此才能奠定生物质能持续利用的资源基础。

经济与生态的关系是生态经济学理论中国民经济层次的生态经济关系。人类的一切经济活动都是在生态经济系统中进行的，经济与生态是否协调的问题是可持续发展的核心问题，正确认识和处理经济和生态之间的辩证关系是实现可持续发展的关键。生态系统和经济系统是生态经济系统的两个组成部分，但二者在生态经济系统中所处的地位和所起的作用不同。生态经济是一种可持续发展的经济模式，经济是发展的主导，生态是发展的基础，生态与经济既有矛盾的一面也有统一的一面。在现代经济中，生态的基本要求是得到保护，而经济的基本要求是急剧扩大，因此二者在实践中存在经济系统需求的无限性和生态系统供给的有限性的矛盾；但生态是经济发展的基础，保护生态就是保护生产力，这与经济发展的要求相吻合，它们在当前利益与长远利益的结合上是一致的，并且从长期来看，这是它们关系的基本面。

经济有效性和生态安全性的关系是生态经济学理论中可操作层次的生

态经济关系。经济有效性是指人们在积极发展经济为自己谋福利的过程中，需要有效地利用自然资源，以最小的投入取得最大的经济效益；生态安全性是指人们在发展经济的过程中，应该保护自然生态系统及其中的自然资源，使之能够继续存在和保持再生能力。前者是由经济本身的特点所决定的，后者是由自然生态系统本身存在和进化的要求所决定的。在生态经济系统中，由于经济有效性和生态安全性的根本一致性，二者可以实现有机结合，并且这种结合是积极的。首先它积极促进经济的发展，其次促进资源的有效利用，再次保护生态系统，最后保护生产力的发展。如果人们对经济有效性和生态安全性处理得当，就可以在获得生态效益的同时，也获得应有的经济效益；既获得局部、当前的经济效益，也获得全局、长远的经济效益；同时还可以使生态与经济的安全性都得到保障。

经济效益、社会效益和生态效益的关系是生态经济学理论中目标层次的生态经济关系。在可持续发展过程中把握好人与自然的关系、经济与生态的关系、经济有效性和生态安全性的关系，即使上述三个效益得到完美统一是现代经济发展的客观要求。

（四）生态文明思想

从人类社会发展历程来看，环境问题是由人口、技术、经济等因素的发展变化引起的，人口的快速增长，技术的盲目发展和滥用以及经济的过度扩张都会带来严重的环境压力和社会压力。20 世纪下半叶，全球环境问题不断恶化；国际社会实践也证明，如果不改变工业革命以来人类所形成的征服自然、崇尚物质消费的伦理价值观和生产、生活方式，那么人类持续增长的物质消费对环境的压力就不可能得到根本缓解，人类也将面临生态系统崩溃的巨大风险。因此，在人类操作科技的人文环境中，如果不融入生态文明的发展思想，单纯依靠技术手段是难以解决环境和社会问题的。特别是在当前全新的社会发展阶段，国内国际形势风云变幻，更要把环境保护和可持续发展放在文明转型和价值重塑的大背景中加以思考，弘扬生态文明，实施可持续发展战略。

人类经历了史前文明、农业文明、工业文明和生态文明 4 个阶段，社会文明程度总体呈现不断提升的发展趋势。生态文明作为人类文明的一种形式，它对过往文明进行传承，与农业文明、工业文明在改造自然的过程中发展生产力、提高人类物质生活水平上具有相同的主张，但同时它又显著区别于农业文明和工业文明，其更突出生态环境的重要性，强调人类要敬畏自然，在更广阔的时间和空间尺度上考虑保护与发展的关系。生态文明以人地关系和谐为主旨，以可持续发展为依据，在生产生活过程中注重与自然生态系统的和谐，保持人与自然的和谐，人与人之间的和谐，追求自然—生态—经济—社会系统的和谐，追求可持续性。在生态文明建设中，要处理好5种重要关系，即经济发展与生态环境的关系，乡村与城市协调发展的关系，产业发展与资源环境约束的关系，人口、资源、环境与新型城镇化的关系，生态文明观和生态环境建设之间的关系。

生态文明思想是由生态环境问题衍生出来的，但生态文明建设又不等于生态建设，也不等同于可持续发展，三者相互联系，但各自又有不同的内涵和外延。党的十七大报告第一次写入“建设生态文明”，党的十八大更是做出重大战略部署，把生态文明建设与政治建设、经济建设、文化建设、社会建设一起纳入中国特色社会主义事业总体布局。生态文明思想突破了可持续发展理论早期对科技创新和进步认识的局限性，为处理好科技创新和可持续发展关系，使二者最大限度地统一于满足人类对美好生活向往的根本目的上，提供了坚实的理论依据、现实选择、行动方案和着力点。

党的十八大以来，以习近平同志为核心的党中央高度重视生态文明建设，提出“绿水青山就是金山银山”（以下简称“两山”理论）等一系列创新理论，形成了习近平生态文明思想。“两山”理论从本质上阐述了经济发展和生态环境保护的关系，提出了正确处理“绿水青山”和“金山银山”关系的内在要求。党的十八届五中全会提出了创新、协调、绿色、开放、共享的发展理念。理论的提出都是对实践诉求的深层回应。过去为了实现经济发展，我国片面追求国内生产总值（GDP）的增长，走粗放型、消耗型、污染型的发展模式，给长远发展留下了隐患。“两山”理论将“绿水青山”与“金山银山”有机统一起来，通过走资源消耗最小化、环境损害最低化、社会经济效益最大化的发展之路，解决发展中存在的不平衡、不协调、不可持续等问题。在新的历史时期，可持续发展实验区将以生态文明思想为重要指导，加强科技创新与优秀文明成果的应用实践，加强体制机制创新，为世界提供可持续发展经验模式，展现中国特色社会主义国家的优势。

（五）创新理论

创新是人类进步的灵魂，是社会进步的引擎。从可持续发展实验区的建设历程可以看出，根据国内外发展的外部宏观环境等变化，可持续发展实验区的使命、任务目标、建设重点等只有处于不断创新发展中，可持续发展实验区建设才能紧扣时代脉搏，保持住旺盛的生命力。1912 年，美国经济学家熊彼特（J. A. Schumpeter）的《经济发展理论》一书出版，标志着创新理论正式形成，该书也成为日后创新理论发展的基石。随后熊彼特又在其《经济周期循环论》《资本主义、社会主义和民主》等著作中进一步完善了创新理论。熊彼特认为，创新是指将“支配的原材料与力量”通过“新组合”引入“生产”，以实现“经济发展”，主要包括三层含义：创新是经济发展“生产函数”的内生变量，且从其“内部自行发生”；创新是“新组合”“间断”出现的变化，具有“革命性”，而非“连续”的“静态”“循环流转”；创新属于经济范畴而非技术范畴，其重心在于将科学技术成果（或发明）引入生产领域，形成一种新的生产能力。在此基础上，熊彼特指出了创新的 5 种情况：产品创新、生产方法创新、市场创新、供应来源创新和组织创新，并提出了制度创新、技术创新、观念创新 3 个维度的重要思想。熊彼特的创新主要包括三层含义：其一，创新是一个经济学概念，创新活动本身是实现价值增值的过程；其二，无论是新的生产要素还是要素的新组合，关键一环是要将其引入生产体系；其三，与传统经济发展理论相比，除了技术、市场、商业模式等影响因素外，制度设计对经济发展也至关重要。

在凯恩斯主义占据统治地位的 20 世纪中叶，熊彼特的创新观点没有得到足够重视，技术、制度始终作为经济增长的外生因素加以考量。直到 20 世纪下半叶，新古典主义才将技术创新以全要素生产率的形式内生化，后期的理论研究把创新在经济增长中的作用内生化，学者多用内生技术变迁解释世界经济的增长，创新主要有四种来源：干中学、人力资本、科学研究与试验发展、公共创新平台。随着经济社会的快速发展，资源环境问题日益凸显，人类视角逐渐从单纯追求经济增长转向可持续发展。在可持续发展成为人类发展共识的背景下，传统的技术创新理论面临新的挑战，技术创新不单以经济增长为中心，而且是考虑经济与自然、人、社会全面协调的综合系统。技术创新主要依托基础知识和应用知识支撑，通过研发转化为技术成果，最终实现技术创新全过程，科学知识是技术创新的重要支撑力；制度创新也成为国家长期发展战略体系中考虑的重要因素，因此，对于国家创新体系而言，科学知识、技术创新、制度创新是最重要的奠基石。

20 世纪 70 年代以来，助力生态经济、循环经济、低碳经济等发展的绿色技术不断涌现，技术创新对可持续发展的贡献也得到社会的充分认可。技术创新能够通过先进技术直接作用于可持续发展实验区能源资源的利用和生态环境的改善，能够通过作用于生态经济增长而推动区域长足发展，从更深层次来看，创新技术能够作用于经济、社会、环境生态共同构成的复杂系统，以对区域可持续发展产生深远影响。一是在区域内，技术创新有助于降低能耗，保护与修复环境，维持生态系统健康；二是技术创新能够通过推动经济高质量发展而成为可持续发展的核心动力，环境库兹涅茨倒“U”形曲线的存在即是佐证；三是技术创新作用于经济、社会、环境生态构成的复杂系统，通过系统内各个子系统的相互作用而对可持续发展产生推动作用。毋庸置疑，在推进可持续发展的进程中，技术创新起着最为基础、最为重要的作用。

四、可持续发展实验区建设的主要特征

（一）实验示范性

可持续发展实验区建设的一个重要出发点是针对当下经济社会发展过程中出现的诸多影响可持续发展的瓶颈问题和制约难点，通过发展模式转变或机制创新、理念创新、技术创新等手段，找到一条人和自然和谐发展

之路，为类似地区实施可持续发展战略提供实验示范。国家可持续发展实验区的创建，既是中国新发展阶段的需求，又对外展示了中国在促进可持续发展进程中形成的“中国模式”“中国经验”，使我国切实承担起一个负责任大国应承担的义务。

（二）问题导向性

可持续发展实验区主要围绕某一区域出现的城乡建设、生态环境、科教文卫等社会发展事业滞后等问题进行实验示范，具有明显的问题导向性。为此，实验区在创建过程中，往往都有自身明确的建设主题，即围绕区域发展瓶颈问题寻求突破，但也有一些实验区在实际建设中，欠缺问题导向性，基本把区域发展过程中出现的问题都涵盖在内。每一个国家创新示范区都要针对自身发展的瓶颈问题确定特色主题。

（三）区域特色性

中国区域广阔，各地经济发展水平、城乡发展、自然资源条件、人文历史条件等差距很大，制约发展的问题不同，不能简单以一种或几种模式推而广之，所以实验区要探索不同类型地区的经济、社会和资源环境协调发展的模式才能起到良好的示范效果。现有的实验区分布格局既有南北分布，又有东西分布；既有平原，又有山区；既有城区，又有县域；体现了区域多元性和不同区域的特色性，也正是这种特色多元性为不同类型地区实施可持续发展战略提供了针对性更强的实验示范。

（四）阶段发展性

改革开放以来，我国社会经济进入了快速发展阶段，实验区的建设基本沿着这条快速轨道前行，如果实验区的建设内容和主题一成不变必然是没有生命力的。回顾实验区实际建设过程，我国实验区建设恰恰紧扣时代脉搏，围绕时代发展主题不断发展创新，无论是最初的社会发展综合试点，还是快速发展的实验区，抑或当下集中精力创建的国家创新示范区都是不断发展进步的，这种发展既体现在主题内容聚焦上，也体现在对发展问题的关注上，还体现在示范引领的对象及条件水平和技术手段上。实验区不同阶段的发展是多层次、多维度的。

第二章
国家可持续发展实验区建设概况

一、可持续发展实验区演变与建设阶段划分

从可持续发展实验区提出的背景可见，可持续发展实验区的名称是在发展中不断变化的，其内涵也在不断丰富。可持续发展实验区最早可追溯到 1986 年的“社会发展综合试点工作”，迄今已 30 余年。总体来说，按照实验区名称的变化基本可以勾画出可持续发展实验区的发展进程，即分为四个阶段：第一阶段为社会发展综合试点阶段（1986—1992 年）；第二阶段为社会发展综合实验阶段（1992—1997 年）；第三阶段为可持续发展实验阶段（1997—2015 年）；第四阶段为可持续发展创新示范阶段（2015 年至今）。

（一）社会发展综合试点阶段

我国最初仅在江苏省常州市和无锡市华庄镇围绕社会事业滞后、环境污染严重等问题开展小范围的探索试点工作，试图依靠科技进步，解决在发展经济时同步出现的问题。试点工作在促进经济协调发展上取得了积极成效，完善了一批具有时代气息，体现科学、合理、适用的社会综合服务设施；改善了环境，便利了试点区生产和生活；增强了人民群众的社会发展意识和主人翁责任感。社会发展综合试点在调动人的积极性，保证经济健康发展，缓解人与自然的种种矛盾等方面产生了积极的促进作用，获得了政府的充分肯定。在 1989 年年底江苏省常州市召开城镇社会发展综合试点工作会议后，华东六省市及广东省各选定试点开始着手促进社会发展的综合试验工作。这一阶段可以说是可持续发展实验区的萌芽阶段，主要具

有以下三个特征：一是范围小，仅在少数几个市镇进行试点；二是区域窄，仅在改革开放以来东部几个经济发展相对较快的省份试点；三是类型少，主要是针对城镇配套基础设施落后、乡镇企业发展带来的环境污染等问题。

（二）社会发展综合实验阶段

鉴于社会发展综合试点工作的成效，1992 年我国决定在示范试点的基础上加大改革力度，由试点到实验，拓展试验领域，扩大试验规模，逐步建立一批“社会发展综合实验区”。总的推进思路是“主要以县镇和大城市的街区为对象。通过实验，更新观念，加快改革，建立高效的社会事业管理运行机制；充分依靠科技进步，解决人口、资源、生态环境等方面的问题，做好城镇建设及文化教育、卫生体育、劳动就业、社区建设、社会服务、社会保障、社会安全等各项工作，创造良好的生产与生活环境；挖掘蕴藏在社会发展事业中的巨大经济潜力；提高人民的素质，发动群众积极参与社会发展事业，满足人民群众日益增长的物质生活和精神生活的需要”。1997 年年底，全国建有北京市西城区、河北省正定县、江苏省无锡市华庄镇等社会发展综合实验区 28 个，主要围绕社会保障、城乡矛盾、教育与健康、环境治理与保护等影响经济社会协调发展的内容进行实验。这一阶段可以说是可持续发展实验区的蓄能阶段，是社会发展综合试点的扩展版，在范围、空间、类型上都有突破。

（三）可持续发展实验阶段

1997 年年底，“社会发展综合实验区”正式更名为“可持续发展实验区”，伴随可持续发展战略、科学发展观在中国的深入实施，实验区按照可持续发展的总体要求，在实践中依靠科技创新开展实验示范，并进行经济体制和社会事业管理体制改革，以探索不同类型地区的经济、社会和资源环境协调发展的机制和模式。实验区在大城市改造、小城镇建设、社区管理、环境保护及资源可持续利用、资源型城市发展、旅游资源的可持续开发与保护等方面取得了很大成绩，积累了丰富经验。这些成绩和经验的取得为我国不同类型地区实施可持续发展提供了示范样板，起到了引领带动作用，为推进国家可持续发展战略实施提供了有效尝试和重要平台，也为推动《中国21世纪议程》的落实积累了重要经验，有力支撑了我国参与全球可持续发展进程。中国外交部与联合国驻华系统共同发布的《中国实施千年发展目标报告（2000—2015年）》指出，中国提前完成了多个千年发展目标，报告将可持续发展实验区建设作为中国推进实施千年发展目标的一条基本经验进行了介绍。

这一阶段的可持续发展实验区主要具有以下五个特征：一是建设速度快，特别是2009—2014年，共批准126个实验区；二是覆盖面广，除港澳台外中国其他所有的省（市、自治区）都建有实验区；三是区域类型多样，既有大（特大）城市中心城区型、中小城市型、县域型、镇域型，也有跨行政区域型；四是实验内容多样，实验区主题基本涵盖可持续发展的所有领域；五是区域分布仍然不均，主要分布在华东和华中地区，西北地区相对较少。这一阶段可持续发展实验区建设无论是在广度上，还是在深度上，都得到了极大提升，可持续发展实验区成为支撑我国可持续发展的一个重要平台。这一阶段也涌现出一批先进典型，2008年北京市西城区、四川省成都市金牛区、湖北省武汉市江岸区、重庆市北碚区、湖南省资兴市、江苏省江阴市、江苏省大丰市、山东省日照市、山东省烟台市牟平区、黑龙江省肇东市、河北省正定县、安徽省淮南市毛集区、山东省长岛县等13个实验区被评为国家可持续发展先进示范区。

（四）可持续发展创新示范阶段

2015年是《联合国千年发展目标》的终止年，在这份协议计划执行期间，中国推进可持续发展工作成效显著，得到了国际社会充分认可。2015年9月，联合国可持续发展峰会通过了一份推动世界和平与繁荣、促进人类可持续发展的新议程，即《2030年可持续发展议程》，新议程范围广泛，涉及可持续发展的三个层面——社会、经济和环境，以及与正义、和平等相关的重要方面，共设立了17项可持续发展目标，169个具体指标，为今后15年明确了可持续发展的努力方向。中国高度重视在全球可持续发展中的作用与担当，此次大会习近平主席参会并郑重承诺中国将以落实2030年可持续发展议程为己任，团结协作，推动全球可持续发展事业不断向前。2016年12月，国务院印发《中国落实2030年可持续发展议程创新示范区建设方案》，明确提出结合《2030年可持续发展议程》的落实，以国家可持续发展实验区工作为基础，在2020年前建设10个左右国家创新示范区。为落实《2030年可持续发展议程》，在国家可持续发展实验区工作的基础上，各地积极申报，经过多轮审核遴选，2018年3月和2019年5月，国务院先后批复同意广东省深圳市、山西省太原市、广西壮族自治区桂林市、湖南省郴州市、云南省临沧市、河北省承德市等6个市建设国家创新示范区。各示范区围绕创新建设方案的总体要求，针对各地发展实际和制约瓶颈，选择具有区域特色而又有共性的建设主题，制定了详细的建设规划与实施方案。

国家可持续发展议程创新示范区（简称“国家创新示范区”）是在国家实验区建设的基础上①，结合当前国内外形势与矛盾变化应运而生的。对内，中国特色社会主义进入新发展阶段，社会基本矛盾转化为人民日益增长的美好生活需要和不平衡不充分的发展之间的矛盾，这种矛盾拓展开来的诸如环境污染、食品安全、城乡差距、社会保障等内容也正是制约可持续发展的问题，解决起来困难重重，障碍多，任务极其艰巨，实践证明改革和创新是推进可持续发展的两大关键因素。对外，中国在国际社会的影响力不断增强，国际社会对中国引领全球落实《2030年可持续发展议程》的期望也很高，中国亟须形成一些典型模式、经验。《中国落实2030年可持续发展议程创新示范区建设方案》明确提出打造一批可复制、可推广的可持续发展创新样板，对内为其他地区可持续发展发挥示范带动效应，对外为其他发展中国家落实《2030年可持续发展议程》提供中国经验。为世界可持续发展提供中国解决方案，是负责任的表现，也是提升中国国际形象的有效举措。国家可持续发展议程创新示范区建设的重要性不言而喻，建设的标准和代表性等必然要求很高，这就要求国家创新示范区

① 深圳市是6个获批国家创新示范区中唯一没有进行国家可持续发展实验区建设的城市，它的入选主要是因其在我国改革发展史中的特殊地位，以及在对外开放中的特殊价值。

的建设不能广撒网、全面铺开，只能选择少数建设成效突出、可持续发展瓶颈问题代表性强的地区来集中力量重点建设。因此，这一阶段是优中选优的过程，是集中打造精品样板的过程。

可持续发展实验区不同发展阶段的主要特征见表 2-1。

表 2-1　可持续发展实验区不同发展阶段的主要特征

阶段	主要特征
社会发展综合试点阶段	范围比较小，区域比较窄，类型比较少
社会发展综合实验阶段	范围、区域和类型都较试点阶段有所扩展
可持续发展实验阶段	建设速度快，覆盖面广，区域类型多样，实验内容多样，区域分布不均
可持续发展创新示范阶段	数量少，代表性强，建设基础较好，标准高

二、国家可持续发展实验区建设时空分布

经过 30 余年的建设和发展，实验区从试点开始，逐步扩展，截止到 2020 年年底①，全国合计建成国家级实验区 189 个（含先进示范区 13 个），覆盖了除港澳台之外的全国 30 个省、直辖市、自治区（见表 2-2），形成了从国家到地方共同推进可持续发展战略的格局，在国内外可持续发展领域产生了广泛影响。从时间轴上看，第一阶段实验区的试点全部在东部地区，1992 年批准的 3 个实验区都在江苏省；第二阶段批复了 25 个，实验区的批复前期以东部地区为主，后期向中西部地区倾斜，且这个时期是镇级实验区集中产生的时期；第三阶段实验区建设在全国全面开花，批复了 161 个，其中 2009 年批复了 35 个，2013 年和 2014 年分别批复了 25 个和 29 个；第四阶段实验区数量没有增加，而是按照落实《2030 年可持续发展议程》的会议精神，在已有的实验区建设基础上进行扩展，集中力量打造 10 个国家创新示范区。截至 2020 年年底，已批复 6 个国家创新示范区，还有一批在积极申报中。

① 2014 年之后国家可持续发展实验区未再更新，从 2016 年开始的国家创新示范区也是基于区域内国家可持续发展实验区的市（设县区）申报创建的，总数未有变动。

表 2-2 国家可持续发展实验区（示范区）一览（按批准时间列表） 单位：个

批准时间	实验区数目	国家级可持续发展实验区
1992 年	3	江苏省常州市、江苏省无锡市华庄镇、江苏省大丰市
1993 年	7	浙江省绍兴市杨汛桥镇、广东省佛山市顺德区容桂镇、浙江省东阳市横店镇、浙江省宁波市鄞州区邱隘镇、辽宁省沈阳市沈河区、四川省广汉市、黑龙江省肇东市
1994 年	4	山东省烟台市单平区、安徽省淮南市毛集区、河北省正定县、四川省成都市金牛区
1995 年	7	北京市西城区、山东省烟台市长岛县、安徽省合肥市包河区、湖北省荆门市钟祥市、河南省辉县市孟庄镇、河南省巩义市竹林镇、广东省东莞市清溪镇
1996 年	4	重庆市万州区龙宝移民开发区、江西省井冈山市、河南省林州市、陕西省华阴市
1997 年	3	重庆市北碚区、吉林省白山市、山西省泽州县
1999 年	5	湖北省武汉市江岸区、江苏省江阴市、山东省日照市、湖南省资兴市、北京市怀柔区
2001 年	6	天津市大港区、广西壮族自治区恭城瑶族自治县、云南省曲靖市麒麟区、上海市徐汇区、福建省漳州市东山县、陕西省宝鸡市渭滨区
2003 年	5	广东省广州市天河区、黑龙江省大庆市、黑龙江省海林市、江西省赣州市章贡区、湖南省韶山市
2004 年	3	四川省乐山市五通桥区、浙江省台州市温岭市、山东省青岛市城阳区
2006 年	11	河南省孟州市、浙江省桐乡市、山东省东营市、湖北省仙桃市、浙江省湖州市南浔区、福建省漳平市、宁夏回族自治区中卫市城区、安徽省铜陵市、河南省鄢陵县、湖北省武汉市汉阳区、山西省太原市迎泽区
2008 年	5	浙江省杭州市下城区、河北省廊坊市、山西省怀仁县、湖南省华容县、云南省陆良县
2009 年	35	内蒙古自治区鄂尔多斯市、河北省武安市、天津市东丽区、陕西省榆林市、江苏省苏州市、江苏省张家港市、青海省海南藏族自治州、福建省龙岩市、江西省贵溪市、广东省梅州市丰顺县、广东省江门市新会区、重庆市渝北区、新疆维吾尔自治区克拉玛依市、辽宁省本溪市南芬区、浙江省安吉县、山西省长治市、山西省右玉县、辽宁省沈阳市铁西区、新疆维吾尔自治区阜康市、江苏省宜兴市、江苏省昆山市、江苏省常熟市、江苏省太仓市、浙江省宁海县、青海省海西蒙古族藏族自治州、湖北省宜昌市点军区、湖北省神农架林区、湖北省谷城县、贵州省毕节地区、贵州省都匀市、内蒙古自治区赤峰市元宝山区、浙江省绍兴市、江西省崇义县、江西省婺源县、河南省濮阳市华龙区

续表

批准时间	实验区数目	国家级可持续发展实验区
2010 年	10	北京市石景山区、河北省平泉县、河北省迁安市、上海市崇明县、山东省黄河三角洲、河南省宝丰县、广东省云安县、贵州省贵阳市白云区、贵州省清镇市、甘肃省敦煌市
2011 年	12	山东省潍坊市峡山生态经济发展区、山东省枣庄市山亭区、吉林省四平市、江苏省吴江市、福建省惠安县、辽宁省沈阳市和平区、辽宁省沈阳市沈北新区、河南省济源市、河南省嵩县、湖北省宜城市、广东省蕉岭县、广东省南雄市
2012 年	15	黑龙江省牡丹江市阳明区、浙江省嘉兴市南湖区、安徽省黄山市歙县、山东省烟台市龙口市、江苏省南京市鼓楼区、广东省佛山市禅城区、湖北省宜昌市长阳土家族自治县、浙江省丽水市遂昌县、江苏省南京市江宁区、云南省临沧市、四川省眉山市丹棱县、福建省厦门市思明区、山东省德州德城区、山东省淄博市沂源县、湖南省邵阳市邵东县
2013 年	25	内蒙古自治区呼和浩特市赛罕区、山东省潍坊高新技术产业开发区、山西省朔州市朔城区、赤峰市克什克腾旗、辽宁省营口市大石桥市、吉林省长春市九台市、新疆维吾尔自治区巴音郭楞蒙古自治州库尔勒市、甘肃省天水市秦州区、湖南省郴州市永兴县、浙江省杭州市上城区、江西省吉安市泰和县、江苏省盐城市、江苏省连云港市东海县、山西省阳泉市盂县、河南省鹤壁市、河南省濮阳市清丰县、湖北省襄阳市、湖北省黄冈市英山县、山东省青岛市黄岛区（青岛市黄岛经济技术开发区）、湖南省湘潭市湘乡市、海南省澄迈县、重庆市梁平县、贵州省遵义市红花岗区、江苏省南通市海门市、山东省临沂市沂水县
2014 年	29	北京市门头沟区、山西省晋中市太谷县、内蒙古自治区呼伦贝尔牙克石市、内蒙古自治区赤峰市红山区、内蒙古自治区包头市、辽宁省铁岭市西丰县、吉林省辽源市、江苏省宿迁市沭阳县、江苏省南通市如皋市、浙江省嘉兴市嘉善县、安徽省淮北市烈山区、福建省南平市、福建省三明市将乐县、江西省抚州市资溪县、江西省鹰潭市龙虎山风景区、河南省南阳市淅川县、河南省信阳市平桥区、湖北省黄冈市罗田县、湖南省株洲市石峰区、湖南省长沙市望城区、广东省东莞市、海南省白沙黎族自治县、四川省泸州市江阳区、四川省广安市广安区、贵州省贵阳市乌当区、云南省丽江市永胜县、西藏自治区林芝市、甘肃省兰州新区、宁夏回族自治区固原市彭阳县

从地域分布来看，国家可持续发展实验区主要集中在沿海和经济发达地区（见表 2-3），如江苏省已建立国家级实验区 18 个，山东和浙江各建立了 14 个国家级实验区，西部地区和欠发达地区偏少，广西和西藏分别只有 1 个国家级实验区，青海 2 个，新疆 3 个。东部、中部、西部实验区数

量基本呈现 5∶3∶2 格局。总体来说，实验区主要集中在东部和中部地区。

从区域类型来看，实验区基本都是独立的行政区，行政范围既有地级市、区县，也有乡镇，还有极个别是经济技术开发区、林区和风景区等，黄河三角洲实验区和青海省海南州生态畜牧核心实验区是两个跨行政区域实验区。按照各个实验区所在区域的类型划分，主要有以下六种：一是大（特大）城市中心城区型，如北京市西城区、上海市徐汇区、成都市金牛区等；二是省会城市中心城区型，如山西省太原市迎泽区、安徽省合肥市包河区、贵州省贵阳市白云区等；三是中小城市型，如山东省日照市、河北省廊坊市、贵州省毕节市等；四是县域型，如浙江省安吉县、江西省婺源县、河北省正定县等；五是乡镇型，如江苏省无锡市华庄镇、河南省巩义市竹林镇、广东省东莞市清溪镇等；六是特定专属区域，如山东省潍坊市峡山生态经济发展区、山东省黄河三角洲、湖北省神农架林区、江西省鹰潭市龙虎山风景区等。这些实验区实验主题覆盖了产业经济转型、城市建设与改造、社会治理与社区管理、生态环境保护与资源开发利用等可持续发展领域。

表 2-3　国家可持续发展实验区（示范区）一览（按省份列表）　单位：个

省份	实验区数日	国家级可持续发展实验区
北京	4	西城区、怀柔区、石景山区、门头沟区
天津	2	大港区、东丽区
上海	2	徐汇区、崇明县
河北	5	廊坊市、正定县、武安市、迁安市、平泉县
江苏	18	南京市鼓楼区、南京市江宁区、吴江市、南通市海门市、大丰市、太仓市、连云港市东海县、常熟市、常州市、苏州市、盐城市、江阴市、无锡市华庄镇、张家港市、宜兴市、昆山市、宿迁市沭阳县、南通市如皋市
浙江	14	湖州市南浔区、杭州市上城区、杭州市下城区、嘉兴市南湖区、绍兴市、桐乡市、台州市温岭市、宁波市宁海县、湖州市安吉县、丽水市遂昌县、绍兴市杨汛桥镇、东阳市横店镇、宁波市鄞州区邱隘镇、嘉兴市嘉善县
山东	14	青岛市城阳区、潍坊市峡山生态经济发展区、枣庄市山亭区、德州市德城区、烟台市龙口市、青岛市黄岛区、烟台市牟平区、东营市、日照市、潍坊高新技术产业开发区、淄博市沂源县、临沂市沂水县、烟台市长岛县、黄河三角洲

续表

省份	实验区数目	国家级可持续发展实验区
福建	7	厦门市思明区、龙岩市、漳平市、漳州市东山县、惠安县、南平市、三明市将乐县
广东	10	广州市天河区、江门市新会区、佛山市禅城区、南雄市、梅州市丰顺县、云安县、蕉岭县、佛山市顺德区容桂镇、东莞市、东莞市清溪镇
海南	2	澄迈县、白沙黎族自治县
山西	8	太原市迎泽区、朔州市朔城区、长治市、泽州县、怀仁县、右玉县、阳泉市盂县、晋中市太谷县
河南	13	濮阳市华龙区、鹤壁市、林州市、济源市、孟州市、鄢陵县、宝丰县、嵩县、濮阳市清丰县、辉县市孟庄镇、巩义市竹林镇、南阳市淅川县、信阳市平桥区
湖北	12	武汉市汉阳区、宜昌市点军区、武汉市江岸区、荆门市钟祥市、仙桃市、宜城市、襄阳市、神农架林区、谷城县、宜昌市长阳土家族自治县、黄冈市英山县、黄冈市罗田县
湖南	8	湘潭市韶山市、湘潭市湘乡市、郴州市资兴市、岳阳市华容县、邵阳市邵东县、郴州市水兴县、株洲市石峰区、长沙市望城区
安徽	5	合肥市包河区、黄山市歙县、淮南市毛集区、铜陵市、淮北市烈山区
江西	8	赣州市章贡区、井冈山市、贵溪市、崇义县、婺源县、吉安市泰和县、抚州市资溪县、鹰潭市龙虎山风景区
内蒙古	7	赤峰市元宝山区、赤峰市红山区、呼和浩特市赛罕区、赤峰市克什克腾旗、鄂尔多斯市、呼伦贝尔牙克石市、包头市
广西	1	恭城瑶族自治县
宁夏	2	中卫市城区、固原市彭阳县
新疆	3	克拉玛依市、巴音郭楞蒙古自治州库尔勒市、阜康市
重庆	4	渝北区、万州区龙宝移民开发区、北碚区、梁平县
四川	6	乐山市五通桥区、成都市金牛区、广汉市、眉山市丹棱县、泸州市江阳区、广安市广安区
贵州	6	毕节地区、贵阳市白云区、贵阳市乌当区、遵义市红花岗区、都匀市、清镇市
云南	4	曲靖市麒麟区、临沧市、陆良县、丽江市永胜县
陕西	3	宝鸡市渭滨区、榆林市、华阴市
甘肃	3	天水市秦州区、敦煌市、兰州新区
青海	2	海南藏族自治州、海西蒙古族藏族自治州

续表

省份	实验区数目	国家级可持续发展实验区
西藏	1	林芝市
辽宁	7	沈阳市沈河区、沈阳市铁西区、本溪市南芬区、沈阳市和平区、沈阳市沈北新区、营口市大石桥市、铁岭市西丰县
吉林	4	白山市、四平市、长春市九台市、辽源市
黑龙江	4	牡丹江市阳明区、大庆市、海林市、肇东市

三、国家可持续发展实验区建设典型模式

实验区自创建以来，在促进经济与社会协调发展、产业经济与生态环境保护协调发展、城市建设与社会管理等方面成绩斐然。实验区建设没有采用靠财政拨款搞实验、靠政策优惠搞开发的方式，而是主要采用技术推广应用和体制机制改革创新这两个手段开展工作，探索出了“政府组织、专家指导、企业支持、公众参与”的合作共建机制，实验区的许多发展指标要优于全国平均水平。例如，2015 年对国家实验区的一项统计数据表明，实验区人均 GDP 是 75328 元，比全国平均水平高 1/2；城镇登记失业率为 2.91%，比全国平均值低 1/4；城乡收入比为 2.15：1.00，明显低于全国平均值（2.73：1.00）；实验区人均预期寿命为 77.85 岁，比全国平均水平高 1.51 岁。实验区还探索形成了一系列具有创新性的地域可持续发展模式，如浙江安吉的美丽乡村建设模式、内蒙古鄂尔多斯的资源型城市转型模式、杭州上城的“333+X”社区大服务模式、广西恭城的生态循环农业发展模式等。这些成功的可持续发展经验和模式已经推广到实验区周边地区乃至全国，甚至有些已经引起国际社会的高度关注，实验区已然成为我国可持续发展战略实施的一面重要旗帜。

（一）浙江安吉——美丽乡村建设模式

1. 实验区基本情况

安吉县隶属浙江省湖州市，素有“中国第一竹乡”“中国白茶之乡”“中国椅业之乡”之称，县域面积为 1886 平方千米，户籍人口为 47 万人，

下辖8个镇、3个乡、4条街道、209个行政村（社区）和1个国家级旅游度假区、1个省级经济开发区、1个省级承接产业转移示范区，是“绿水青山就是金山银山”理论诞生地、中国美丽乡村发源地和绿色发展先行地。2009年安吉县获批建设国家可持续发展实验区，属于县域型实验区，之后，安吉县确定了“生态安吉，美丽乡村”的实验区建设主题。安吉县通过扬生态之长，促产业之兴，提和谐之美，走持续之路，努力实践科学发展观，形成了以“中国美丽乡村”为载体和以生态文明为目标的可持续发展模式，为国家可持续发展实验区在山区县域经济社会持续、协调、快速发展提供了“安吉样板”。

2. 主要做法及成效

（1）以“美丽乡村”建设为载体，深入践行绿色可持续发展理念

近年来，安吉全县上下致力于建设中国最美县域，全面推动“美丽乡村、美丽城镇、美丽县城”三美共建，“四好农村路”成为全国样板。安吉县践行“两山”理念，推进美丽乡村建设的做法，经中央深改委会议审议入选全国十大改革案例。习近平总书记对安吉县乡村治理“余村经验”做出重要批示指示。2017年中央农村工作会议上，习近平总书记也点赞安吉，“像浙江安吉等地，美丽经济已成为亮丽的名片，同欧洲的乡村相比毫不逊色”。2020年3月，习近平总书记再次亲临安吉县视察，充分肯定了安吉县的发展，并对安吉县加快高质量绿色发展和推进基层治理现代化作出重要指示。安吉，已成为我国美丽乡村建设的典范。

安吉县“美丽乡村”建设的主要做法有两个。

是加强各类标准办法的制定，规范美丽乡村建设。安吉县成立了以县长为组长、县委副书记为常务副组长的“中国美丽乡村”标准化创建工作领导小组，下设办公室，明确专兼职人员，制订了系列工作方案。安吉县积极推进标准体系建设，在修订完善现有的《“中国美丽乡村”建设考核验收办法》（36项指标）的基础上，收集了56项相关标准，通过整合、提炼、完善，制定出《中国美丽乡村建设规范》《农村社区公共服务设施设置及管理维护要求》《中国美丽乡村劳动和社会保障工作规范》等18项

相关标准，形成完整的“中国美丽乡村”标准化体系，基本涵盖美丽乡村的建设、管理、经营等各方面，满足农村生态环境标准化建设、农村产业标准化经营、农村公共事业标准化推进、农村事务标准化管理等各方面的需求。安吉县出台了《“中国美丽乡村”标准化示范村建设实施方案》，做好各环节相关标准的宣贯、培训、实施，对各单位实施标准的情况进行跟踪。集安吉美丽乡村建设经验精华的《美丽乡村建设指南》成为国家级标准，于2015年6月1日正式颁布实施，这是我国美丽乡村建设的一个里程碑，明确了美丽乡村建设的总体方向和基本要求。

二是加强规划设计，多元立体打造。安吉县以“村村优美、家家创业、处处和谐、人人幸福”为建设目标，着力构建“一环四带六区”的乡村旅游大格局。一环即建设一条贯穿全县15个乡镇的通景公路大环线。四带即结合区域的产业特色、人文特色、环境特色，集中打造各具特色的黄浦江源、中国大竹海、昌硕故里、白茶飘香四条乡村旅游精品观光带。六区即集吃、住、行、游、购、娱、产、学、研、康、意、情十二要素于一体的六大乡村旅游综合体。安吉县按照城乡一体、融合发展的要求，推进城、镇、村深度融合发展，按照中等城市的发展定位，以“竹”为元素，打造山区新型城市化样板区“优雅竹城”；按照省“绿色城镇”的建设要求，把集镇打造成风格各异的“风情小镇”；按照“因地制宜、分类指导”的原则和彰显“一村一品、一村一景、一村一业、一村一韵”的要求，根据每个村的产业基础、村容村貌、生态特色、人本文化等进行适当分类，把全县187个行政村划分为40个工业特色村、98个高效农业村、20个休闲产业村、11个综合发展村和18个城市化建设村，并且按照美丽乡村创建水平，设定了“精品村”“重点村”和“特色村”三个类型，全面提升了县域内现代化美丽乡村的建设水平。

（2）以生态文明为目标，推进可持续发展

安吉县大力推进生态乡镇、文明乡镇、小康村、生态村创建等活动，通过生态文明建设，先后获得了首个国家级生态县、全国首批生态文明试点地区、全国首个县级“中国人居环境奖”、国家森林城市、全国首批生态文明奖、全国生态文明建设示范县、全国首批“绿水青山就是金山银山”理念实践创新基地、“联合国人居奖”和“联合国地球卫士奖”等奖项和称号。

安吉县以生态文明为目标，推进可持续发展的主要做法有三个。

一是优化生态环境，增强发展基础。安吉县坚持经济发展与环境建设协调可持续发展，加大重点饮用水水源地、生态公益林、自然生态植被和生态敏感点的保护力度；实施土壤、矿山、河道等生态修复工程，完善生态补偿机制；全面推进行业综合治理，制定出台《企业环保诚信管理办法》等政策文件，将企业环保诚信和奖励及企业贷款挂钩；持续开展全县竹木制品企业污染整治工作，加强环保基础设施建设，抓好城乡污水处理、生活垃圾分类处理、河道流域与城郊接合部环境卫生综合整治，完善污染治理长效机制。安吉县还以农村生活污水为例，引进推广了 PEZ 高效污水处理技术、日本净化槽技术、A2O 污水处理工艺+微动力技术、A2O 污水处理工艺+湿地处理技术，截至 2020 年年底，安吉县共建有农村生活污水治理终端设施 3000 余座，行政村覆盖率达 100%。此外，一批低成本、高效率、易维护的环保实用技术在安吉县得到因地制宜的推广应用，区域生态环境质量持续提升。多年来，全县空气质量优良率保持在 85%以上，农村生活垃圾集中收集处理的行政村覆盖率达 100%，土壤安全利用率达 100%，地表水、饮用水、出境水达标率均为 100%，森林覆盖率、林木绿化率达到 70%以上，安吉县被誉为气净、水净、土净的“三净之地”。

二是坚持把经济“转型升级”作为生态文明建设的核心路径。安吉县深入践行绿色发展理念，全力锚固绿色基底，产业经济实现有效转型，成为我国绿色发展典范。安吉县在实施产业转型的过程中，加快推进新兴产业发展，减少传统低小散项目，放大科技和管理创新的乘数效应，坚决淘汰、消除高能耗、高污染产业；集中力量打造椅、竹两大特色产业集群，培育发展装备制造、绿色食品、生物医药、新型纺织、新能源性材料五大新兴产业。21 世纪初，安吉县余村为了保护生态，主动关停年产亿元的石矿产业，成为“两山理论”的发源地。经过多年的不懈努力，安吉县探索出了一条生态美、产业兴、百姓富的绿色发展之路。2020 年，全县实现地区生产总值 487.06 亿元，财政总收入 100.10 亿元，城乡居民人均可支配收入分别为 59518 元和 35699 元。安吉县初步形成以健康休闲为优势产业，绿色家居、高端装备制造为主导产业，信息经济、通用航空、现代物流为新兴产业的“1+2+3”生态产业体系，三次产业结构比为 5.9∶45.1∶49。目前，安吉椅艺产业占国内市场的 1/3、出口市场的 1/2，竹产业以全国 1.8%的立竹量创造了全国 10%的竹业产值。集民宿、高端旅游综合体、特色小镇于一体的全域旅游在安吉县全面兴起。在深受新冠肺炎疫情所困的 2020 年，安吉全县仍然接待了游客 2104.7 万人次，旅游总收入达 305 亿元，获评首批国家全域旅游示范区。

三是坚持弘扬生态文化，培育生态文明理念。安吉县全方位挖掘和弘扬生态文化，积极做好文物资源的管理、保护和发掘工作，文保单位对其加强了维修保护，建成一批如中国（安吉）生态博物馆、生态建筑公园、毛竹现代科技园区等生态文化教育基地。安吉生态博物馆群 2011 年被国家文物局列为全国首批生态（社区）博物馆示范点。博物馆将自然生态、文化生态、社会生态、产业生态较好融合，采用中心馆（信息中心）—专题（主题）馆—村落文化展示馆（展示点）三级模式，突出其“体验、示范、审美、链接”作用，使博物馆的功能得到延伸。另外，安吉县培养广大群众崇尚自然、保护生态的情操，形成尊重自然规律的生态道德意识，开设生态文明课程；着手建立生态文明网站，加强生态文明价值观教育活动，持续开展“3·25”生态日和“6·5”世界环境日等群众性生态文化活动，深入推进绿色社区、绿色家庭等生态文明细胞工程创建，推出一批生态文明理论成果，形成以竹文化、孝文化、邮驿文化、昌硕文化为导向的生态文明建设理论；对形成的生态文化硕果进行多角度展示，扎实开展“三创一建”活动，推进生态乡镇、文明乡镇，小康村、生态村等创建活动。

（3）加大科技支撑力度，培育科技创新能力

安吉县可持续发展实验区建设中还有一条重要的经验就是对科技创新的高度重视。

一是加大对科技人才的引进和培养。安吉县出台了《安吉县高层次人才队伍建设三年行动计划（2018—2020 年）》，制订紧缺人才引进计划，建立多元开放的人才引进和教育培训体系，培养产业科技带头人、企业经

营管理人才、高技能人才队伍；鼓励高校毕业生到安吉县创业、到企业就业。2019年安吉县制订了“两山”科技智库实施高层次人才引育计划，着力吸引汇聚浙江大学、中国农业科学院等科研机构、高校科教资源与国内外高层次人才，大幅提高科技创新与成果转化能力。安吉县鼓励企业与高校联合开展关键技术研发，建设竹、白茶及中药材产业研发机构、院士专家工作站、技术交易机构等公共服务平台，促进先进和原创技术对接与转化。

二是加大科技投入，建设创新平台。安吉县是全国首批创新型县（市），其通过减免税收等政策引导企业加大科技创新投入，2020年全县R&D经费占GDP比重为3%，在县域处于高水平行列。全县整体创新环境优越，建有“国家农业科技园区”“绿色制造省级高新技术产业园”“浙江省椅艺产业创新服务综合体”“浙江安吉绿色竹产业创新服务综合体”4大区域产业创新平台，“浙大—安吉竹产业研究院”“杭电—安吉智能制造研究院”“启迪之星（安吉）科技企业孵化器”3个公共创新服务平台，安吉科技创业园、安吉“两山”创客小镇2个国家级科技企业孵化器；引进高校共建技术转移中心4家，浙江省农业科学院、浙江省林业科学研究院、中华全国供销合作总社杭州茶叶研究院均向安吉县派驻竹产业和白茶产业省级科技特派员团队。安吉县拥有高新技术企业159家，省级科技型企业551家，省级高新技术企业研发中心79家，省级企业研究院24家，省级重点实验室1个，省级农业重点企业研究院1个，建有院士专家工作站12个、博士科研工作站11个。

三是加强农业数字化建设。安吉县作为长三角一体化、长三角G60科创走廊的重要成员，在数字化发展方面成功走在长三角前列，已签约百亿级的国动安吉云数据基地和远洋资本安吉数据中心，完成了《安吉县农业农村数字化管理平台建设方案》的编制，成立了“两山转化”数字研究院，建立和投入使用多类别智慧应用平台，有力推进了农林产业数字化建设。安吉县依托已搭建的数字农业载体和专项规划指引，推动互联网、大数据、人工智能与农林产业深度融合，助力安吉农林产业全方位朝着数字化、网络化、智能化升级。安吉县还通过搭建多元化数字型经营服务平台，连接农林经营主体、农林生产主体、农林产品加工销售主体、商业零售主体、物流电子商务、智慧旅游、数字乡村等全产业链农林生产经营主体，提供生产、经营、物流、销售、政务、旅游、金融、乡村等多元化服务。此外，安吉县还积极完善农林产业链条全环节可追溯体系建立，通过品牌信用、渠道信用和监管信用项目结合，构建出安吉特色农林产品优良的社会信用环境，提升品牌的认知度和美誉度、竞争力和影响力。以“安吉白茶”为例，2019 年度其区域公用品牌价值为 40.92 亿元，连续十年跻身全国茶叶类公共品牌十强。

四是建立了加快科技创新和科技投融资的政策机制。为深入推进全国首批创新型县建设，着力构建“产学研用金，才政介美云”① 十联动创新创业生态系统，助力“两山”转化，助推中国最美县域高质量发展，安吉县围绕科技创新平台建设、人才队伍建设、科研投入、成果转化、科技惠民、科技金融合作等内容，加大对科技创新政策的研究，不断聚焦，并在 2020 年通过了新修订的《安吉县加快科技创新十条政策》。安吉县积极引导社会资金投资创办创业风险投资企业和科技担保机构；建立安吉县科技风险投资和融资担保补助补偿机制，成立安吉县科技风险基金和创业投资引导基金；完善高新技术企业科技保险，建设科技小微企业风险基金池、科技型中小企业专项贷款保证保险试点等具体工作内容，开展专利权、商标权质押贷款，发挥知识产权的融资功能。

（二）内蒙古鄂尔多斯——资源型城市转型模式

1. 实验区基本情况

鄂尔多斯市位于内蒙古自治区西南部，西、北、东三面被黄河环绕，下辖 2 区 7 旗，总面积为 8.7 万平方千米，区域环境优良，森林覆盖率达 26.9%，有国家级自然保护区 3 个、自治区级自然保护区 8 个。鄂尔多斯市是一个多民族地区，域内居住生活着蒙古族、汉族、满族、回族、藏族、维吾尔族、苗族、朝鲜族、彝族、壮族等 42 个民族，2019 年年末全市常住人口达 208.8 万人。鄂尔多斯市属我国西部少有的资源富集区，煤

① 2018 年浙江政府工作报告中提出的，即把产业、学术界、科研、成果转化、金融、人才、政策、中介、环境、服务等十方面因素融合提升，打造一个创新创业的生态系统。

炭、天然气等矿产资源在全国均占有举足轻重的地位。2009 年鄂尔多斯市被科技部认定为国家可持续发展实验区，属中小城市型实验区。鄂尔多斯市以资源开发利用与环境保护为建设主题，充分发挥资源优势，实施资源转换战略，重点发展“大煤田、大煤电、大化工、大循环”四大产业。2019 年，鄂尔多斯市城镇化率达 75.08%，地区生产总值为 3605 亿元，公共财政预算收入为 501 亿元，居自治区首位。2018 年 5 月，鄂尔多斯市正式启动了国家可持续发展议程创新示范区创建工作，通过科技创新和体制机制创新，促进经济建设与社会事业协调发展。

2. 主要做法及成效

（1）建成特色经济产业集群，大力发展循环经济

鄂尔多斯市坚持走“高起点、高科技、高效益、高附加值、高节能环保”的新型工业化道路，延长产业链，努力构筑大煤炭、大煤电、大化工、大循环的工业格局，重点在提升产业层次、提高生产集中度、实现就地转化增值、强化安全生产、规范管理体制和保障运输体系等方面下功夫，以促进全市煤炭工业可持续发展。

鄂尔多斯市以工业基地为核心，从资源开采、生产消耗、废弃物利用和社会消费等环节入手，按照资源—产品—再生资源的循环经济模式，形成了煤—电及其废弃物循环利用、煤—电—高载能及其废弃物循环利用、煤—煤化工及其废弃物循环利用、天然气—天然气化工及天然气+煤循环开发利用等一系列循环经济发展产业链，重点打造了一批循环经济产业基地，包括以伊金霍洛旗乌兰木伦煤化工项目区为核心的煤制油产业集群，以达拉特旗经济开发区、准格尔旗大路煤化工基地为核心的煤制甲醇及下游产业集群，以乌审旗纳林河化工项目区为核心的以煤为主、煤气互补的化工产业集群。鄂尔多斯市同时积极推进棋盘井工业园、蒙西高新技术工业园、上海庙工业园等园区基地建设，以基地促集群，以集群促产业，依托资源优势，使鄂尔多斯市能源重化工基地之间形成上下游产品有序衔接、相互推动、多次转化增值的循环产业体系，提升地区能源重化工产业的整体竞争力。

在加强传统产业转型升级的同时，鄂尔多斯市深入推进“结构转型，创新强市”的发展战略，积极培育发展替代产业，制定出台了一系列优惠政策。鄂尔多斯市装备制造、汽车、PVC及深加工、新能源、新材料、纺织等非煤产业不断发展壮大，非煤产业产值占工业增加值的比重不断增大。

（2）探索荒漠化治理模式，加大生态保护力度

鄂尔多斯市坚持“绿水青山就是金山银山”理念，在国家林草重点工程（退耕还林（草）工程、“三北”防护林工程、天然林保护工程、京津风沙源治理工程、防沙治沙综合示范区建设工程等）和地方生态建设工程（重点区域绿化工程、四个百万亩造林工程、碳汇林工程、交通沿线绿色廊道工程等）联合推动下，从“三种五小”（种树、种草、种柠条；小水利工程建设、小流域治理、小草库伦围建、小经济园林建设、小农机具制造）到建设“绿色大市”的实践中，形成了独具特色的荒漠化防治模式。

鄂尔多斯市按照“生态产业化、产业生态化”的发展思路，根据荒漠化特征进行分区治理和产业化设计，其中，毛乌素沙地以建设“生态经济园”为主，实施全面治理；库布齐沙漠采取南围北堵中切割措施，减少进入黄河的粗泥沙量；干旱硬梁区以保护和生态修复治理为主，建设保护型生态经济区；丘陵沟壑区以防治水土流失为主，营造乔灌草结合的水土保持林，发挥立体防护效果；平原区适当发展和改造农田防护林、经济林；工矿企业及城区，坚持“一矿一企治理一山一沟，一乡一镇建设一园一区”，加强环城林带建设，增加城市绿地。鄂尔多斯市还通过延长林沙草产业链条，形成了“五化”（林板一体化、林纸一体化、林饲一体化、林能一体化、林景一体化）、“三品”（饮品、药品、化妆品）的产业体系，拥有规模以上林沙企业20家，打造了响沙湾、恩格贝、巴图湾、七星湖等一批生态旅游景区，使生态建设和经济发展相融合，有效提升了荒漠化地区的可持续发展能力和水平。

鄂尔多斯市荒漠化治理和生态建设方面的显著成效使其获批成为全国绿化模范城市、国家森林城市、国家生态文明先行示范区、“绿水青山就是金山银山”实践创新基地、中国最佳生态旅游城市、全国防沙治沙先进集体和全国文明城市等多个荣誉称号。特别是“库布其模式”，创建了集

生态修复、生态农牧业、生态健康、生态旅游、生态光能、生态工业等为一体的生态产业体系。2014 年，库布齐沙漠生态治理区被联合国环境规划署确定为“全球沙漠生态经济示范区”。库布齐国际沙漠论坛自 2007 年发起创办以来，每两年举办一届，已连续成功举办七届，是中国首个写入联合国正式决议的防治荒漠化主题论坛，也是全球唯一以荒漠化防治为主题的多边论坛，其为全球荒漠化防治做出了重要贡献。2019 年，习近平总书记向第七届大会致贺信并指出：“中国高度重视生态文明建设，荒漠化防治取得显著成效。库布齐沙漠治理为国际社会治理环境生态、落实 2030 年议程提供了中国经验。”

（3）加强载体及平台建设，突出科技支撑

鄂尔多斯市围绕产业经济发展的重点领域和关键环节部署科技攻关，先后制定出台了《市委、市政府关于增强自主创新能力，推进创新型鄂尔多斯建设的意见》《鄂尔多斯市科学技术奖励办法》《鄂尔多斯市专利费用资助办法》《关于促进科技创新若干政策》《鄂尔多斯市特聘科技专家进经济开发区（园区）和企业计划实施方案》等一系列政策措施，优化了人才政策保障体系，形成了科技创新、成果产业化的优越政策环境，调动了全市科技创新的积极性。鄂尔多斯市还积极加强对外合作交流，与清华大学、中科院、中国工程院、山东科技大学、中国农业大学、中国矿业大学等国内 100 多所大学、科研机构建立了稳定的合作关系，建设巩固了一批创新平台载体，研究与试验发展经费占生产总值的比重达到自治区先进水平。截至 2020 年全市有效期内国家高新技术企业达 104 家，自治区级企业研究开发中心达 51 家，自治区级工程技术研究中心达 17 家，自治区院士专家工作站达 16 家。鄂尔多斯市被国家确定为全国技术创新示范城市、全国科技进步先进城市。

（三）杭州上城区——社区社会治理模式

1. 实验区基本情况

上城区，位于杭州城市中心偏南，面积为 18 平方千米，常住人口为 34 万人，是杭州经济社会活动的中心。上城区现有国家级文物保护单位 6

处（胡庆余堂、闸口白塔、凤凰寺、梵天寺经幢、宝成寺麻曷葛剌造像、南宋皇城遗址），是体现杭州历史文化名城的主要区域。2013 年上城区被批准为国家级可持续发展实验区，属于大城市城区型实验区。上城区率先探索文化与科技相互促进的路径和方法，确立了提升“厚重文化、高端产业、精致空间、人性交通、品质生活”五大内涵、围绕建设“具有国际水准的高品质中心城区”的战略目标，努力打造“南宋古都·经典上城”品牌，全面推进区域可持续发展，为历史文化名城的可持续发展提供新经验、新示范和新样板。2019 年，上城区实现地区生产总值 1080 亿元，完成财政总收入 160.17 亿元，先后荣获了全国科技进步示范区、全国科普示范城区、全国老龄工作先进区、浙江省科技强区、浙江省教育强区等荣誉称号。

2. 主要做法及成效

（1）把实验区建设与政府的中心工作结合，加强标准化管理

上城区通过对政府具体职能的标准化，弥补现行法律法规与实际执行中的“缝隙”，使政府工作具体事项有标准可循，可操作、可检查、可评价，保证各项职能统一、规范、明确履行。上城区通过标准化建设，保证行政管理和服务的质量——公正、透明、高效、均等、优质。上城区在尝试设计构建标准化体系时，体系构建范围覆盖了全区所有政府管理与公共服务事项，包括 300 余个职能标准化项目、800 余项法律法规及政策，并有意识地从民生问题入手，群众最关心、反映最强烈的社区服务、养老、教育、住房、卫生服务等问题，成为率先制定标准规范的突破口。2008 年，上城区制定了《居家养老服务与管理规范》，2011 年该规范被推为浙江省地方标准，同年，该标准被列入国家标准制定计划。标准化管理的居家养老服务，共有生活照料、医疗服务、家政服务、司法维权、精神慰藉、紧急救助 6 大类 50 余个项目。2018 年，上城区制定了国家首个《适老化住宅设计规范》地方标准，旨在通过建立设计标准，统一老旧住宅的适老化改造要求，进一步推动辖区居家养老设施的完善。除了居家养老标准外，上城区已有《上城区危旧房屋维修、拼接、改善规范》（修订本）、《学校安全管理规范》等近 40 项标准作为省、市地方标准颁布实施，还有

近70项区级地方标准规范已制定完成。

（2）创新“333+X”社区大服务体系，民生事业持续进步

上城区委、区政府把“谋民生之利、解民生之忧”作为工作的重中之重，围绕打造“东方品质体验区、幸福和谐示范区”目标，着力在民生保障和改善方面进行创新性探索，逐步建立起了信息共享、资源整合、协调有序、服务高效的“大服务”“大保障”体系，全面实现了“家家有就业、户户有厨卫、人人有保障”的“三有”目标，为推进城区城市建设和社会管理创新提供了有益启示。

上城区创新建构并实施了“333+X”社区大服务体系，该模式被民政部确定为中国和谐社区建设“上城模式”。“333+X”社区服务架构包括3个主体——政府、社区、社会；3种体系——公共服务、自助互助服务、便民利民服务；3类载体——社区公共服务站、居民议事中心、大管家服务社；X个项目——涉及吃、住、行、游、购、娱、健等与生活密切相关的39个服务项目。上城区通过明确政府、社区、社会各自的责权和功能，建立起一个以政府为导向，由多元主体共同参与，以公共性服务、公益性服务和商业服务为载体，以居家就业、居家养老、居家安养、居家三优、居家教育、居家医疗、居家文化、居家办事等为内容的现代居家系列公共服务体系。上城区还创造性实施了“零贫困家庭”和消除“零就业家庭”的“双零”工程、困难群体“安居”工程和居家养老“全覆盖”工程，首创为失业残疾人、困难失业人员提供社保补贴政策，基本实现低保困难家庭在区属医疗机构看病“零自负”。上城区在社会治理方面成绩斐然，连续14年成功创建省级平安区，群众安全感及群众对政法工作满意率连续多年位居全市前列。

（3）突出文化建设，环境品质持续提升

上城区把实验区建设与社会发展、文化建设结合起来，加强以历史文化传承、先进文化引领、公共文化惠民、文化产业提升、文化人才培育、公民素质提升为重点的文化建设，实施南宋皇城街巷综保工程、历史文化遗产保护三年行动计划；在近代典型居民保护区、旧城风貌保护区、名人遗址故居的修缮中，整理历史碎片，还原历史风貌，使历史文化资源在城

市现代化建设中得到延续和利用。上城区的保护修缮工程两次获得“中国人居环境范例奖”。上城区通过创建生态文明城区和低碳城区，重视节能减碳，切实搞好生态环境保护，推进绿色、低碳发展；全面启动“美丽上城”打造，实施区生态文明建设三年行动计划，完成“三江两岸”（上城段）生态景观规划，在全省率先创建生态文明示范社区和示范基地；重视水环境保护，抓好钱塘江、贴沙河饮用水水源安全保障，完成新开河、新塘河水质生态治理，控制废气排放，率先启动油烟净化装置，实现烟尘排放实时控制。

（四）广西恭城瑶族自治县——生态循环农业模式

1. 实验区基本情况

恭城瑶族自治县（以下简称“恭城县”）位于桂林市东南部，北邻三湘，南望粤梧，距市区 108 公里，辖 6 镇 3 乡 117 个行政村，总面积为 2139 平方千米，总人口为 30.5 万人。2001 年 12 月，恭城县被批准为国家可持续发展实验区，属县域型实验区。恭城县坚持把可持续发展战略与本县的具体情况相结合，全面开展有恭城特色的喀斯特地域、地貌的山区县可持续发展实验工作。恭城县坚持“养殖—沼气—种植”三位一体的“恭城模式”基本思路，推进实验区建设，开展了生态产业和“富裕生态家园”建设等一系列可持续发展实践，探索出了一条具有西部山区和少数民族地区特色的可持续发展之路。通过国家可持续发展实验区建设，恭城县已由一个少数民族山区贫困县，发展成为全国生态农业示范县。恭城县被联合国确认为“发展中国家农村生态经济发展典范”，获得国家级生态示范区、全国休闲农业与农村旅游示范县、国家可持续发展议程创新示范区先行区、国家全域旅游示范区创建县、中国长寿之乡和中国人居环境范例奖等多项称号和荣誉。

2. 主要做法及成效

（1）大力发展“五位一体”的生态循环农业

恭城实验区在发展产业经济的过程中，主动摒弃传统的以破坏生态环境换取经济发展的模式，运用循环经济原理指导和组织农业生产，把农业生产活动主动纳入生态循环链内，参与生态系统的物质和能量循环，以实现生态环境效益、经济效益和社会效益共赢，探索出具有恭城地方特色的“养殖+沼气+种植+加工+旅游”五位一体的可持续发展模式。

此模式中沼气池是关键纽带，它把养殖业和种植业（果）有效串联起来，其核心内容是生物质能多层循环综合利用。畜禽粪便等有机废弃物在沼气池中发酵后，除了产生沼气供农户生活所用外，产生的大量的沼渣和沼液还可以作为有机肥料在种植业上使用，并且使用沼肥的水果产量和品质都大为提升，深受客商钟爱，解决了以往“卖果难”问题。沼气池让当地的林果呈现了新气象，绿色水果产业已成为恭城县的支柱产业，全县形成了“南柿、北柚、中柑、西桃”的水果产业总体布局，当地老百姓从中切实得到了实惠。果品种植做大后，当地注重将工业化和农业产业化结合，重点打造以水果加工为主的农产品加工业。恭城县引进和发展了一批有竞争优势和带动能力强的企业，大力培育农产品深加工产业集群，形成了燕新园、开花山园、茶东园三个农产品生态加工园区。此外，恭城县以节庆为载体，把优美的生态田园风光与文化、民族风情结合起来，大力发展独具特色的生态文化旅游，在原有文庙、武庙、周王庙、湖南会馆四大古建筑群旅游景点基础上，实施红岩村的生态乡村旅游、大岭山十里桃花长廊旅游、瑶族风情园旅游等项目，形成了桃花节、月柿节、盘王节、关公节及婆王节等节庆旅游产品。生态旅游已成为恭城县重要支柱产业，恭城县是“绿水青山就是金山银山”的真实写照。生态美、百姓富的“恭城模式”成为全国争相报道的典型。

（2）始终坚持生态立县的可持续发展之路

20世纪80年代以前，恭城县和全国多数山区农村一样，面临能源短缺问题，恭城县乱砍滥伐林木作为燃料的现象给生态环境造成了巨大压力。1983年，恭城县在平安乡黄岭村开展“沼气代柴”试点，自此之后沼气池在当地遍地开花，生态发展也在当地不断开花结果。截至2015年，全县累计建设沼气池6.87万座，沼气入户率已高达89.7%，连续多年蝉联全国第一。可以说，从当初“养殖+沼气+种植”三位一体的生态农业模式到“养殖+沼气+种植+加工+旅游”五位一体的发展新模式，时代在变，模式在变，唯一不变的是生态立县的决心。恭城县领导干部牢固树立绿色政绩观，不将 GDP 作为政绩考核的唯一标准，而是进行事后的政绩评价，把为人民谋利益作为个人追求，充分发挥了“关键少数”的作用。每届县委书记都会告诫班子成员，“生态恭城是一面旗帜。传到我们手上，不仅不能倒下，还要传得更好。谁出了丢脸的事，就对不起这面旗”。[①] 在不断巩固和提升生态农业发展“恭城模式”的同时，当地还始终重视对森林资源和生态环境的保护，持续推进禁伐阔叶林、禁放养山羊、禁开垦 25 度坡地林地、禁种速生桉等四大森林保护措施，开展退耕还林、毛竹基地建设、封山育林、石漠化荒山治理、生态补偿等林业工程建设，全县森林覆盖率从 1987 年的 47%上升到 82%。恭城县先后荣获全国绿化先进集体、国家级重点生态功能区、广西绿化模范县等荣誉称号。2015 年，第二次全国改善农村人居环境现场会在恭城县召开，恭城模式和生态立县的经验做法获得与会领导和专家的高度评价及充分肯定。

（3）高度重视科技和人才的支撑作用

生态循环农业的高效发展除了需要资源条件外，还需要技术的因地制宜和生产者对技术的熟练掌握。恭城县重视科技已久，从办沼气开始，恭城人就用“技术先进、技术过硬”这八个字来要求自己。技术是不断发展更新的，沼气池也如此，当地不断引进和创新先进实用技术，从而使自己的技术始终保持在比较先进的水平上。为了保证沼气高效发展和利用，恭城县一是要求能源办的领导和工作人员必须懂理论、会技术，不懂的要先学习，避免外行领导内行；二是沼气建设和其他农村能源设施建设、沼气管理和维修、沼气综合利用等都坚持技术承包和技术指导，在建沼气池时就把管理技术、综合利用技术传授给农户，并且推广“全托管”服务模式；三是注重产品的综合效益发挥，推广沼液水肥一体化应用技术，对农业种植实施沼肥替代化肥，沼肥综合利用率提升到 90%以上；四是专业团队每年复训一次，更新知识技术。当地的沼气池一次成功率一直保持在 100%。

① 刘华新，谢振华．广西恭城坚守“生态立县”30 余年：11 任县委书记一根接力棒（人民眼·换届之后）［N］．人民日报，2017-02-10（16）．

恭城县的循环农业模式中水果种植业是重要的一环，恭城县也将水果种植技术和其相关人才作为发展的重要支撑。一是将水果种植产业化、基地化、无公害化，建立水果示范基地，研究水果疾病防控技术，优化并大力推广种植技术等；二是将本地“土专家”的经验与县里长期聘请的农业专家、学者顾问或客座教授的指导相结合，组织开展“无公害水果标准化栽培技术”培训月、“百名科技特派员驻村助农活动”、“科技人员返乡过年培训”等技术推广活动；三是制订周密的农业科技示范户培训计划，由农业推广部门输出科技特派员，科技特派员选定科技示范户并进行重点培育，科技示范户引领村民学技术、用技术。

（4）打造样板村，发挥示范引领作用

自 2001 年起，恭城县大力实施“富裕生态家园”的社会主义新农村建设，在每个乡镇挑选出一个或几个建设得较好的、具有代表性的村屯，按照“五改”（改水、改路、改房、改厨、改厕）“十化”（户间的道路要硬化、村民住宅要楼房化、村村交通要便利化、村屯环境要绿化和美化、居民饮用水要无公害化、村民的厨房要标准化、生活用能要沼气化、居民厕所和公厕要卫生化、科学养殖要良种化、种植作物要高效化）的标准进行建设，并将其建设成样板村，然后作为示范辐射全乡镇范围，有效带动了全县村屯的新农村建设工作。实施乡村振兴战略以来，恭城县又选择了不同区域、不同类型、不同条件、基础条件好、群众积极性高的村屯，建设了一批便于学习借鉴、适合推广应用的示范项目。如 2019 年恭城选择嘉会镇泗安村五海塘屯和栗木镇大营村毛梨洼屯开展农业农村部农村人居环境整治技术服务与提升项目试点示范工作，集中力量进行打造，通过示范带动、以点带面、连线成片，形成集群效应，带动全县乡村人居环境整体提升。恭城县曾连续多年被列为“广西农村环境连片整治示范县”；打造出了西岭杨溪、栗木兰家屯等一批“三清洁”示范村屯；红岩村被确定为全国“美丽乡村”创建试点村，该村已被认定为国家 AAAA 级景区；此外，牛路头的生态农庄获得全国休闲农业与乡村旅游 AAAA 级园区及广西休闲农业与乡村旅游示范点、AAAAA 级农家乐、AAAA 级乡村旅游区等多项殊荣。

第三章
国家可持续发展议程创新示范区创建经验借鉴

一、国家可持续发展议程创新示范区建设的时代需求

从国家社会发展综合试点到国家可持续发展议程创新示范区建设，中国经济社会经历了飞跃式发展，中国生态文明建设不断进步。中国作为世界上负责任的大国，一直积极致力于推动人类可持续发展。《21 世纪议程》可以说是人类可持续发展的一个里程碑，它的出台昭示全球有了共同的可持续发展目标。中国作为最大的发展中国家，很快制定出了《中国 21 世纪议程》，明确了中国可持续发展的总体战略框架和各领域主要目标。可持续发展战略实施以来，中国在人口、资源、环境和经济社会各方面都取得了长足发展。特别是党的十八大报告，将生态文明建设纳入“五位一体”中国特色社会主义总体布局，要求“把生态文明建设放在突出地位，融入经济建设、政治建设、文化建设、社会建设各方面和全过程”；党的十九大报告提出全面建成小康社会决胜期要坚定实施七大战略：科教兴国战略、人才强国战略、创新驱动发展战略、乡村振兴战略、区域协调发展战略、可持续发展战略、军民融合发展战略，明确把实施可持续发展战略作为我国的七大战略之一。

2015 年 9 月，习近平总书记出席联合国可持续发展峰会，同各国领导人一起通过了《2030 年可持续发展议程》。该议程是人类在可持续发展领域的又一项具有里程碑意义的行动。《2030 年可持续发展议程》设定了 2015 年之后的 15 年里全球在减贫、健康、教育、环保等领域的具体目标，为今后一个时期世界各国的发展指明了方向，勾画了蓝图。中国高度重视《2030 年可持续发展议程》。2016 年 12 月，国务院印发《中国落实 2030

年可持续发展议程创新示范区建设方案》，明确提出结合《2030 年可持续发展议程》的落实，以国家可持续发展实验区工作为基础，在 2020 年前建设 10 个左右国家可持续发展议程创新示范区（简称“国家创新示范区”）。国家创新示范区建设坚持稳中求进工作总基调，坚持新发展理念，坚持推动高质量发展，统筹推进“五位一体”总体布局，协调推进“四个全面”战略布局，按照“创新理念、问题导向、多元参与、开放共享”的原则，探索以科技为核心的可持续发展问题系统解决方案，为中国破解新时代社会主要矛盾、落实新时代发展任务做出示范并发挥带动作用，为全球可持续发展提供中国经验。

为落实《2030 年可持续发展议程》，我国在可持续发展实验区建设基础上，经过各地积极申报，多轮审核遴选，2018 年 3 月和 2019 年 5 月，国务院先后批复同意广东省深圳市、山西省太原市、广西壮族自治区桂林市、湖南省郴州市、云南省临沧市、河北省承德市等 6 个市建设国家可持续发展议程创新示范区（见表 3-1）。各国家创新示范区围绕创新建设方案的总体要求，针对各地发展实际和制约瓶颈，选择具有区域特色而又有共性的建设主题，制定了详细的规划与实施方案，其创建思路与路径值得北京市可持续发展实验区学习与借鉴。

表 3-1　“国家可持续发展议程创新示范区”创建主题一览

名称	主题内容
深圳市国家可持续发展议程创新示范区	创新引领超大型城市可持续发展
太原市国家可持续发展议程创新示范区	资源型城市转型升级
桂林市国家可持续发展议程创新示范区	桂林景观资源可持续利用
郴州市国家可持续发展议程创新示范区	水资源可持续利用与绿色发展
承德市国家可持续发展议程创新示范区	城市群水源涵养功能区可持续发展
临沧市国家可持续发展议程创新示范区	边疆多民族欠发达地区创新驱动发展

二、深圳市国家可持续发展议程创新示范区

（一）国家创新示范区创建的条件

深圳是中国南部海滨城市，地处广东省南部，是我国最早实施改革开

放的经济特区，深圳已成为我国经济中心、科技创新中心、区域金融中心、商贸物流中心。深圳陆域面积为 1997 平方千米，下辖 9 个行政区和 1 个新区；截至 2019 年年末，全市常住人口为 1343 万人。深圳属亚热带海洋性气候区，气候温和，阳光充沛。深圳东临大亚湾和大鹏湾，西临珠江口和伶仃洋，南隔深圳河与香港相连，是粤港澳大湾区四大中心城市之一、国家物流枢纽、国际性综合交通枢纽。深圳水陆空铁口岸俱全，是中国拥有口岸数量最多、出入境人员最多、车流量最大的口岸城市。

深圳经济特区作为我国改革开放的试验田和窗口，该地区生产总值从 1980 年的 2.70 亿元跃升到 2019 年的 2.69 万亿元，年均增长 20.7%，规模居全国大中城市第三位；人均生产总值从 1980 年的 835 元增长到 2019 年的 20.3 万元，达到中等发达国家水平；居民人均可支配收入从 1985 年的 1915 元上升到 2019 年的 62522 元；地均生产总值从 1980 年的 13.4 万元/平方千米增长到 2019 年的 13.5 亿元/平方千米，居内地城市首位。改革开放以来，深圳始终坚持创新驱动，持续推进以科技创新为核心的全面创新，形成了以企业为主体、市场为导向、产学研深度融合的技术创新体系。深圳有国家高新技术企业超过 1.70 万家；PCT 国际专利申请量达 1.75 万件，占全国总量的 30.6%，是首个国家创新型城市、首个以城市为基本单元的国家自主创新示范区和综合性国家科学中心。

深圳注重保护生态环境，大力推动绿色发展、循环发展、低碳发展，最大限度地促进环境与经济社会协调发展，人与自然和谐共存，走出了一条经济发达地区绿色低碳发展之路。深圳先后获得国家园林城市、国际"花园城市"、联合国环境保护"全球 500 佳"等荣誉称号，是全国首个 C40 城市气候领导联盟成员城市，空气质量居全国大中城市前列。深圳在全国率先颁布了《深圳经济特区循环经济促进条例》。深圳国际低碳城成为中欧可持续城镇化合作旗舰项目，并获得美国保尔森基金会与中国国际经济交流中心颁发的"可持续发展规划项目奖"，其可持续发展成效显著。

（二）创建主题的选择及建设思路

深圳结合创建国家可持续发展议程创新示范区的现实基础，聚焦资源环境承载力和社会治理支撑力相对不足“两大问题”，确定了以“创新引领超大型城市可持续发展”为主题，以人民对美好生活的向往为奋斗目标，以科技创新为核心，着力破解“大城市病”，着力推动科技创新与社会发展深度融合的发展模式；确立了建设更具国际影响的创新活力之城、更加宜居宜业的绿色低碳之城、更高科技含量的智慧便捷之城、更高质量标准的普惠发展之城、更加开放包容的合作共享之城“五大重点任务”。深圳通过努力建设把自身打造为社会主义现代化先行区、创新驱动引领区、绿色发展样板区、普惠发展示范区，为全球超大城市可持续发展提供可复制、可推广的经验样板。

深圳市国家可持续发展议程创新示范区建设思路如图 3-1 所示。

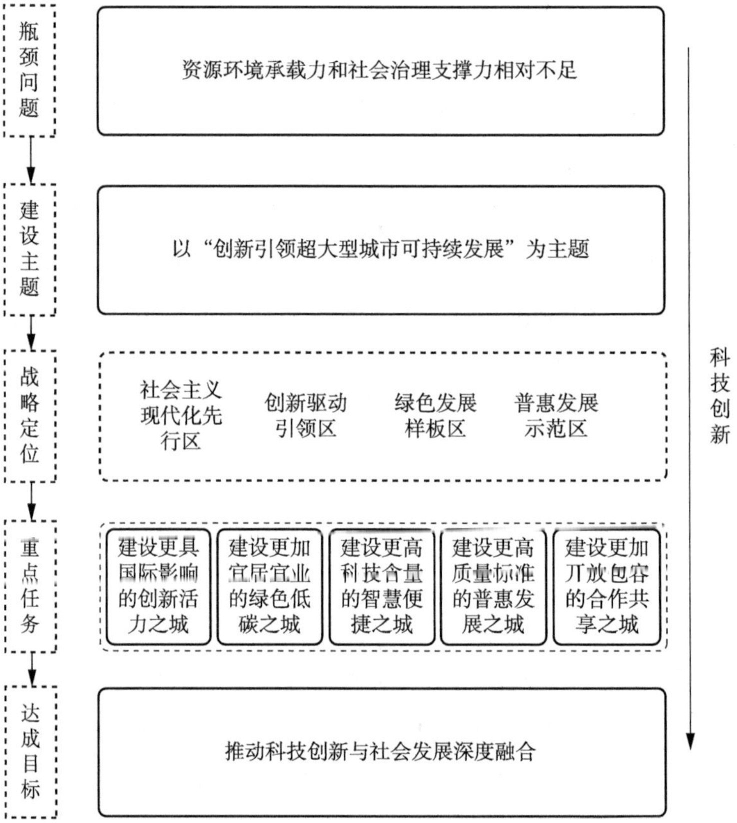

图 3-1 深圳市国家可持续发展议程创新示范区创建思路

（三）具体推进路径

深圳市重点针对资源环境承载力和社会治理支撑力相对不足等问题，集成应用污水处理、废弃物综合利用、生态修复、人工智能等技术，将全面创新的主线贯穿超大型城市可持续发展全过程，实施创新支撑服务、多元人才保障、资源高效利用、生态环境治理、健康深圳建设和社会治理现代化“六大工程”，制定实施可持续发展促进条例，成立可持续发展研究院等专门研究机构，设立可持续发展基金，构建可持续发展国际交流合作平台，以重大科技攻关“登峰计划”、创新载体“核心枢纽”、科技资源开放共享、“孔雀计划”、学习型城市建设等行动为重点，健全创新服务支撑和多元人才支撑“两大体系”，以自然资源资产管理制度改革、公立医院改革、社会治理方式创新、科研活动组织方式创新、海外高层次人才引进等政策体制创新为突破口，完善资源环境管控、社会治理服务、创新创业动力、人才教育保障等“四大创新机制”。深圳市统筹各类创新资源，深化体制机制改革，探索适用技术路线和系统解决方案，形成可操作、可复制、可推广的有效模式，对超大型城市可持续发展发挥示范效应。深圳市国家可持续发展议程创新示范区建设路径如图 3-2 所示。

1. 创新支撑服务工程

深圳市重点针对原始创新能力相对薄弱的瓶颈问题，实施重大科技攻关“登峰计划”，打造创新载体“核心枢纽”工程，加速知识产权流通转化，推动科技金融深度融合，促进科技资源开放共享，着力提高科技创新质量、利用效能、转化效率，为深圳的可持续发展提供动力保障，为打造具有强大辐射带动作用的国际科技产业创新中心夯实基础。

2. 多元人才保障工程

深圳市实施人才强市战略，针对高端人才短缺、人才规模和结构难以适应现代化、国际化创新型城市建设需要的瓶颈问题，以高层次专业技术人才和高技能人才队伍建设为重点，坚持自主培养和引进并重，扩大高等教育和职业教育规模，推动人力资本积累，构建多元人才体系，建设学习型社会；优化人才发展的生态环境，激发创新创业人才活力，建设具有国

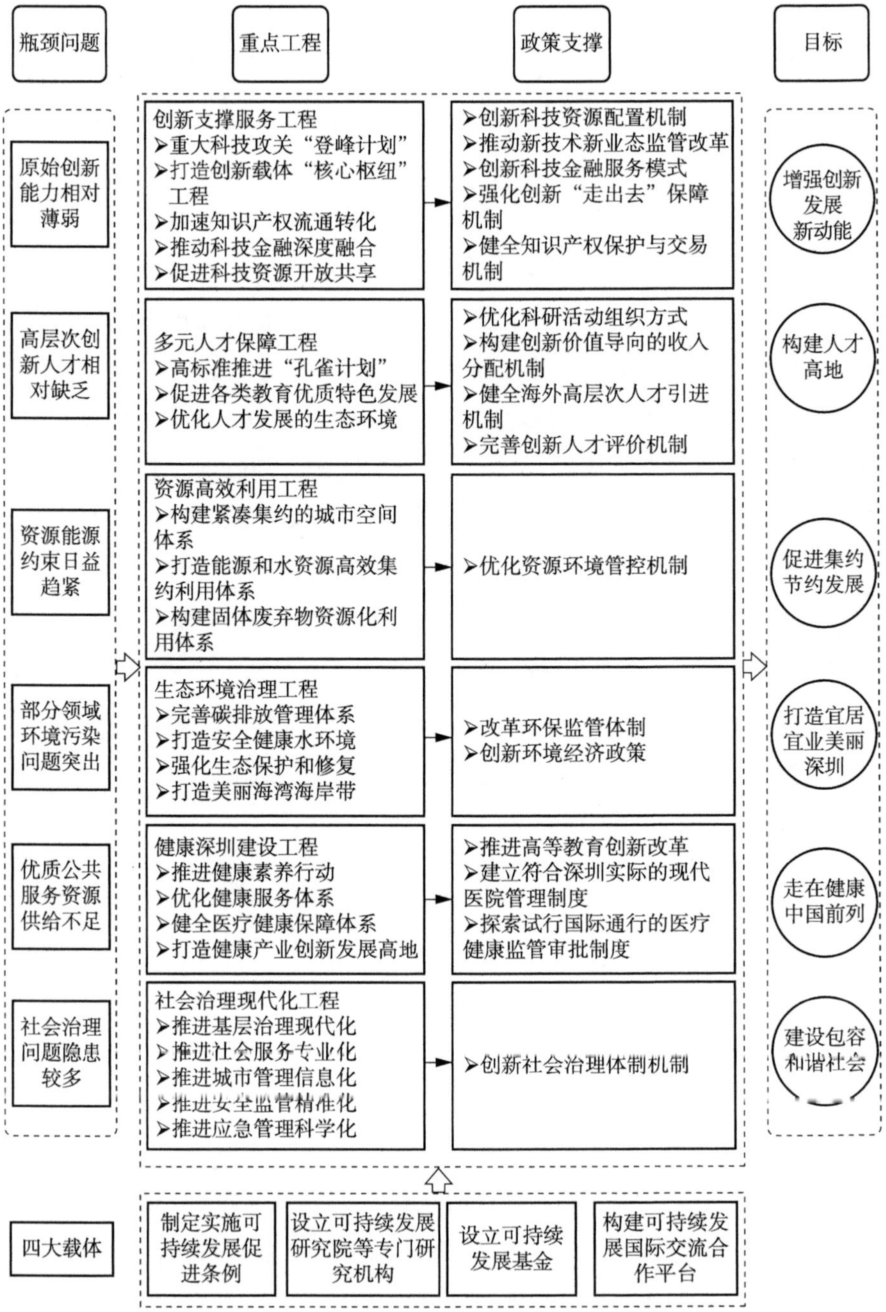

图 3-2　深圳市国家可持续发展议程创新示范区建设路径

际影响力的创新创业人才培育中心和集聚高地。

3. 资源高效利用工程

面对减排压力巨大，资源环境、建设用地承载力逼近上限等问题，深圳市推动紧凑集约的城市空间、水资源和能源高效集约利用、生活垃圾资源化利用体系建设，将循环经济“3R”原则（减化、再利用和再循环）贯穿生产各环节和全流程，提高原料、能源、水资源等物质的循环利用能力，推行循环型生产方式；健全资源循环利用回收体系、推广绿色消费模式，实现各类资源的节约、集约、高效利用，建设资源循环利用型社会。

4. 生态环境治理工程

针对全市环境质量不均衡以及部分环境问题突出的现状，深圳市着力解决好经济增长、社会进步、环境保护等三大领域平衡发展的问题。树立尊重自然、顺应自然、保护自然的生态文明理念，坚持源头治理和全过程防控相结合的思路，完善陆海统筹的生态系统保护修复和污染防治区域联动机制，形成政府、企业、公众共治的环境治理体系，实现环境质量总体改善；全面提升城市环境质量，打造清洁健康、宜居宜业的人居环境，将深圳建成生态环境优良的绿色低碳之城。

5. 健康深圳建设工程

针对居民健康管理水平不高、医疗资源总量供给不足、布局不均衡、健康服务和保障机制亟待完善等问题，深圳市以提高人民健康水平为核心，着力倡导健康生活方式，加大优质健康服务供给，发展健康产业，全方位、全周期保障市民健康，大幅提高健康水平，在健康中国建设中发挥先行先试作用。

6. 社会治理现代化工程

针对社会治理难度加大，社区生活品质有待提升，群众诉求表达渠道和利益协调机制有待完善等问题，深圳市着力推进社会治理现代化建设，实现党领导下的政府治理和社会调节、居民自治良性互动，营造更具人文关怀的城市氛围，不断提升市民的认同感、归属感和幸福感，实现深圳社会治理走在全国前列。

三、太原市国家可持续发展议程创新示范区

（一）国家创新示范区创建的基础条件

太原市位于山西省中部，地处黄土高原东部、汾河流域中部，三山环抱、一水中分，为山西省省会，市域面积 6988 平方千米，常住人口为 446.19 万人，其中，城镇人口为 380.36 万人，城镇化率达 85.25%，下辖 6 区 3 县 1 市。太原市地处环渤海经济圈与西部经济区的交会点，是我国东、中、西三大经济板块的接合部，在全国生产力总体布局中起着承东启西、辐射南北的重要作用，是拱卫首都北京的生态屏障和战略支援基地，也是承接京津冀、环渤海产业梯度转移的重要基地和服务京津冀的“后花园”。2019 年，太原市地区 GDP 实现 4028.51 亿元，增长率为 6.6%，太原市初步形成了以高端装备制造、新材料、电子信息、新能源、节能环保、食品加工等新兴产业为支柱的产业体系，拥有一批在全国具有较大影响力的企业，在不锈钢、煤机制造、高铁轮对等领域拥有国际国内一流的高端技术。

太原市矿产资源丰富，品种繁多，以煤、铁、石膏为主，全市煤炭资源保有储量为 171 亿吨，铁矿为 6.05 亿吨。太原市人文荟萃，文化遗产丰富，旅游资源得天独厚，现有全国重点文物保护单位 33 处，省级文物保护单位 23 处。太原市市域集聚了山西省 80%以上的科技资源，先后被国家确定为创新型城市试点、科技成果转换示范基地、新能源汽车推广应用示范城市和小微企业创业创新基地示范城市等。2006 年，太原市迎泽区成为国家可持续发展实验区，太原市率先关闭了区内所有的煤矿和石膏矿，实现了煤炭行业和非煤矿产业的整体退出。迎泽区开展了以整治雾霾和消除黑臭水体为重点的环境治理，为太原市可持续发展创新示范区建设提供了先行经验。同时，太原市在汾河治理方面成效显著，汾河景区先后获得“迪拜国际改善人居环境最佳范例”“中国人居环境最佳范例”“国家水利风景区”“全国优秀体育公园”“国家 AAAA 级旅游景区”“中国环境艺术金奖”等称号。

（二）创建主题与建设思路

太原市作为典型的资源型城市，长期依靠能源资源的高投入、高消耗拉动区域经济发展，资源约束紧张、生态功能退化、环境承载力降低等发展不协调、不可持续问题日益突出，特别是以“一湖一水九河”污染为突出表现的水污染和以冬季散煤燃烧为表征的大气污染系统性问题，已成为制约太原市经济社会可持续发展的重大瓶颈。针对上述问题，太原市按照山西省委建设资源型经济转型发展示范区、打造能源革命排头兵、构建内陆地区对外开放新高地的战略部署，以“资源型城市转型升级”为主题，集成应用污水处理与水体修复、清洁能源与建筑节能等技术，实施水资源节约和水环境重构、用能方式绿色改造等行动，推进以科技创新为核心的全面创新，着力破解制约可持续发展的瓶颈问题，加快摆脱传统发展模式，积极推动新旧动能转换，构筑支撑可持续发展的区域创新体系、现代都市型经济体系、宜居宜业型城市体系、创新融合型管理体系与幸福安康型社会体系；打造充满活力的科技之城、美丽绿色的生态之城、清洁低碳的创新之城、共建共享的健康之城、文化发达的宜居之城、开放包容的幸福之城，为资源型经济长期压力下生态脆弱区的生态重构提供可持续发展的典型模式。太原市国家可持续发展议程创新示范区创建思路如图 3-3 所示。

（三）具体推进路径

太原市以可持续发展理念为引领，围绕太原市城市发展的主要问题，破解水、气、生态等的关键瓶颈问题，以创新驱动为支撑，以产业转型升级为抓手，以“创新—生态+低碳能源—健康+宜居+幸福”为可持续发展的主线，围绕资源型经济长期影响下生态脆弱区域生态环境综合重建，推进水资源节约和水环境重构工程、矿山生态破坏区域的系统修复工程、生产生活用能方式的绿色改造工程，开展可持续发展综合行动，通过生态综合治理推动产业转型及社会发展。太原市大力推进以科技创新为核心的全面创新，以城镇化建设、环境治理、投融资体制机制改革为重点，建立和完善可持续发展的政策支撑体系，出台《太原市可持续发展标准体系》，激发市场活力，切实增强可持续发展体制机制动能，努力形成人与自然和谐发展新格局。

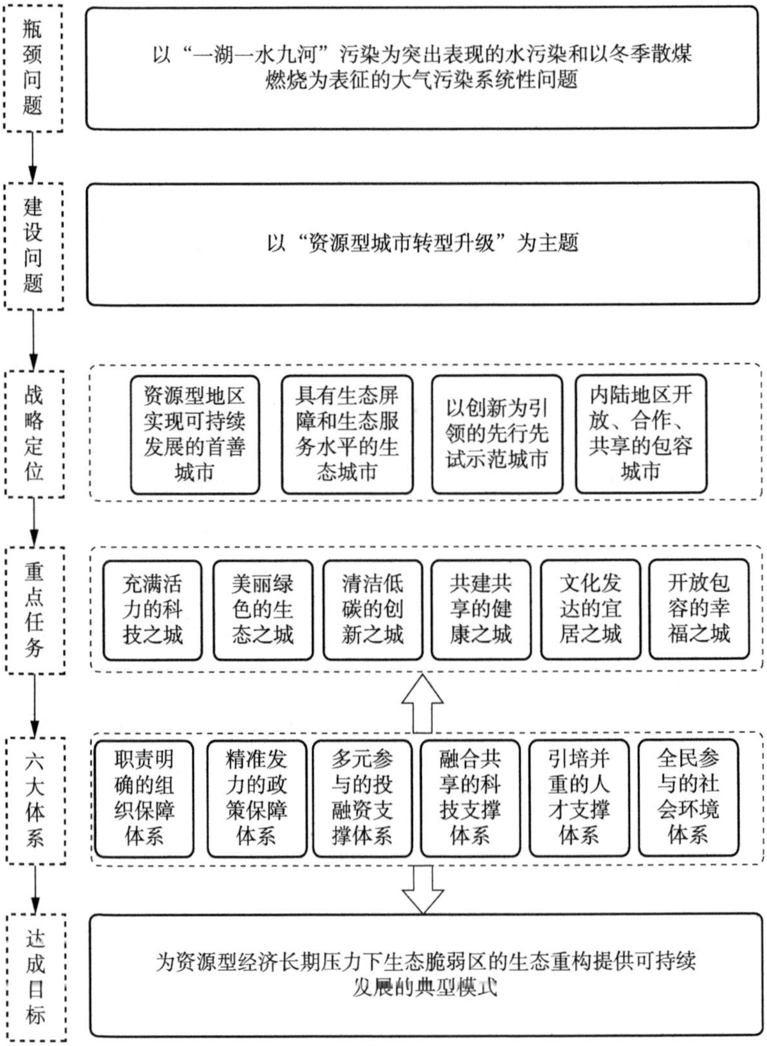

图 3-3　太原市国家可持续发展议程创新示范区创建思路

太原市国家可持续发展议程创新示范区建设路径如图 3-4 所示。

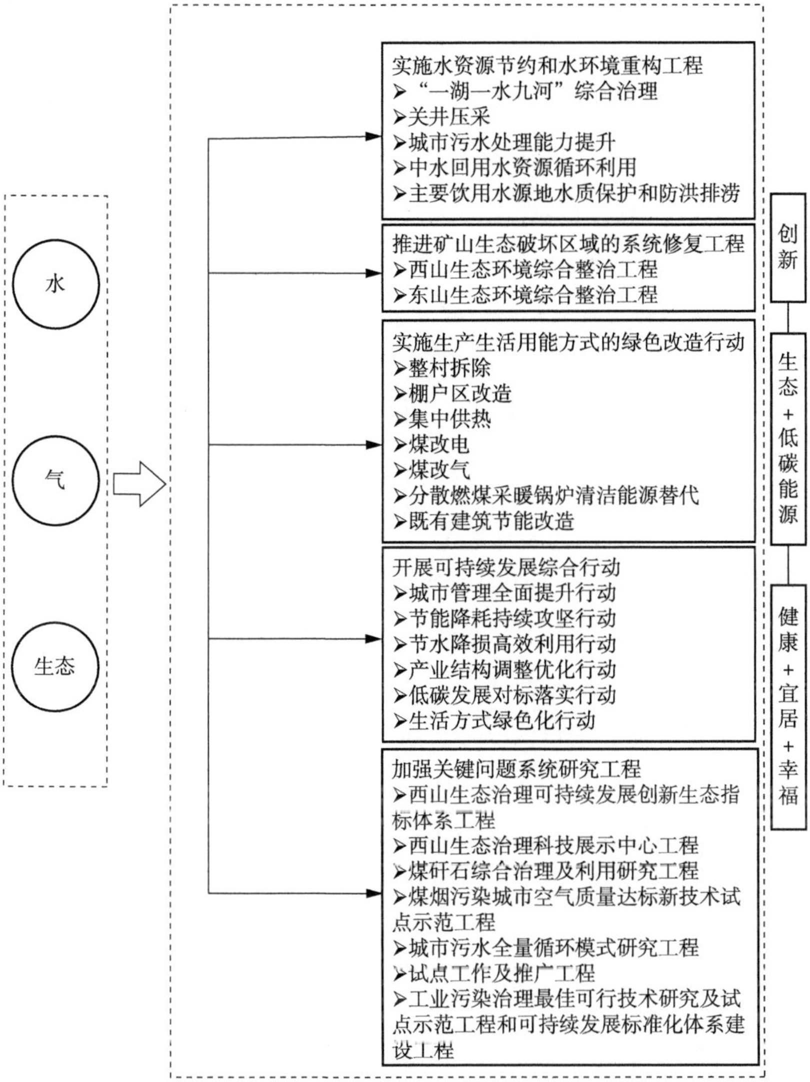

图 3-4　太原市国家可持续发展议程创新示范区建设路径

1. 实施水资源节约和水环境重构工程

太原市按照“源头治理、蓄水调洪，雨污分流、河水复清，快速交通、绿色长廊，连片改造、全面提升”的思路，统筹山水林田湖草系统治理，重点研发和推广应用污水处理与水源地水质净化、水体修复集成、再生水安全回用等新技术，实施“一湖一水九河”综合治理、关井压采、城市污水处理能力提升、中水回用水资源循环利用、主要饮用水水源地水质保护和防洪排涝“六大工程”，实现水资源扩容、水环境改善，充分彰显“三面环山、一水中分、一湖点睛、九河环绕”的水韵龙城格局。

2. 推进矿山生态破坏区域的系统修复工程

太原市按照“政府主导、市场运作、公司承载、园区打造”的模式，运用市场机制，将东西两山山水资源资本化、资产化、要素化，引入大型企业在东西两山建设森林公园，恢复东西两山生态植被，探索一条“以绿换地、靠地获利、用利养绿”的可持续发展之路，将东西山地区建设成为新兴产业发展区、生态环境涵养区、风景名胜旅游区、宜居休闲生活区。

3. 实施生产生活用能方式绿色改造行动

太原市倡导绿色生产生活方式，按照“散煤燃烧退出城市，工业排放严格限制，综合管理全面加强，排放总量全面下降”的思路，全面落实“控煤、治污、管车、降尘”等重大举措。太原市还重点研发应用煤基产业都市大气复合污染源精准解析及污染控制、建筑节能改造等新技术，组织实施整村拆除、棚户区改造、集中供热、煤改电、煤改气、分散燃煤采暖锅炉清洁能源替代、既有建筑节能改造等示范工程，实现煤炭清洁利用和清洁能源替代，并结合产业结构调整等手段，持续改善大气环境质量。

4. 通过生态治理推动产业转型及社会发展

太原市践行“绿水青山就是金山银山”理念，以环保约束倒逼产业转型，以产业发展推动环境提升。一方面，抓煤焦冶电等传统产业提档升级，逐年加大技改资金支持，助力传统产业产品结构升级；另一方面，抓新兴产业培育壮大，积极发展清洁生产、循环经济和低碳技术，强化招商引资，改革审批管理流程，项目试行承诺制，实行无审批管理，加快搭建规模在100亿元以上的政府产业投资基金，支持节能环保企业提高产品附加值和市场竞争力。同时，在民生方面，太原市彻底改善河道两岸、城中村、棚户区城乡居民环境脏乱差、安全隐患严重、公共服务欠缺的恶劣居住环境。城市功能方面，实现道路、管网等地上地下基础设施建设同步推进，使城市建设得到全面提升。生态环境方面，提高生产生活方式绿色低碳水平。市民素质方面，让全体市民共享优美环境的同时，实施生态环保和可持续发展理念教育、制订培育行动计划，着力增强全民可持续发展意识，为太原可持续发展营造良好社会氛围，打下坚实人文环境基础。

5. 强化科技引领支撑作用

太原市实施了西山生态治理可持续发展创新生态指标体系工程、煤矸石综合利用研究工程、城市污水全量循环模式研究工程等七大工程；加大了财政投入力度，每年安排10亿元专项资金，对重大科技成果转化予以支持；强化企业创新主体地位，发挥高等院校、科研院所创新主力军作用，建立若干个应用技术研发机构，开展产学研协同攻关；积极争取国内外知名高校和科研院所在太原设立科研分支机构，提升科技成果转移转化公共服务平台功能，实现科技创新成果落地转化；进一步抓实国家小微企业创业创新基地城市示范工作，加大“双创”示范基地、众创空间、科技企业孵化器等扶持力度，推动新技术、新产业、新业态快速发展。

6. 激发创新人才干事创业活力

太原市大力实施人才兴市战略，制定出台了《关于深化人才发展体制机制改革加快推进创新驱动转型升级的实施意见》，实施人才鼓励政策，对新引进和新入选且在太原市全职工作的“两院”院士，给予1200万元科研经费、240万元安家费和每年100万元津贴；对新引进和新入选且在太原市全职工作的专家，给予600万元科研经费、120万元安家费和每年50万元津贴。另外，太原市加大了住房保障，集中建设1000套人才公寓，提供给海外人才、“两院”院士、在站博士后和短期来太原工作的高层次人才等租住。同时，太原市落实用人主体自主权，改进人才培养方式，搭建创新创业平台，努力形成人才洼地、创新高地。

四、桂林市国家可持续发展议程创新示范区

（一）国家创新示范区创建的基础条件

桂林市位于广西壮族自治区东北部，是世界著名的风景旅游城市、中

国首批历史文化名城、生态山水名城。桂林山水秀美、生态宜居，自古享有“桂林山水甲天下”之美誉，漓江入选全球15条最美河流，桂林喀斯特地貌被列入世界自然遗产名录，桂林被盛赞为“最适合人类居住的城市”。桂林市下辖6区10县1市（县级），总面积为2.78万平方千米，总人口为540万人，居住着汉族、壮族、瑶族、苗族、侗族、回族等民族。桂林地处桂、粤、湘、黔四省区中心，交通区位较为良好，桂林两江国际机场是国家旅游重点枢纽空港，辐射西南、中南地区，中国—东盟博览会旅游展永久落户桂林，使桂林在东盟的影响力进一步扩大。桂林先后获得“全国循环农业示范市”“国家生态文明先行示范区建设城市”“全国水生态文明建设试点城市”“国家级低碳试点城市”“国家环境保护模范城市”“中国首批对外开放的旅游城市”“世界旅游组织首推的中国四大旅游目的地城市之一”等称号。2001年，桂林市恭城瑶族自治县获得“国家可持续发展实验区”称号，“恭城模式”被联合国誉为“发展中国家农村生态经济发展典范”。恭城县可持续发展实验区的建设，为桂林市可持续发展积累了有益经验。

桂林历史悠久、文化灿烂，文化与山水融为一体，是国务院命名的国家第一批历史文化名城。优质的山水文化资源和良好的社会环境，有力推动了桂林市区域经济社会发展。2019年，全市完成地区GDP2105.56亿元，三次产业增加值占地区GDP的比重分别为23.1%、22.6%和54.3%，以旅游服务业为主的第三产业占比牢居首位。2019年全年桂林接待国内外游客达1.38亿人次，增长率为26.7%。其中，国内游客为1.35亿人次，增长率为27.1%，入境过夜游客为314.59万人次，增长率为14.5%，实现旅游总消费1874.25亿元，增长率为35.0%。桂林市持续推进法治桂林、平安桂林建设，荣获了全国社会管理综合治理最高奖“长安杯”，社会大局和谐稳定，人民群众安居乐业。

（二）创建主题与建设思路

结合桂林市创建国家可持续发展议程创新示范区的基础条件，针对喀斯特石漠化地区生态修复和环境保护等问题，桂林市牢固树立“创新、协调、绿色、开放、共享”五大发展理念，确定了以“桂林景观资源可持续利用”为主题，以实施创新驱动发展战略为主线，以推动科技创新与社会发展深度融合为目标，以破解制约可持续发展的关键瓶颈问题为着力点，以发展生态旅游为引领，以提高人民生活质量为根本的建设思路。桂林市通过加强创新体系建设、景观资源保育、文脉保护传承，发展智慧生态产业、社会事业及扩大区域合作空间，积极探索“生产生活生态相融，美景美俗美誉共生”的桂林发展新路径，努力将桂林打造为全国生态文明建设样板区、“一带一路”旅游创新发展引领区、可持续发展国际交流合作的重要平台。桂林市为国内同类城市、多民族欠发达地区和东盟乃至世界同类地区可持续发展提供了现实样板和丰富经验。

桂林市国家可持续发展议程创新示范区创建思路如图 3-5 所示。

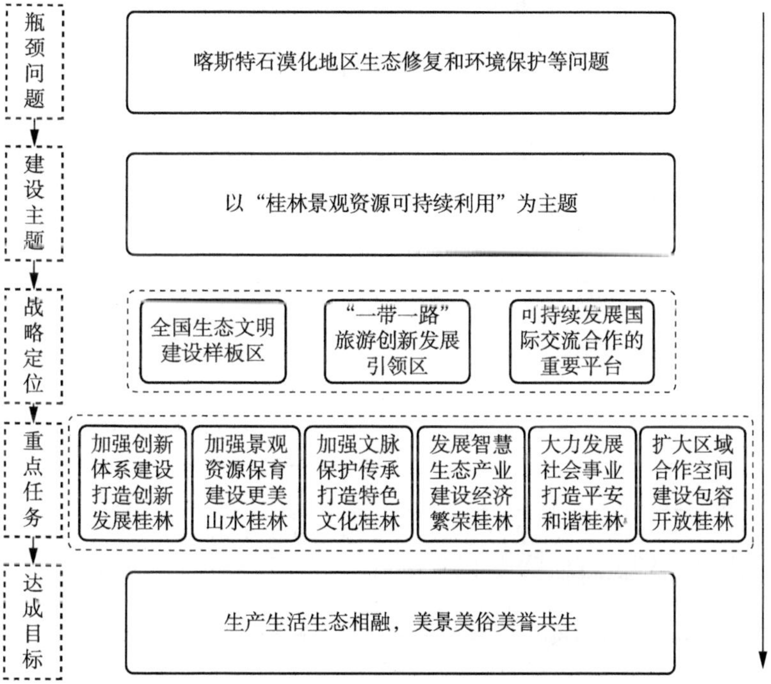

图 3-5　桂林市国家可持续发展议程创新示范区创建思路

（三）具体推进路径

桂林市围绕国家创新示范区建设目标，集成应用生态治理、绿色高效农业生产等技术，实施自然景观资源保育、生态产业创新发展、创新驱动能力建设“三大重点行动”和“十大重点工程”；创新漓江流域生态资源保护、旅游产业发展模式、科技人才发展等体制机制，持续改善生态环境质量，促进生态旅游业、生态农业、生态工业创新发展，实现生态保护与绿色产业的协调发展，建设生态宜游桂林、生态宜居桂林、生态宜业桂林、生态宜养桂林。

桂林市国家可持续发展议程创新示范区建设路径如图 3-6 所示。

图 3-6　桂林市国家可持续发展议程创新示范区建设路径

1. 实施自然景观资源保育行动

桂林市针对喀斯特地区生态环境脆弱、景观资源保育任务繁重等问题，重点实施喀斯特石漠化治理与修复、水生态系统保护与修复、城乡生态环境综合治理、自然景观风貌保护与修复“四大工程”，优化水资源配置，加强自然景观保护和修复，提升漓江流域生态保育水平，构建“山水林田湖草”生命共同体，探索形成景观资源保育及科学利用模式，实现人与自然和谐共生。

2. 实施生态产业创新发展行动

桂林市实施了生态旅游业、生态农业、文化与康养产业、生态工业创新发展工程，构建了与环境功能相适应的现代生态产业体系。具体包括：①生态旅游产业创新发展重点工程，主要针对旅游服务质量水平不高、生态旅游产业转型升级发展步伐不快等问题，通过全域旅游综合开发、生态旅游产业品牌提升、旅游服务管理与基础设施国际化建设，加强旅游产品和业态创新，推动旅游与文化、农业、康养等相关产业深度融合，全面提升旅游服务质量；②生态农业创新发展重点工程，桂林市针对农业生产效益低、生态农业发展水平落后等问题，通过现代生态农业建设示范、农产品安全保障与柑橘黄龙病防控、特色农产品深加工与产业化基地建设，加快高效生态农业发展，加强农产品深加工与安全保障，构建与环境功能相适应的高效生态农业产业体系、生产体系和经营体系，全面提升农业可持续发展能力；③文化与康养产业创新发展重点工程，针对文化康养产业规模小、产业化程度低、基础设施薄弱等问题，桂林市通过历史文化遗产保护传承与开发示范、民俗文化与特色文化保护开发示范、民族特色医药与健康产业开发示范、社会养老与康乐休闲服务创新示范，构建凸显桂林文化魅力的文化产业发展新体系；④生态工业创新发展重点工程，桂林市通过生态工业创新园区建设及新兴产业基地建设，推动园区经济和特色产业绿色化转型发展。

3. 创新驱动能力支撑行动

针对创新能力不强、支撑能力不足等问题，桂林市推进以科技创新为核心的全面创新，加强人才引进和培养，重点实施创新平台建设、技术创新与成果转化工程，加强创新供给，建立与生态保护和生态产业发展相适应的绿色技术创新体系，打造中国桂林可持续发展国际交流与落地示范基地，提升创新支撑能力和开放合作水平。

五、郴州市国家可持续发展议程创新示范区

（一）国家创新示范区创建的基础条件

郴州市位于湖南省东南部，东邻江西赣州，南邻广东韶关、清远，西接湖南永州，北连湖南衡阳、株洲，自古就是中原通向华南沿海的“咽喉”，是中国东部沿海与内陆地区交通联系的“桥头堡”、湖南向南开放的“南大门”，处于“东部沿海地区和中西部地区过渡带”“长江经济带”“珠三角经济圈”多重辐射地区。郴州全市土地面积为 1.94 万平方千米，占湖南省的 9.2%，下辖 2 区 1 市 8 县。2019 年，郴州市户籍人口为 534 万人，城镇化率为 54%，地区 GDP 为 2410.90 亿元，在湖南省内排名前六。郴州市初步形成了以有色金属、石墨及新材料、旅游文化等为重点的产业体系。郴州市也是国家新型城镇化综合试点城市、“十三五”国家服务业综合改革试点城市、国家体育产业首批试点城市、全国首批加工贸易梯度转移重点承接地。

郴州市地貌复杂多样，呈“八山一水一分田”格局，山地丘陵面积占总面积的 75%，森林覆盖率达 68%，境内河流密布，号称“华南水塔”，是湘江、珠江、赣江的重要源头，是国家重点生态功能、长株潭城市群战略水源地。郴州全市有 6 个县列入国家级重点生态功能区，是我国中部地区重要的生态系统服务功能区。郴州拥有国家级生态示范区 1 个、自然保护区 2 个、森林公园 8 个、湿地公园 5 个、地质公园 2 个。全市水能蕴藏量达 237.1 万千瓦，每年分别给湘江、北江、赣江贡献超过 147.1 亿立方米、32.0 亿立方米、8.0 亿立方米的水量，生态服务价值高达 416 亿元/年。其出湖水水质长期保持国家《地表水环境质量标准》（GB3838—2002）Ⅰ类标准，是湖南省唯一、全国少有的大型优质水源。郴州市现有

资兴市、永兴县两个国家可持续发展实验区，其中资兴市是湖南第一个国家可持续发展实验区，2008 年被评为全国 13 个国家可持续发展先进示范区之一。郴州市围绕“水资源保护与利用”“有色金属循环经济”“重金属污染治理”等影响区域可持续发展的关键环节，着力提高水资源利用率，探索独具特色的“无矿开采”模式，不断为国家可持续发展贡献郴州智慧。

（二）创建主题与建设思路

郴州市结合创建国家可持续发展议程创新示范区的实际，针对水环境保护压力大、水污染源头治理欠账多、水资源高效利用和绿色转型难度大等制约可持续发展的主要矛盾，确定了以“水资源可持续利用与绿色发展”为主题，以生态优先、绿色发展为导向，以“护水创品牌、治水提形象、用水求效益”为主要内容的建设思路，探索“水环境有效保护、水生态原位修复、水资源高效利用、绿色产业高质发展、生态文化特色鲜明”的水资源可持续利用与绿色发展新路径和新模式，着力打造“五个郴州”：山水秀美、宜居宜业的生态郴州，产业兴旺、质效俱高的实力郴州，共建共享、幸福和谐的人本郴州，科技引领、活力迸发的创新郴州，便利包容、合作共赢的开放郴州。预计到 2030 年，郴州市将成功被打造成绿水青山样板区、绿色转型示范区、普惠发展先行区。郴州市可持续发展议程创新示范区建设为中国落实联合国 2030 年可持续发展议程做出了重大贡献，向世界同类地区提供了可推广、可复制的可持续发展经验。

郴州市建设国家可持续发展议程创新示范区建设思路如图 3-7 所示。

（三）具体推进路径

为进一步推进示范区建设，郴州市通过健全生态保护体制机制、优化人才服务体制机制、创新投融资体制机制、完善公共参与体制机制等举措，集成应用东江水源保护与水生态提升技术，重金属点、面、内源污染防控技术，银、铋、钨等有色金属产业精深加工新技术等，大力实施“四大重点行动”及“15 项工程”，着力持续提升水生态功能价值，构建水环境保护与生态产业绿色发展的协同体系。郴州市国家可持续发展议程创新示范区建设路径如图 3-8 所示。

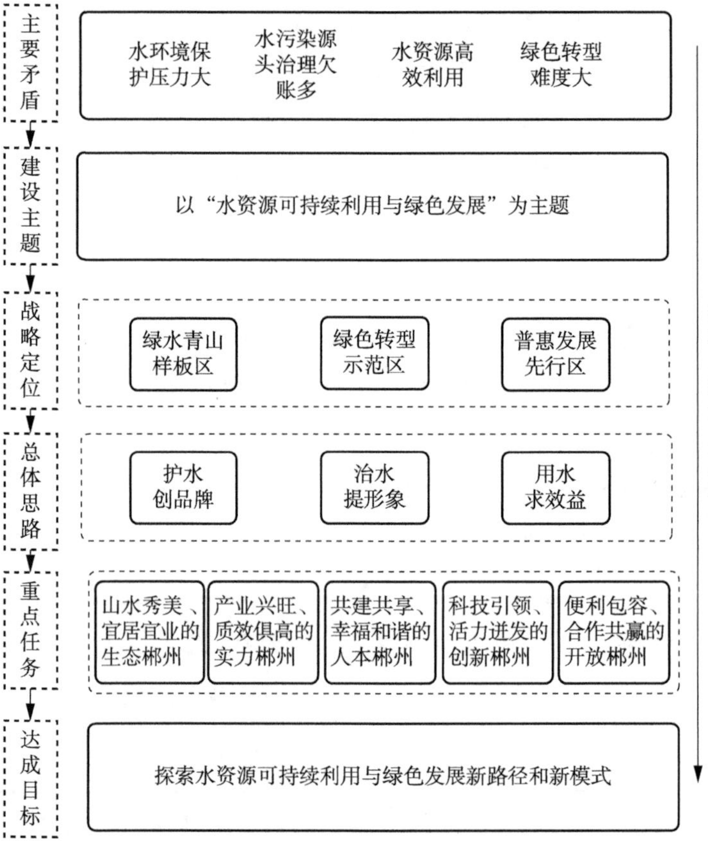

图 3-7　郴州市建设国家可持续发展议程创新示范区创建思路

1. 水源地生态环境保护行动

郴州市实施了东江湖水环境保护，湘江、珠江、赣江水源涵养保护，集中式饮用水水源地保护“三大工程”，结合实施农村人居环境整治三年行动和推进“厕所革命”，加强了水资源保护和水生态建设，完善了森林生态体系，着力构建流域水环境安全保障技术支撑体系，开发湘江流域水环境监测预警技术、东江水源保护与水生态提升技术、复杂废水深度净化与回收技术等，解决以东江湖为重点的集中供水水源地和湘江、赣江、珠江源头流域生态环境脆弱、水源涵养能力下降等突出问题，构筑了生态、防洪、灌溉、供水、信息“水利五网”，提升了水资源保护、水环境安全和可持续性利用能力。

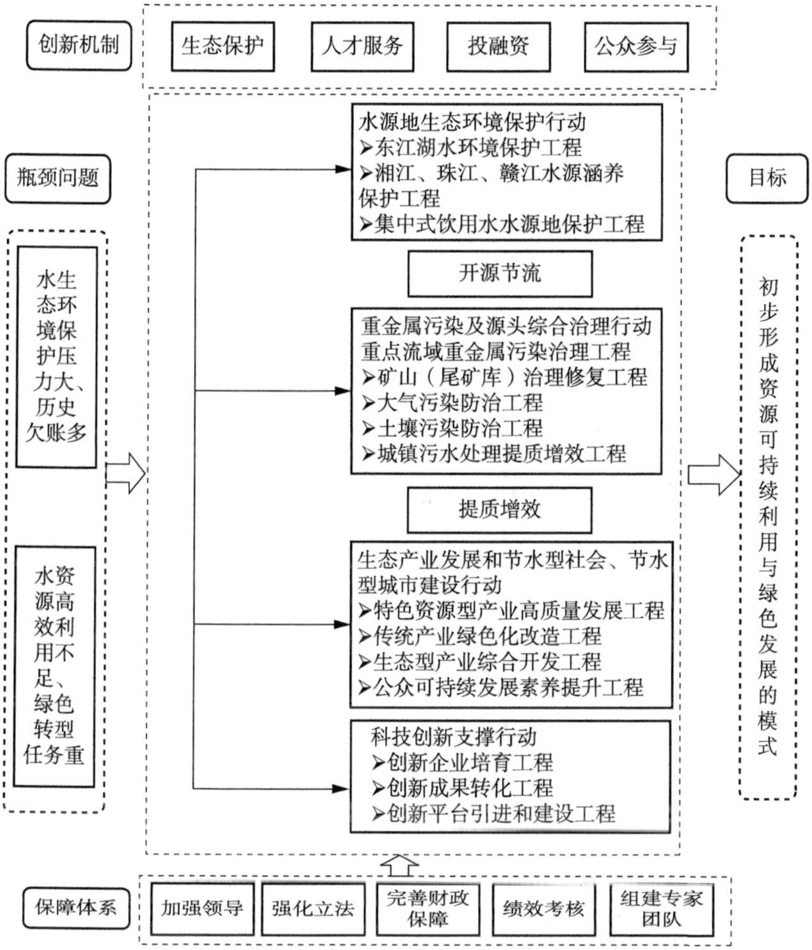

图 3-8　郴州市国家可持续发展议程创新示范区建设路径

2. 重金属污染及源头综合治理行动

郴州市重点实施了重点流域重金属污染治理、矿山（尾矿库）治理修复、大气污染防治、土壤污染防治、城镇污水处理提质增效“五大工程”，组织开展有色金属循环利用和危废安全处置成果推广行动，构建了尾矿（砂）等典型重金属污染源的管理与治理技术保障，加快推进流域重金属污染治理、水体污染治理、大气污染综合防治、工业危险废物综合处置、矿山复绿复垦和金属废渣无害化处理与循环利用，优化流域生态环境，实现了生态环境治理体系和治理能力现代化。

3. 生态产业发展和节水型社会、节水型城市建设行动

郴州市把水资源可持续利用与绿色发展相结合，实施特色资源型产业高质量发展、传统产业绿色化改造、生态型产业综合开发、公众可持续发展素养提升“四大工程”，重点推广应用银、铋、钨等有色金属产业精深加工新技术、节能环保产业新技术、水资源高效循环利用产业新技术、水科技文化创意产业新技术等，促进有色金属产业迈向中高端、战略性新兴产业特色发展、生产性服务业快速提质，生态旅游业和高效生态农业成为经济新的增长极，经济结构得到持续调整和优化。

4. 科技创新支撑行动

郴州市重点实施了创新型企业培育、创新成果转化、创新平台引进和建设“三大工程”，积极对接国家、省级技术创新中心，构建以创新需求为导向、以企业为主体、以政产学研结合为支撑的可持续发展创新体系，增强可持续发展关键共性技术应用与转化能力，有效支撑和引领水资源可持续利用与产业绿色发展。

六、承德市国家可持续发展议程创新示范区

（一）国家创新示范区创建的基础条件

承德旧称“热河”，曾是清朝“夏都”，地处河北省东北部，南邻京津，北接赤峰市和锡林郭勒盟，东西与朝阳市、秦皇岛、唐山、张家口市相邻，是连接京津冀辽蒙的重要节点，具有“一市连五省”的独特区位优势。承德作为享誉国内外的旅游胜地，是中国首批历史文化名城，获中国优秀旅游城市、中国十大风景名胜区等多项桂冠。承德市下辖 3 区、1 市、3 个自治县、5 个县，总面积为 3.95 万平方千米，总人口为 358.27 万人。2018 年，承德市实现地区 GDP1481.5 亿元，增长率为 6.4%；财政收入首次跃上 200 亿元台阶，增长率为 22.0%，公共财政预算收入增长 17.2%，突破 100 亿元；城乡居民人均可支配收入分别增长 9.3% 和 11.6%。截至 2019 年年末，承德城镇登记失业率为 3.29%，农村低保年标准由 4300 元提高到 4800 元，基础养老金每人每月提高到 111 元。承德市还编制了《承

德市休闲养老产业总体规划》，加强与京津的合作交流，打造互补互利的养老服务集群，并下拨资金 3723 万元用于补贴居家养老机构。

承德是京津冀世界级城市群的重要节点城市，境内地形复杂，山脉纵横，河流交错，是京津冀的重要水源地和生态支撑区，被誉为“生态绿肺”“天然氧吧”和“京津后花园”，也是环京津周边贫困相对集中、多民族聚集的地区，承担着为京津冀城市群“阻沙源、涵水源，保障生态安全”和区域内“脱贫攻坚、全面小康”的双重任务。在 2013 年 2 月 26 日的京津冀协同发展座谈会上，习近平总书记亲自为承德定位：加快建设京津冀水源涵养功能区，同步解决贫困问题。承德市生态文明体制机制日趋完善。承德市推动建立了滦潮河流域上下游横向生态补偿机制，累计争取生态补偿资金达 23.68 亿元；编制并综合利用《自然资源资产负债表》，领导干部自然资源资产审计实现全覆盖。同时，承德市还是塞罕坝精神发源地，全国生态文明先行示范区。全市牢记习近平总书记对塞罕坝林场建设者感人事迹重要指示，坚决扛起水源涵养、生态支撑重大责任，以前所未有的决心和力度坚决向环境污染宣战，推进生态环境优势进一步巩固和扩大。

（二）创建主题与建设思路

承德市结合自身文化脉络、资源禀赋和产业基础，围绕“生态强市、魅力承德”的目标，以“城市群水源涵养功能区可持续发展”为主题，聚焦“水源涵养功能不稳固、精准稳定脱贫难度大”两大瓶颈问题，系统集成抗旱节水造林、退化草地治理、绿色农产品标准化生产加工、互联网+智慧旅游等技术，开展水源涵养能力提升、绿色产业培育、精准扶贫脱贫、创新能力提升“四大行动”；实施流域水生态改善、文化旅游产业培育、产业扶贫带动、创新主体壮大等重点工程；创新科技管理、精准扶贫脱贫、生态建设、多元投融资和社会广泛参与等体制机制，努力将承德打造为京津冀水源涵养功能区、国家绿色发展先行区、环京津宜居宜业典范区、著名国际旅游城市。承德市为城市群水源涵养功能区可持续发展提供了可复制、可推广的“承德模式”，为落实《2030 年可持续发展议程》提供实践经验。

承德市国家可持续发展议程创新示范区创建思路如图 3-9 所示。

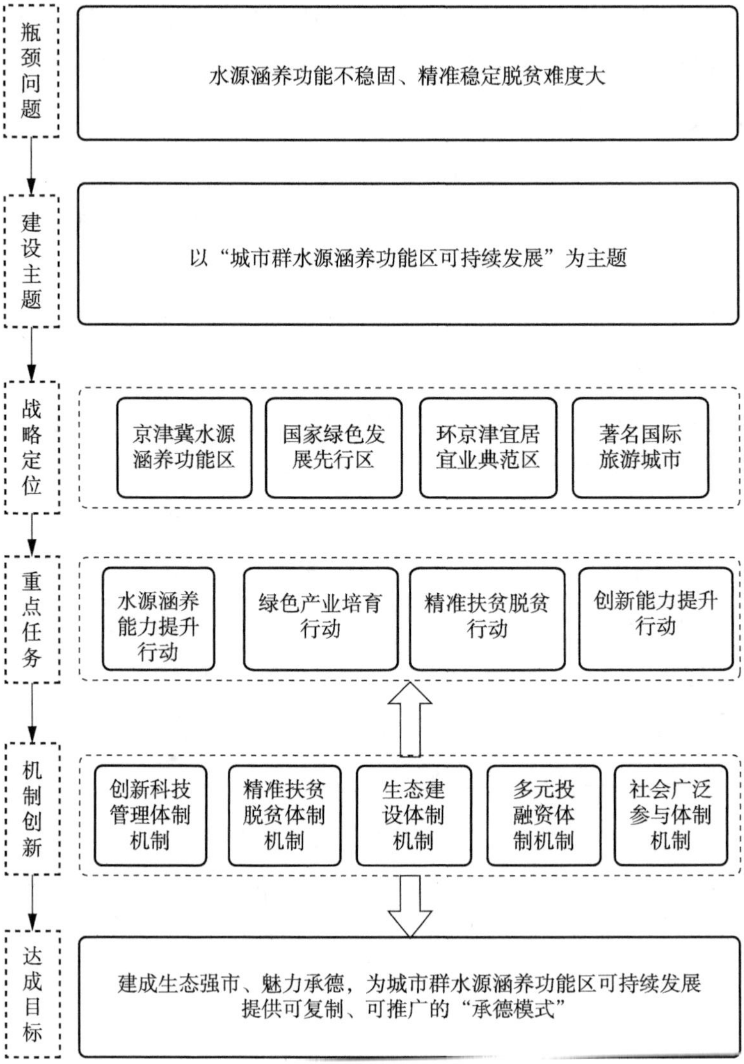

图 3-9　承德市国家可持续发展议程创新示范区创建思路

（三）具体推进路径

承德市按照国务院对国家可持续发展议程创新示范区的批复要求，抢抓京津冀协同发展、雄安新区建设、北京冬奥会以及京沈高铁全线贯通等一系列重大机遇，聚焦示范创建主题，针对区域瓶颈问题，系统集成先进适用技术，实施“四大行动”和“16 项重点工程”，加快推动创新示范区建设目标的全面实现。承德市国家可持续发展议程创新示范区建设路径如

图 3-10 所示。

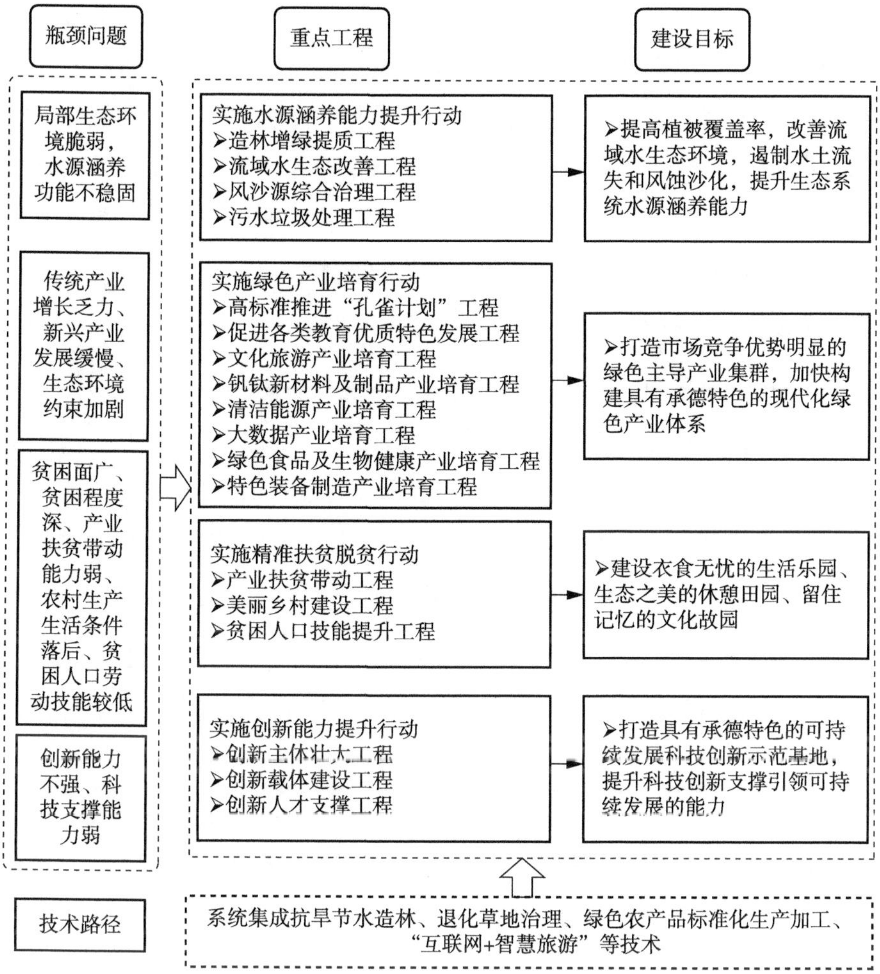

图 3-10　承德市国家可持续发展议程创新示范区建设路径

1. 实施水源涵养能力提升行动

针对局部生态环境脆弱，水源涵养功能不稳固两大瓶颈问题，承德市采取“山水林田湖草”系统治理等技术措施，重点实施造林增绿提质、流域水生态改善、风沙源综合治理、污水垃圾处理“四大工程”，提高植被覆盖率，改善流域水生态环境，遏制水土流失和风蚀沙化，提升生态系统水源涵养能力。

2. 实施绿色产业培育行动

承德市针对传统产业增长乏力、新兴产业发展缓慢、生态环境约束加剧等瓶颈问题，以全球化视野，高标准谋划绿色产业发展，重点实施文化旅游、钒钛新材料及制品、清洁能源、大数据、绿色食品及生物健康、特色装备制造“六大产业培育工程”，形成以企业为主体、市场为导向、产学研深度融合的技术创新体系，打造市场竞争优势明显的绿色主导产业集群，加快构建具有承德特色的现代化绿色产业体系。

3. 实施精准扶贫脱贫行动

承德市针对贫困面广、贫困程度深、产业扶贫带动能力弱、农村生产生活条件落后、贫困人口劳动技能较低等瓶颈问题，以脱贫摘帽、同步小康为目标，坚持脱贫攻坚与美丽乡村建设同步推进，重点实施产业扶贫带动、美丽乡村建设、贫困人口技能提升“三大工程”，建设衣食无忧的生活乐园、生态之美的休憩田园、留住记忆的文化故园。

4. 实施创新能力提升行动

承德市针对创新能力不强、科技支撑能力弱等瓶颈问题，聚焦经济社会发展需求，重点实施创新主体壮大、创新载体建设、创新人才支撑“三大工程”，全力推进企业创新、产业创新、区域创新，着力构建以科技创新为核心，多领域互动、多要素联动的综合创新生态体系，打造具有承德特色的可持续发展科技创新示范基地，提升科技创新支撑引领可持续发展的能力。

七、临沧市国家可持续发展议程创新示范区

（一）国家创新示范区创建的基础条件

临沧市位于云南省西南部，总面积为 2.4 万平方千米，其中山区面积占 97.5%，辖 7 县 1 区，总人口为 260 万人，其中，彝族、佤族、拉祜族、傣族、布朗族等 23 个少数民族人口占总人口的 41.1%。临沧是佤族文化发祥地之一，佤族人口占全国佤族人口的 60%，是“世界佤乡”。临沧市

沿边区位优势较为明显，其是我国东西连接太平洋和印度洋、南北连接渝新欧国际大通道、长江经济带和珠江经济圈、海上丝绸之路“十字构架”中心的重要节点。临沧市边境线长 290.791 千米，有 3 个县与缅甸接壤，有 3 个国家级口岸，其中孟定清水河口岸是昆明通往缅甸皎漂港和仰光港最近的陆上通道，有“黄金口岸”之称。2018 年，临沧市 GDP 为 630.02 亿元，人均 GDP 为 24892 元，三次产业结构比为 27.3∶32.6∶40.1，初步形成了以糖、茶、酒、电、矿为特色的骨干产业体系，形成了以蔗糖、茶叶、核桃等为主的传统支柱产业，电子商务、增值电信、新一代信息技术服务、地理信息等新型服务业逐步兴起，产业发展向开放型、创新型、绿色化、信息化、高端化“两型三化”迈进。

临沧市水土光热资源丰富，天蓝地绿、气候宜人，被誉为“中国恒春之都”，森林覆盖率达 65.55%。临沧市具有丰富的自然生态资源、民族文化资源和优质农产品资源。临沧市是世界茶树和茶文化起源中心，是普洱茶原产地和滇红茶、大叶种蒸青绿茶的诞生地，是中国最大的红茶生产基地和普洱茶原料基地。临沧市自 2012 年被遴选为国家可持续发展实验区后，通过扎实开展“洁净临沧”行动，有序推进石漠化综合治理、南汀河流域生态综合治理、农业面源污染防治等工程，区域生态环境质量有效改善。临沧市先后获得国家森林城市、全国森林旅游示范市、中国十佳绿色城市、云南最佳生态州市、云南省园林城市等称号。近年来，临沧市积极开展生态文化旅游市建设，“中国佤族司岗里·摸你黑狂欢节”是云南省十大民族旅游节之一及“中国十大魅力节庆活动”之一，翁丁原生态佤族文化旅游村已成为临沧文化旅游产业的名片和亮点，临沧市区域可持续发展能力显著增强。

（二）创建主题与建设思路

临沧市重点针对“特色资源转化能力弱”的瓶颈问题，围绕破解制约临沧发展的特色资源与经济业态、沿边优势与基础设施滞后两对矛盾，立足生态资源、民族文化、对外开放三大优势，聚焦发展、扶贫、边疆稳定三大任务，以“边疆多民族欠发达地区创新驱动发展”为主题，集成应用绿色能源、绿色高效农业生产、林特资源高效利用、现代信息等技术，着力探索丰富的民族文化资源、自然生态资源和沿边区位优势充分转化为发展优势的方法和路径，促进持久、包容和可持续的经济增长，全面提升互联互通能力，建设开放包容强临沧；大力发展环境友好产业，建设繁荣共享富临沧；充分开发民族特色资源，建设风情浓郁美临沧；切实增强创新支撑水平，建设活力迸发新临沧。预计到 2030 年，临沧市将成功建成沿边全面开放新动能释放先行区、环境友好产业跨越式发展样板区、民族特色资源高品质利用引领区。

临沧市建设国家可持续发展议程创新示范区创建思路如图 3-11 所示。

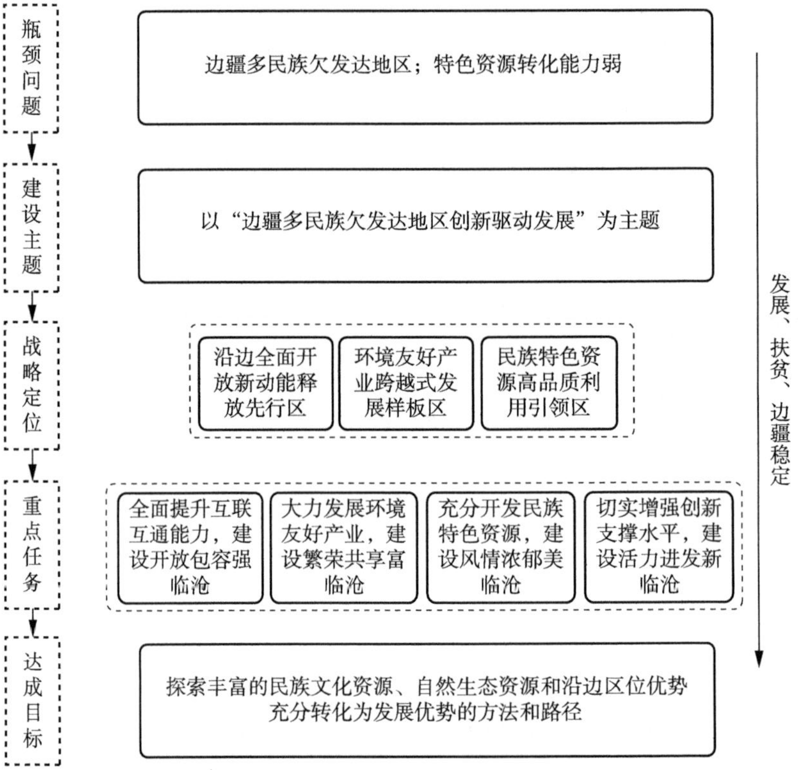

图 3-11　临沧市建设国家可持续发展议程创新示范区创建思路

（三）具体推进路径

为推动边疆多民族欠发达地区跨越式发展，临沧市通过对外开放、特色资源保护性开发、科技创新、人才服务和投融资等五个方面的政策制定与体制机制创新，强化组织保障、加大资金投入、提升创新能力、完善创业服务、强化监督考核及发动公众参与等措施，统筹制定了对接国家战略的基础设施建设提速、发展与保护并重的绿色产业推进、边境经济开放合作、脱贫攻坚与乡村振兴产业提升、民族文化传承与开发五大重点行动，配套实施 17 项重大工程和 99 项重点项目，全力提升特色资源转化能力，为边疆多民族欠发达地区的可持续发展打下坚实基础。临沧市国家可持续发展议程创新示范区建设路径如图 3-12 所示。

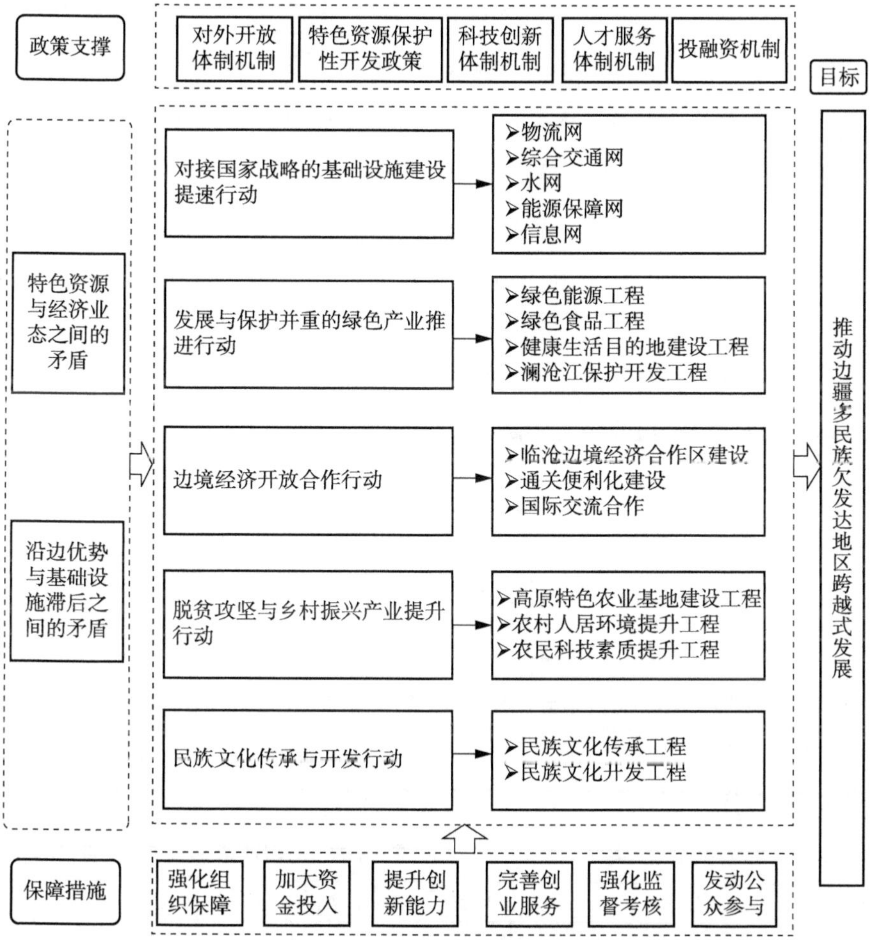

图 3-12 临沧市国家可持续发展议程创新示范区建设路径

1. 对接国家战略的基础设施建设提速行动

临沧市针对基础设施建设严重滞后、交通瓶颈制约突出等问题，主动对接国家西部大开发、“一带一路”、“孟中印缅经济走廊”建设、“大湄公河次区域合作”等重大战略，按照“打基础、破瓶颈、补短板、强实力”的思路，结合临沧境内重峦叠嶂、群峰纵横的地形地貌特征，为满足特色资源保护和水土流失防治需求，集成应用空间规划技术、高精度数字化精准测绘技术、高原山区道路绿色施工技术、桥梁涵洞隧道工程设计技术等现代设计及施工技术，补齐发展短板，实施综合交通网、物流网、水网、能源保障网、信息网“五大建设工程”，构建跨区域、保障有力、绿色安全的能源保障体系，建立区域互济、均衡优质、安全可靠的水资源保障与利用体系，完善共享普惠、高速高效的互联网基础设施。

2. 发展与保护并重的绿色产业推进行动

临沧市针对资源优势、品质优势未能转化为产业竞争优势等问题，践行“绿水青山就是金山银山”理念，将“生态+”理念融入产业发展全过程，集成现代农业、信息和生态环保技术，实施绿色能源、绿色食品、健康生活目的地建设及澜沧江保护开发“四大工程”，快速发展现代物流业、现代金融业、中医药业和大健康产业等新兴先导型服务业，形成绿色产业集群效应。

3. 边境经济开放合作行动

临沧市针对“沿边区位优势未有效转化为发展优势”的瓶颈问题，主动服务和融入国家“一带一路”“大湄公河次区域合作”“孟中印缅经济走廊”等战略，集成应用绿色供应链技术、现代物流技术、电子商务技术、智慧通关技术等，实施临沧边境经济合作区建设、通关便利化建设、国际交流合作“三大工程”，以“四个先行”（企业先行、民心先行、文化先行、地方先行）推进“五通”（政策沟通、设施联通、贸易畅通、资金融通、民心相通），打造线上与线下相结合的沿边技术交易网络平台、绿色物流供应链技术研发平台、跨境文化交流合作平台及金融服务平台等相关科技支撑平台，打造边境经济开放合作的临沧样板。

4. 脱贫攻坚与乡村振兴产业提升行动

针对临沧市贫困人口多、贫困发生率高、民族地区发展滞后和民生保障不力等脱贫任务艰巨的问题，临沧市以产业提升为核心，集成应用生态循环农业与农业绿色增效技术、农产品溯源技术、农村环境综合治理与提升技术等，用足用好临沧生态资源、高原特色农产品等优势资源，打造了一批绿色科技村镇。临沧市还实施了高原特色农业基地建设、农村人居环境提升、农民科技素质提升“三大工程”，探索创新并有效实施生态管护、林业产业、项目带动、科技培训、融资推动五大扶贫模式，形成由“输血扶贫”转向“造血扶贫”的新机制和新模式，将临沧打造成脱贫致富的样板。

5. 民族文化传承与开发行动

针对多样的民族文化与三产融合不充分、民族文化优势未有效转化为发展优势的问题，临沧市以全国民族团结进步示范区建设为重点，坚持利用科技、设计带动民族文化创新发展，集成应用信息化采集技术、民族文化资源挖掘与开发技术、遗产保护修复技术、传承创新技术、“科技+设计”技术，实施民族文化艺术展演展陈虚拟化、协同化、数字化工程，推进数字民族文化艺术档案、文化数字博物馆建设，推动少数民族传统文化的传承、保护与弘扬，探索科技、设计与民族文化融合发展的新机制，打造多民族文化融合发展创新高地，推进边疆多民族地区共同发展、共同致富。

八、国家创新示范区的创建工作对北京市可持续发展实验区建设的启示

国家可持续发展议程创新示范区肩负着新时期中国可持续发展战略实施和对外示范的光荣使命，随着6个国家创新示范区的创建成功，其创建过程及创建方案的设定可以给北京市可持续发展实验区建设提供借鉴。

（一）地方高度重视

可持续发展实验区的建设虽然也强调领导重视，但是随着规模的扩大

以及类似试验示范区的创建，实验区往往成为一些地方可有可无的工作，有些地方仅把实验区作为一块牌子，实验区的建设初衷没有得到贯彻延续，因而有些工作没有实质开展。国家创新示范区建设吸取了实验区建设的经验教训，站在政治的高度、人类发展的角度，从管理的更高层次上来谋划区域的可持续发展工作。绿色发展、可持续发展已经成为国家发展战略，上到中央、下到创建区都高度重视此项工作，把其作为当地发展升级的一次重要契机。在创新示范区的创建过程中，各个示范区都有副省级领导挂帅，统筹创建工作，并且往往都由各个创建城市的主要领导亲自给创建工作推进会和专家汇报工作，可见地方各级领导对创新示范区建设的重视程度之高。

（二）主题明确聚焦

从我国已经批准的 6 个创新示范区来看，各个示范区创建均以问题为导向，围绕当地发展的突出短板或制约发展的关键瓶颈问题来确定创建主题，如深圳以创新引领发展、太原的转型升级、桂林以优越旅游资源促进可持续、郴州和承德两个重要的水源涵养地有效利用水资源进行绿色发展、临沧市以创新驱动发展，可以说主题明确具体、针对性很强，很接地气，避免了以往有些实验区的多主题或面面俱到。因为不同地区的发展环境和水平差异较大，围绕当地发展瓶颈设置主题使地方更容易时刻关注，并加大各项投入，这样更容易成功打造出各类可持续发展样板。

（三）创建过程扎实

创新示范区的建设要求很高，各地成功创建之前都经历了漫长的准备过程，各项工作非常扎实严谨。创新示范区建设的一个重要目标是打造一批可复制、可推广的可持续发展创新示范区样板，为世界可持续发展提供中国经验，因此在路径探索和方案实施上不可能一蹴而就，需要选择有条件的特色典型区域集成相关资源先行试点，加之数量的局限，这就要求对各个创新示范区申请者进行深入考察和细致评价，提出创建存在的问题，然后解决问题，并且是多个阶段往复循环，这样才能逐渐明晰可行的路径和创建方案，最终优中选优。地方政府也深刻认识到创新示范区创建的艰巨性，各个创建城市在创建过程中，定期召开创建专题会，由创建地主要领导亲自参加，及时有效地解决创建中遇到的各种问题，以及对未来存在的各类风险进行规避。各地把创建工作列为地方重点工作，以创建促地方发展，保障了创建工作扎实推进。

（四）政策资金倾斜

除了地方高度重视、紧密结合地方发展关键问题等，创新示范区的建设还需要政策机制和资金人才等的倾斜。各地围绕政策机制、产业发展、生态环境、科技创新、人力资源等方面分别制定了相关政策来支持示范区发展，如《关于支持桂林市建设国家可持续发展议程创新示范区的若干政策措施》中提到“推动示范区内金融机构筹备发行上限为500亿元人民币的‘景观资源保育’专项绿色金融债券，募集所得资金将专项用于示范区景观资源保育工程和传统产业绿色转型发展……设立广西可持续发展研究院，打造高水平智库……”；《关于支持郴州市建设国家可持续发展议程创新示范区的若干政策措施》中提到“探索赋予示范区部分省级经济社会管理权限。加强水资源保护，支持开展水资源有偿使用制度改革和生态产品价值实现机制试点。探索建立科学合理的水价形成机制，在全省率先开展水资源费改税试点……”；《关于支持承德市建设国家可持续发展议程创新示范区的若干政策措施》中提到“2021—2023年，省政府每年给予创新示范区1亿元资金支持……2020—2023年，省级财政科技专项资金每年安排5000万元，重点支持围绕城市群水源涵养功能区可持续发展，开展重大科技创新和技术成果转移转化，探索适用技术路线和系统解决方案……”。这些具体的政策措施有力支撑了示范区建设。

第四章
北京市可持续发展实验区建设概况

一、北京市可持续发展实验区建设历程

北京作为国家首都，高质量发展不仅是自身内在需求，也是外部赋予它的光荣职责和神圣使命。面对人口规模庞大，城市交通拥堵，环境容量负荷高，水土资源匮乏，城乡差距大，老龄化不断加剧等北京城市发展过程中不断涌现的问题和挑战，可持续发展实验区建设为北京提供了一个理论创新之地和实践操作平台。

北京市高度重视实验区建设工作，是最早建设可持续发展实验区的省级行政单位之一，1992 年西城区即向国家提出了建设北京市社会发展综合实验区的申请报告，1995 年西城区被批准创建国家级社会可持续发展实验区，这也是北京市的第一个实验区。由于西城区实验区建设的良好成效与示范性，1997 年北京市被列为国家贯彻《中国 21 世纪议程》的第一批试点城市，2008 年西城区被确定为国家首批 13 个可持续发展先进示范区之一。

西城区创建实验区成功之后，怀柔区（原怀柔县）紧随其后也开始创建实验区，并于 1999 年成为北京市第二个国家可持续发展实验区。北京市在支持西城区和怀柔区两个国家级实验区建设的同时，也逐渐意识到培育市级实验区的重要性，1999 年北京市科学技术委员会提出将实验区的规划选点从一区一县的综合试点示范转移到以乡镇街道、村庄为试点地区的建设思路上来，以便于集中资源探索具有北京特色的可持续发展模式。为此，北京市先后批准了榆树庄村（2001 年）、王佐镇（2002 年）和留民营

村（2002 年）3 个市级可持续发展实验区。经过集中培育打造，这 3 个市级实验区在 21 世纪初成为北京市“走可持续发展之路，发展循环经济”的重要典型。

2007 年，北京市在前期“两大三小”的建设基础上，着手在全市 18 个区县[①]启动可持续发展实验乡镇街道的建设工作。经过遴选，2008 年确定了海淀区四季青镇、朝阳区金盏乡、顺义区李桥镇和原宣武区广安门外街道 4 个乡镇街道作为市级可持续发展实验区。这 4 个乡镇街道兼顾了城区、郊区的综合布局，在资源高效利用、发展生产性服务业、提升特色商业街发展水平、完善社区基层治理、发展循环经济等领域具有典型代表性，其经验成果可以给全市的可持续发展提供借鉴和示范。

2010 年和 2012 年，石景山区、门头沟区先后成为北京市第三个、第四个国家可持续发展实验区。北京市 4 个国家级实验区所面临的可持续发展瓶颈问题基本体现了当时全市可持续发展面临的重要难题：特大城市的社会管理问题、经济发展中产业转型升级问题、广阔山区环境保护和绿色发展问题、山区矿业转型与生态修复问题等。2010 年之后，北京市市级可持续发展实验区的培育重点转移到发展相对薄弱的广大远郊山区，这些区域既是北京市建设国际一流和谐宜居之都的短板所在，也是首都可持续发展的重要生态屏障。北京市先后确定了密云区穆家峪镇（2012 年）、大城子镇（2013 年）、太师屯镇（2018 年），延庆区旧县镇（2012 年），房山区大石窝镇（2018 年）为市级可持续发展实验区。

北京市科学技术委员会是北京市可持续发展实验区的主管部门，全面负责可持续发展实验区的申报、建设与管理工作。为了进一步促进北京市可持续发展实验区的发展，巩固实验区建设成果，2011 年北京市科学技术委员会发布了《北京市可持续发展实验区管理办法》，明确了实验区的申报与认定、组织与管理、检查与验收等相关政策，规范和加强了北京市可

① 2010 年，北京市区划调整，东城区与崇文区合并为东城区，西城区与宣武区合并为西城区，北京市由原来的 18 个区县缩减为 16 个区县，即东城区、西城区、海淀区、朝阳区、丰台区、石景山区、大兴区、通州区、顺义区、房山区、门头沟区、昌平区、怀柔区、平谷区、密云区、延庆区。

持续发展实验区的认定和管理工作，促使可持续发展实验区的可持续发展能力不断增强。截至2020年，北京市先后创建了西城区、怀柔区、石景山区、门头沟区4个国家级可持续发展实验区，以及丰台区王佐镇、榆树庄村，大兴区留民营村，海淀区四季青镇，朝阳区金盏乡，西城区广安门外街道，顺义区李桥镇，密云区穆家峪镇、大城子镇、太师屯镇，延庆区旧县镇和房山区大石窝镇12个市级可持续发展实验区。实验区涉及全市12个行政区，仅东城区、通州区、昌平区和平谷区尚未创建实验区。

北京市可持续发展实验区审批流程如图4-1所示。

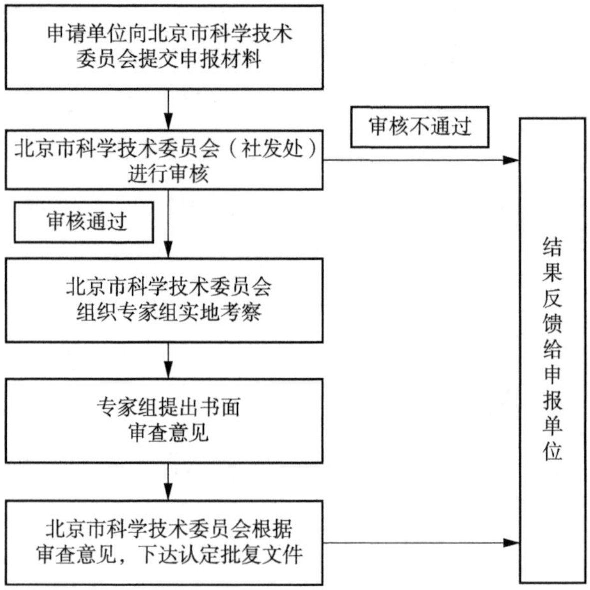

图4-1 北京市可持续发展实验区审批流程

二、北京市可持续发展实验区建设的主题

建设主题是实验区建设的灵魂，也是实验区建设的根本出发点和落脚点，是示范引领类似区域发展的核心主线。实验区的建设主题通常是根据某一区域发展中遇到的有代表性的瓶颈问题来选取。北京市第一个国家级实验区西城区的建设主题选择的是大城市中心城区的可持续发展，这在当

时的历史背景有其必然性。经济快速发展往往伴随着社会环境问题的产生，随着经济的快速发展许多城市问题不断涌现。怀柔区是北京第二个国家级可持续发展实验区，其作为首都的生态屏障和水源保护地，生态环境和水源保护是永恒的主题，因此打造远郊区县的生态走廊意义深远。石景山区是北京的传统工业强区，随着首钢的搬离，其产业转型面临很大挑战，石景山区根据区域发展的瓶颈及特点，选择城乡接合部产业转型升级作为最初的创建主题。北京市国家级和市级实验区的创建主题都是针对制约区域可持续发展的关键因素而提出的，具有很强的代表性。北京市各实验区的建设主题具体见表 4-1。

表 4-1 北京市可持续发展实验区汇总

序号	实验区名称	实验区级别	创建时间	实验区主题
1	西城区国家可持续发展实验区	国家级	1995 年	社会精细化管理
2	怀柔区国家可持续发展实验区	国家级	1999 年	水源保护、沟域经济、绿色屏障、创新资源导入多主题
3	石景山区国家可持续发展实验区	国家级	2010 年	城乡接合部产业转型升级（首钢搬迁后）
4	门头沟区国家可持续发展实验区	国家级	2012 年	矿山修复生态新区
5	丰台区榆树庄村可持续发展实验区	市级	2001 年	以资源环境保护为基础的产业结构升级与农民致富模式
6	丰台区王佐镇可持续发展实验区	市级	2002 年	城郊宜居园林小城镇
7	大兴区留民营村生态农场可持续发展实验区	市级	2002 年	发展生态农业、建设生态农村
8	海淀区四季青镇可持续发展实验区	市级	2008 年	水资源节约型的生产生活方式
9	朝阳区金盏乡可持续发展实验区	市级	2008 年	产业结构调整、发展循环经济、高效利用资源
10	顺义区李桥镇可持续发展实验区	市级	2008 年	利用机场发展口岸型经济
11	原宣武区广安门外街道可持续发展实验区	市级	2008 年	城市特色商业街的可持续发展，以人为本的基层管理模式
12	密云区穆家峪镇可持续发展实验区	市级	2012 年	节能低碳环保生态示范小城镇
13	延庆区旧县镇可持续发展实验区	市级	2012 年	观光农业休闲旅游
14	密云区大城子镇可持续发展实验区	市级	2013 年	远郊区山谷生态旅游
15	密云区太师屯镇可持续发展实验区	市级	2018 年	水源保护区保水增收
16	房山区大石窝镇可持续发展实验区	市级	2018 年	资源型产业乡镇

随着时间的推移，影响各区域可持续发展的瓶颈问题也在不断变化，各区域的建设主题也与时俱进，进行了适当调整，这种针对性的调整能够更好地促进区域发展。如西城区的建设主题由社会精细化管理调整为“健康促进”“金融科技”；门头沟区的建设主题由矿山修复生态新区调整为“京西生态特色历史文化旅游休闲示范区”；石景山区把城乡接合部产业转型升级调整为“探索科技创新打造老工业区转型范本，建设新时代首都城市复兴新地标”。

三、北京市可持续发展实验区建设成效

经过30余年的持续努力，北京市可持续发展实验区在城镇建设、产业发展与转型、社会民生事业和生态环境建设等方面取得了显著成效，有力促进了区域可持续发展，为建设国际一流和谐宜居之都起到了重要支撑作用。

（一）形成了一批典型的可持续发展模式

近年来，北京市设置了专项科技经费支持可持续发展实验区建设，并且科技项目和优秀科技成果优先向实验区倾斜，有效发挥了实验区科技支撑可持续发展的作用。21世纪以来，特别是“十三五”时期，是《2030年可持续发展议程》实施的第一个五年，实验区结合自身建设主题，重点围绕创新示范区建设和17项可持续发展目标的实现，开展了大量富有成效的工作，产生了石景山区“首钢模式”、西城区“大城市社会精细化治理模式”、门头沟区“矿山生态修复模式”、密云区太师屯镇“蜜蜂产业园绿色经济发展模式”、房山区大石窝镇“王家磨美丽庭院模式”等一批典型模式和案例，亮点纷呈，为类似区域可持续发展提供了样板。

（二）促进了区域产业转型和经济高质量发展

各实验区通过产业转型升级，着力发展高精尖产业，产业结构不断优化，有效推动了实验区经济高质量发展。西城区金融业的主导地位更加巩固，2019年全区实现地区GDP5007.3亿元，其中，第三产业实现增加值4728.5亿元，占地区GDP的比重达到94.4%，金融业实现增加值2500.6

亿元，占全区 GDP 的一半。门头沟区加快了中关村门头沟园转型升级步伐，培育了“文旅体验、科创智能、医药健康”三大产业。石景山区推动首钢主厂旧址华丽变身“国际范”新首钢，冬奥会组委会正式入驻首钢西十筒仓，并完成冬奥会广场改造，开始承接大型赛事项目，石景山区将新首钢高端产业综合服务区打造为城市复兴新地标。密云区太师屯镇以当地蜜蜂为纽带，围绕蜜蜂开发蜂蜜、蜂王浆、蜂花粉等蜂产品，并且依托蜜蜂文化开发文创产品、旅游项目等，全镇把小蜜蜂做成了大产业，走出了一条绿色循环经济产业之路，实现了保水与富民的有效结合，密云区一二三产业的有效融合，为全市生态涵养区产业发展做出了有益探索。

（三）提升了区域生态文明建设水平

各实验区围绕生态文明建设，实施了大量工程项目和科普宣传工作，有效提升了区域生态环境质量和可持续发展能力。怀柔区雁栖湖通过全面融入“绿色环保、低碳减排、节能节水、自然生态和智能科技”等 70 余项先进生态技术，倾力打造出山水和谐、技术领先、国际一流的生态发展示范区，逐渐成为高端、小型、精品国际会议的青睐之地，实现了中国会议产业大会永久落户，2019 年全年承办各类会议、会展达 2680 场次，接待参会人员约 42 万人次。清华大学等单位在门头沟区开发了一种低温环境下制热性能良好，运行稳定、可靠，能效比高的热泵暖风系统，有效解决了低温环境下空气源热泵制热量衰减的问题，助力煤改清洁能源工程的实施。房山区大石窝镇王家磨村以“美丽庭院建设”为主题，打造了远近闻名的“鲜花岛”，成为全市美丽庭院建设的排头兵。王家磨村的美丽庭院建设，在美化生活环境的同时，也促进了休闲旅游产业的快速发展，有效解决了石材开采加工关停对村民的经济冲击问题。2020 年 9 月，北京市妇联在房山区王家磨村召开“美丽庭院创建暨垃圾分类现场学习观摩工作推进会”，推广其成功经验。

（四）提高了社会精细化治理与服务水平

各实验区围绕社会民生事业，精准发力，不断提高社会公共服务能力和社会治理水平。西城区开展的“全响应网格化社会服务管理模式”试点获“中国政府创新最佳实践”称号，该模式推动了市、区“微循环”业务对接，能快速处置群众反映的城市管理问题。围绕“健康促进”主题，西城区探索的特色“分层式家庭医生责任制模式”，实现了居民健康管理的分级覆盖，提高了居民对基本公共卫生服务和健康知识的知晓率。此外，2017年启动的“健康西城”品质提升行动，深入推进了“三纵两横一平台”紧密型医疗体系建设。西城区深化家庭医生签约服务，其社区卫生工作连续七年获得全市第一。石景山区探索的“智慧社区管理模式”，对科技赋能、文化赋能、组织赋能三方面进行了创新体系研究，并以古城街道文化活动中心作为智慧社区示范中心，进行社区文化建设，开展丰富的文娱活动、素质教育与培训、党建活动等；利用物联网技术、VR技术、智慧黑板、智慧讲台、智慧书包、体智能一体机等技术和设备建设智慧教室、智慧养老两个适宜在社区示范和推广的智慧空间，切实为居民提供科技化服务和保障。

四、北京市可持续发展实验区建设的宝贵经验

（一）科技管理部门和地方政府重视是工作持续开展的重要保证

可持续发展实验区的归口管理部门是北京市科学技术委员会，从1992年北京市可持续发展实验区工作启动开始，北京市科学技术委员会就将可持续发展实验区建设作为落实科学技术是第一生产力的重要举措。随着时间的推移，北京的科技中心定位一直没有改变。北京市紧紧围绕中心工作，落实首都科技发展战略布局，出台了明确的政策，设立了专项资金，组建了专家团队，针对可持续发展实验区建设做了大量的工作，以保证北京市可持续发展实验区建设工作走在全国前列。可持续发展实验区建设的主体是地方区县、乡镇或村庄，北京的实践证明只有可持续发展实验区所在地政府高度重视，将可持续发展战略作为该区经济社会发展的总体发展战略，把可持续发展实验区建设落实到具体的工作中，才能把可持续发展实验区的建设工作持续推进下去，否则就会徒有其名，难出成效。

（二）加强顶层设计，建设主题突出

先规划后建设，是确保北京市实验区建设科学规范发展的前提。实验区的可持续发展规划是一个综合规划，区域经济、社会、人口、资源、环境的持续协调发展是规划的核心内容和奋斗目标。一个区域的经济是否可持续快速健康发展，自然资源是否得到可持续利用，生态环境是否得到不断改善，社会是否全面进步，都可以通过实验区建设规划的制定和适时监控反映出来。但实验区的建设也强调主题是否有特色。在编制规划的过程中，要带着区域发展的关键瓶颈问题来确定建设主题，这样编制出的规划才既体现出可持续发展要求的系统性，又具有解决问题的针对性。如《门头沟区可持续发展实验区创建规划（2013—2018 年）》《密云区大城子镇可持续发展实验区创建规划（2014—2016 年）》《密云区太师屯镇创建北京市可持续发展实验区规划（2018—2020 年）》《房山区大石窝镇创建北京市可持续发展实验区规划（2018—2020 年）》等，都在指导思想、战略目标、建设主题、实施任务路径、重大项目、保障措施等方面全面贯彻了可持续发展思想和理念。

（三）强化专业服务，提高实验区建设能力

可持续发展实验区建设涉及领域广，紧扣时代脉搏，相关知识更新速度快，这就要求实验区具有专业化的服务团队。一是专家队伍要涉猎多个领域，核心团队人员最好能保持相对稳定，要建立实验区建设专家指导委员会，定期对实验区的建设“把脉问诊”，强化对实验区建设工作的研究决策支撑。二是组织专业化服务队伍，开展实验区建设的需求摸底、项目策划、政策研究，并且围绕实验区建设主题和可持续发展的相关内容对实验区内干部、群众、企业工人等进行相关管理和专业技能培训，提高领导干部的可持续发展管理能力和工人群众的可持续发展意识。三是充分利用网络、自媒体等，广泛开展多层次、多形式的可持续发展舆论宣传和科普教育，帮助广大人民群众树立对生态文明建设的正确认识，增强全民节约意识、环保意识和生态意识，使民众积极参与到可持续发展实验区建设工作中来。

（四）加强专项资金引导，科学遴选管理项目

北京市设立了可持续发展实验区专项资金，充分发挥科技资金“四两拨千斤”的杠杆作用，以实验区试验示范项目促进可持续发展工作的推进。2012—2014年，北京市科学技术委员会专门设立了“实验区建设专项资金”，项目经费500万元/年，用于支持北京市可持续发展实验区建设科技示范项目（课题）。2015年后实验区建设专项并入其他专项。2018年北京市又重新设立实验区建设专项资金，项目经费调整至1500万元/年。实验区“聚焦共性需求，实施重点项目”的重点突破建设思路，已改变了前期“不患寡患不均，实验区全覆盖广撒网”的情况。北京市按照服务型政府建设要求，进一步创新优化实验区项目的组织实施方式，加强可持续发展项目的前期策划、过程服务和成果推广。一是加强前期项目的策划和筛选，综合运用主动谋划、社会征集等多种渠道，充分发掘和支持相关先进适用的、能在更多区域推广的项目。二是加强项目运行监管，既要紧密跟踪项目实施内容、进度、投资、组织等事项，也要随时跟进和及时总结实验区建设经验。三是强化示范推广，设计相应项目推广机制，包括政府资金支持、市场资源对接等，加快推广具有示范带动意义的科技成果、经验做法，带动更多区域实现可持续发展。

（五）对实验区进行评价，优化实验区建设队伍

北京市完善了实验区建设的评价指标体系，研究建立了实验区建设的监测、评估指标体系，建立了实验区工作年度评估制度。每年举办一次实验区工作会议，通报实验区整体建设工作进展及各实验区年度评估结果；建立实验区相关管理人员的系统培训机制，提高实验区可持续发展的决策水平和管理水平。同时，北京市对实验区进行动态管理，促使其建设水平和能力不断提升；对于国家级可持续发展实验区，按照科技部的要求同步推进，并且按照代表性和地方积极性，积极遴选申报国家创新示范区；对于市级可持续发展实验区，根据实际运行、到期是否申请、地方发展环境变化、地方积极性和领导重视程度等情况，进行动态调整。北京市按照有退有进策略，不断优化实验区结构，重点选择一些在新的历史时期代表性

强、地方积极性高的区域，积极培育新的市级实验区，不断为全市实验区建设注入新鲜血液。

五、北京市可持续发展实验区建设中存在的主要问题

可持续发展实验区建设是一项复杂的系统工程，牵涉部门多，涉及领域广，并且重点针对一些影响区域可持续发展的关键性、共性问题，有些问题还涉及一些体制机制性问题，需要通过科技和体制机制创新加以解决，总体来说建设难度较大。结合“十四五”时期北京市新的发展形势和战略定位、目标，本书梳理总结了北京市可持续发展实验区存在的主要问题。

（一）顶层设计存在缺陷，地方重视不足

目前，国家各类园区、开发区、示范区称号太多，如国家生态文明先行示范区、国家高新技术产业开发区、国家经济技术开发区、国家农业可持续发展试验示范区等，有些区域工作存在交叉，并且国家经济技术开发区、国家高新区等还不断获得土地、税收、管理体制等方面的支持政策，相比较之下，可持续发展实验区的弊端逐渐显现。由于对地方发展的直接贡献不明显，因此可持续发展实验区的吸引力较弱。可持续发展实验区建设的内容包括生态保护、环境治理、产业经济发展、社会民生保障等，实验区规划在内容上往往与地方经济社会发展规划类似，是名副其实的“一把手”工程。随着实验区所在地政府党政主要领导的调整，实验区工作的连续性往往会受到很大挑战。另外，实验区主要是以区、乡镇（街道）等为单元的独立行政区，各类行政管理体系一应俱全，很难像高新区、经济技术开发区等一样单独设立管委会，导致实验区工作推进难度相对较大。目前，各实验区办公室均是虚拟机构，挂靠在区县的科学技术委员会（科学技术和信息化局），工作人员多为兼职人员。

（二）体制机制不顺，资金扶持不足

可持续发展实验区由科技部、各地科技厅（局）主管，其他单位配合。科技部门作为主管部门在协调各方面力量、整合资源时，话语权和决

策执行力不强。即使在市（区）科委内部各个处（科）室之间实验区建设工作仍然存在协调不畅问题。另外，可持续发展实验区建设是一项综合性很强的系统工程，且所做工作以创新驱动为引领，科技示范引领推广性强，这就要求建设的各类实验项目和示范工程要有充足的资金保障。调研和梳理资料发现，科技部没有对可持续发展实验区设立专项扶持资金，北京市科学技术委员会对实验区的专项科技资金支持也不稳定，这在一定程度上影响了可持续发展实验区的建设和示范作用的发挥。

（三）实验区结构不合理，示范引领性需要加强

实验区建设的出发点是解决可持续发展中的一些关键性、共性问题。北京市 4 个国家级可持续发展实验区和 12 个市级可持续发展实验区对北京市的可持续发展都做出了有益探索，形成了一些好的经验和模式。随着首都城市功能定位的转变，城市发展面临的一些新问题亟待破解，同时原有的一些市级实验区因为领导变化及工作重心的转移，现在基本没有实质性工作展开，且现有运行的市级实验区基本位于远郊山区，虽然生态涵养战略地位很重要，但是难以对大量以城市活动为主体的城区人口可持续发展起到示范引领带动作用；另外，当前北京市“坚持以首都发展为统领”，各项工作要紧紧围绕“建设一个什么样的首都、怎样建设首都”这一重大时代课题来展开，迫切需要促进首都发展的好模式、好经验。因此，北京市可持续发展实验区建设要紧紧契合这个纲领，进一步优化实验区结构，增加主城区街道社区实验区、城市副中心实验区、东南平原乡镇实验区等，科学选择落地点，科学选择创建主题，主要围绕大城市城市治理、城乡融合、社会保障、智慧城市、数字经济、低碳能源等重点内容开展实验示范，从而更好地发挥实验区在建设新时期大国一流和谐宜居之都中的价值。

（四）建设能力相对落后，示范带动性不强

按照北京市可持续发展实验区的管理办法，市级实验区三年建设期满之后不再申请即退出，这个机制的出发点虽然是推进实验区建设工作的持续性、有效性，但是因为管理体制、资金投入等因素，导致一些好的经验

没有得到延续。同时，对于国家级可持续发展实验区，缺乏淘汰、激励机制，实验区的考核、检测、评价机制也不够完善，从而使有的国家级实验区实际处于停滞运行状态，影响实验区的建设效果和实验区的品牌建设。实验区的建设成果要加以示范推广，才能更好地发挥实验区的功能价值。实验区建设需要与国内外先进地区进行合作与交流，吸取其他地方的宝贵经验，而北京各可持续发展实验区与国内外先进地区的合作交流较少，造成了实验区所在地管理人员信息相对闭塞，知识更新慢。此外，北京市也缺乏有效的平台向实验区提供信息和公共服务，同时把北京市实验区的好模式、好经验进行宣传推广，实验区开展的大量实验示范工作的引领作用没有得到充分发挥。

第五章
北京市可持续发展实验区建设的典型模式

从20世纪90年代开始，北京市就在实验区建设上取得了很大成绩，如西城区的大城市社会治理模式、留民营村的循环农业模式、蟹岛的休闲农业模式等，不仅闻名全国，在世界上也引起了较大关注。进入21世纪后，特别是“十三五”时期，是《2030年可持续发展议程》实施的第一个五年，国家可持续发展实验区重点围绕创新示范区建设和17项可持续发展目标的实现，开展了大量工作。北京市各实验区在建设过程中，深入贯彻习近平新时代中国特色社会主义思想和习近平总书记视察北京的系列讲话精神，以新版《北京城市总体规划（2016—2035）》为指导，充分结合自身建设主题，围绕社会公共服务、社会精细化治理、产业转型升级与经济高质量发展、生态环境建设、乡村振兴等开展了大量富有成效的实验示范工作，形成了一批典型模式和案例，亮点纷呈。

一、西城区分层式家庭医生责任制模式

（ ）案例背景

随着人口老龄化的加快，民众慢性病患病率明显增高，老年医疗服务需求正在迅速增加，医疗服务以及养老照料必将面临巨大压力，提高老年慢性病患者的生存质量，减轻家庭和社会的压力，为慢性病患者提供专科、全科医疗服务，是百姓健康的重要保证。社区是老年人生活的基本环境，也是实施医疗卫生服务的主要场所，社区卫生服务作为老年卫生服务的主要方式，涉及预防治疗、照料看护、康复等多个方面。其中慢性病的

治疗与管理、健康教育等更是社区卫生服务的重点。由于我国的全科医疗服务尚需逐渐完善，现有的全科家庭医生人力资源匮乏，专科技能水平欠缺，无法满足慢性患者群的专业化、个性化健康服务需求，因此开展分层式家庭医生责任制就成为解决这一难题的有效模式。

（二）模式概况

分层式家庭医生责任制需要医院和社区街道多方协作，其是以专科家庭医生、全科家庭医生为责任主体，以医院临床专业技术为依托，以社区卫生服务中心为纽带，以社区慢性病患者、居民及其家庭的健康管理为工作内容，建立的新型二级网络健康服务模式。

分层式家庭医生责任制项目实施初期，西城区政府设计了专科家庭医生服务调查问卷，由牛街社区卫生服务中心及辖区居委会向居民发放，以了解居民个性化需求，随后，社区工作人员将问卷结果进行分析、归纳，按需为民众配备专科家庭医生。项目实施中期，西城区针对北京市回民医院出院的慢性病患者，建立了专科家庭医生服务契约关系，将相关信息录入牛街社区卫生服务中心健康档案，实现分层式健康管理。各个负责机构和部门就已确定的服务对象进行全程分层管理，并定期进行质量控制和考核评价，初步形成分层式家庭医生责任制。

（三）主要成效

1. 实现了居民健康管理的分级覆盖

分层式家庭医生责任制以长期居住在牛街社区，且患有慢性病的老年人作为优先服务对象，由全科家庭医生（社区医师、社区护士、防保人员）、专科家庭医生（临床医师、康复师、临床护士）组成的服务团队，对社区慢性患者群实施分层管理、分级诊疗。分级管理内容包括慢性病档案管理、慢性病筛查、慢性病高危人群干预、慢性病规范管理等，实现了现有医务人员对居民健康管理的全覆盖，健康管理能力得到切实加强。

2. 强化了责任医生对基本公共卫生服务的责任感

家庭医生服务关键的一点在于它是一种负责式、合作式的服务。这种服务，把医生变成家庭医生，让老百姓知道家庭医生是最值得信赖的。通过试点，西城区逐步建立起“分片包干、团队合作、责任到人”的分层式家庭医生责任制，形成以“专科、全科家庭医生团队式服务”为特点的分层式家庭医生服务模式，进一步加强了全科医生与社区居民之间的联系，社区全科医生担当了“居民健康的守门人”，可以全方位对患者进行管理、随访，对患者的健康状况进行监测和督导。分层式家庭医生责任制充分发挥了医院贴近社区的特点，组建了区域性慢性病管理团队，提高了全科医生慢性病的诊治水平，群众对医生的信任程度得到提升。

3. 提高了居民对基本公共卫生服务和健康知识的知晓率

通过试点分层式家庭医生责任制，健康教育、慢性病管理、康复等服务项目得到落实，社区居民健康意识不断增强，更多的人知道了基本公共卫生服务这项惠民政策，从而主动接受服务。对社区慢性患者群实施分层管理、分级诊疗，实际上也是将患者及家属纳入管理面，从而提高患者对疾病认识和自我管理的兴趣及积极性。医疗机构向社区卫生服务中心提供出院患者信息及服务建议，同时也促进了医疗机构与社区卫生服务中心的合作。家庭医生有针对性地提供主动服务、上门服务，满足了居民的专科化、个性化需求，使社区居民与医疗卫生机构建立稳固的合作关系。分层式家庭医生责任制探索新的慢性病管理模式，做好慢性病不稳定期、急重症康复期居民的慢性病管理工作，降低医疗费用，造福百姓。

二、西城区月坛社区居家养老模式

（一）案例背景

我国人口进入老龄化，养老已成为社会发展中亟待破解的一个难题，大城市养老压力更大。居家养老是养老的一种重要模式，但是随着家庭规模日趋小型化，家庭养老功能日益减弱。针对这一问题，月坛街道在西城区科信委的支持下开展“月坛社区居家养老模式构建方案研究与试点”工作，月坛街道对社区老年人居家服务需求进行调查，设计并开发了社区老年服务与管理平台。

（二）模式概况

西城区月坛社区居家养老模式平台包括8个大的模块，主要有老年人健康档案和数据库管理、服务定制和交付、人员分类分级评估、远程智慧化服务集成等内容，形成一个有机的系统，为社区各类服务提供商提供一个与老百姓生活需求对接的中介平台，让居民在社区和家中享受到精细化和专业化的养老服务。居家养老项目选取汽北社区开展相关试点工作。西城区月坛社区依托"北科乐活堂"开展社区健康促进服务、老年人健康管理服务、失能失智前期筛查与预防、适老化改造与社区健康营造等专业服务，获得社区老年人的一致好评，并获得社会各界的广泛关注和参与。

（三）主要成效

西城区月坛街道根据养老服务的要求，由社区建设协会来运作居家养老工程，把公共服务、互助服务、企业服务等有机结合在一起，开创了社区民间组织参与社区服务的新模式，这种模式已在全市得到推广。由于月坛社区居家养老模式的典型性，西城区被民政部和财政部批准为全国居家和社区养老服务改革试点区。目前，西城区全区共有24家养老照料中心，社区养老驿站达53家，西城区在为社区居民提供专业养老服务的基础上，研究制定了规范化的养老服务内容与标准，逐步形成了区域居家养老体系，改善了社区老年群体生活质量。

三、石景山区首钢模式

（一）案例背景

首钢曾经是北京的标杆企业，鼎盛时期的首钢，其利税占全北京市税收的1/4。1994年，首钢的钢产量达到823.7万吨，位居全国第一。随着首都城区扩展，区域水资源条件和环境保护压力等限制了首钢的进一步发展；首钢钢产量无法扩大，多年保持在800多万吨规模，但环境问题日益凸显，2004年，首钢所在的石景山区空气质量二级以上（含二级）的天数仅占全年天数的一半，当时有句话"北京市的上空有个黑盖，黑盖的中心是石景山，首钢位于石景山"。为了还首都一片蓝天，为了2008年北京奥运会的成功举办，兑现北京绿色承诺，2005 年 2 月 18 日，国家发展改革委经报请国务院批准，正式作出批复，原则同意首钢实施压产、搬迁、结构调整和环境治理的方案，并同意在河北省唐山市曹妃甸地区建设一个具有国际先进水平的钢铁联合企业作为首钢搬迁的载体。2005 年 6 月 30 日，首钢的功勋高炉——五号高炉停产拆迁，标志着具有 80 多年辉煌历史的首钢这一中国最大的钢铁联合企业涉钢系统搬迁正式启动。首钢涉钢系统搬迁，开创了世界特大型企业搬迁的先河，也开启了首钢产业转型发展之路。

（二）模式概况

首钢搬迁后给老厂区留下了 8.63 平方千米的开发空间，这片空间成为北京市城六区内唯一可大规模、联片开发的区域。该区域交通发达、便捷，环境优美，景致独特，紧邻北京母亲河永定河，背靠西山山脉，拥有石景山、群明湖、秀池、高炉等自然景观和工业景观。首钢的搬迁改造，得到了中央的高度关注和北京市的高度重视。北京市政府在国务院批准“首钢实施搬迁、结构调整和环境整治”方案的基础上，2012 年完成了《新首钢高端产业综合服务区控制性详细规划》，并开展绿色生态、城市风貌、地下空间、交通、市政 5 个方面 10 多个专项规划研究，后续又联合中国工程院、清华大学等单位，对规划不断丰富完善、细化。石景山区明确了首钢园区“传统工业绿色转型升级示范区、京西高端产业创新高地、后工业文化体育创意基地”的功能定位。百年首钢，经历了“凤凰涅槃”般史无前例的搬迁调整、转型升级。首钢资产规模从 1978 年的 16.9 亿元，增长到 2018 年的 2937 亿元；钢铁板块的利润从 2.99 亿元增长到 62.8 亿元，创造了一个又一个奇迹，写下了辉煌篇章。首钢园区作为全国首批城区老工业区搬迁改造试点，随着 2022 年冬奥会组委会的入驻，将迎来转型升级的新契机。

（三）发展成效

1. 把产业转型作为老工业区转型的关键，大力培育发展新产业、新动能、新业态

首钢老工业区从自身禀赋出发，确定了“体育+”、文化、数字智能、

科技服务、高端商务金融等五大产业发展领域。在服务和保障冬奥会方面，首钢设立了国家体育产业示范区，率先开展5G试点，承办了中芬冬季运动年开幕式、国际雪联城市越野滑雪积分赛等重大赛事。石景山区在服务全国科技创新中心建设方面，紧跟全球科技前沿，设立中关村首钢人工智能创新应用产业园、自动驾驶服务示范区，抓住国家高水平扩大开放机遇，引入北京“侨梦苑”，吸引海外侨资侨商资源落地，发展具有京西特色的高端商务服务。

2. 紧紧围绕城市更新和工业遗存保护和再利用两条主线，统筹推进老工业区转型发展

石景山区明确了老工业设施不搞大拆大建的主题，采取保护式更新、有机更新的方式，推动工业遗存保护和再利用。首钢老工业区西十筒仓经改造后在2016年成为2022年冬奥会组委会办公地。经过多年探索实践，昔日的筒仓、料仓、精煤车间、转运站、皮带通廊、冷却塔等工业建筑物已经获得了新功能，陆续成为办公空间、现代化体育设施、酒店等。

3. 注重突出企业为主、人才驱动、减量增绿的转型路径和模式，协调推进城市转型发展与企业搬迁改造

在开发主体方面，与国内老工业区普遍政府收储实施开发不同，首钢老工业区开发转型的主体仍然交给了首钢集团，石景山区不仅探索了一条规划、建设、管理、运营全链条的企业主体模式，而且明确了转型发展符合规划用途的服务业项目可以采取协议出让方式供地。北京市政府进一步明确首钢权属用地土地收益专项用于首钢老工业区基础设施建设。在发展模式方面，石景山区着力改变单纯依靠投资驱动的城市区域开发模式，首钢老工业区于2017年成为北京市国际人才社区首批四个试点之一，并引入海外院士专家北京工作站，累计吸引国内外院士专家30多人，举办了“一带一路”全球青年领袖论坛等，发挥了首都人才科技资源密集优势，探索出人才驱动引领区域转型新路径。在城市发展方面，石景山区推动老工业区建设用地规模减量，初步实现规划减量200万平方米，大幅度增加绿色空间，规划了永定河生态带、后工业景观休闲带，为超大城市多约束

条件下减量发展积累了经验。

4. 多方资源联动，合力推进老工业区搬迁改造

首钢通过与国家相关部委合作，争取到了国家城区老工业区搬迁改造试点、国家服务业综合改革试点、国家体育产业示范区等项目，首钢老工业区西十筒仓改造、西十冬奥广场办公区、首特绿能港科技中心15号地等项目建设，带动社会投资77亿元。石景山区把做好冬奥会等重大活动服务保障作为机遇，引导高端要素落地，努力实现“办好一次会，搞活一个城”，放大活动带动效应。为了保障工作的顺利推进，北京市成立了市长任组长的新首钢发展建设领导小组，定期研究解决老工业区转型的重大问题。2014年，国务院办公厅印发《关于推进城区老工业区搬迁改造的指导意见》（国办发〔2014〕9号），北京市抢抓机遇，打通老厂区、老厂房发展服务业的土地问题政策通道，出台《关于推进首钢老工业区改造调整和建设发展的意见》（京政发〔2014〕28号）。2018年，北京市又出台了新首钢地区打造新时代首都城市复兴新地标行动计划，并先后制定了首钢权属用地土地收益管理办法和实施细则。

四、石景山区智慧社区管理模式

（一）案例背景

社区是城市的基本单元，是城市人民的生活区域，智慧社区建设是智慧城市建设的一个重要组成部分，也是提高社会治理水平的有效途径。新时代下的智慧社区，从强调以技术为核心转变为强调以技术为人服务为核心。随着知识经济和网络经济时代的到来，社区智能化已经成为21世纪全新生活方式的根本保证。人们对社区的关注已经不再局限于建筑、物业等方面，而是更多地放在人文环境、智能服务、安全防范等方面，这就要求传统的社区采用先进的科技手段延伸服务功能。目前的智慧社区建设多是关注智慧技术的应用，未能满足人文环境、组织建设等方面的需求，石景山的智慧社区管理即以解决此问题为目标。

（二）模式概况

一方面，石景山区通过科技赋能、文化赋能、组织赋能进行创新体系研究，编写了《智慧社区建设与社区创新治理体系研究报告》，并形成了《文化主题智慧社区建设导则（建议稿）》。另一方面，石景山区在古城街道滨和园社区建设示范工程，该社区约有 20000 户家庭，经济状况、人口状况、地理位置等方面具有代表性，适宜建设智慧社区。

智慧社区主要建设内容有四项。①搭建智慧社区平台和运营、治理平台，实现信息化、科学化管理，包含社会组织管理系统、志愿者管理系统、活动中心空间管理系统、居民信息管理系统等，居民服务信息、文化活动信息、志愿服务信息等第一时间推送，对居民及合作伙伴进行良性引导，具有良好的开放性和实用性。②以古城街道文化活动中心作为智慧社区示范中心，进行社区文化建设，开展丰富的文娱活动、素质教育与培训、党建活动等。对居民进行中华优秀传统文化教育、社会主义核心价值观宣传教育，改善居民生活质量，提升精神文明素养。③以物联网技术、VR 技术、智慧黑板、智慧讲台、智慧书包、体智能一体机等技术和设备建设智慧教室（未来空间）、智慧养老（颐养空间）两个适宜在社区示范和推广的智慧空间，切实为居民提供科技化服务。④基层组织建设。智慧社区的建设和运营离不开基层组织，智慧社区建设需通过社区调研对现有的自组织进行组织化管理，通过自媒体实现对组织的宣传，实现社区治理过程的完善与创新，组织建设中包含党建工作、新时代精神文明工作等。

（三）推广成效

通过智慧社区建设和社区创新治理体系研究与示范引领，石景山区形成组织赋能体系、文化赋能体系、科技赋能体系，打造“三位一体”的智慧社区样板，同时探索新的文化空间运营模式，利用“互联网+”的智慧平台，线上线下充分互动，扩大文化传播速度和距离，以文化促进社区治理成效的提升。示范工程的建设使社区成为居民生活的乐园、创业者的摇篮和成功企业的窗口，让百姓有获得感，做到有工作、有生活、有文化、有健康、有快乐、有奉献、有自信，构建了社区及居民美好生活赋能体系，提高了百姓的幸福感。石景山区的智慧社区管理模式已经形成了良好的示范效应，产生了可持续化效果。目前智慧平台及管理经验已在海淀区田村路街道西木学堂、海淀区上地街道上地 e 家实施和使用，同时上地 e 家还建设了 Mini VR 体验区，使更多居民可以从党建引领、科技手段、文化内容中受益，共筑居民文化自信，从而实现过上美好生活的愿望，促进了社会和谐发展。

五、怀柔区雁栖湖会展生态示范区模式

（一）案例背景

北京有服务世界大会的优良传统，1995 年 9 月，联合国第四次世界妇女大会 NGO 论坛在怀柔区举行，从此怀柔区开始走上世界舞台。北京新版城市总体规划更是对怀柔区进行了明确的定位，即“首都北部重点生态保育及区域生态治理协作区；服务国家对外交往的生态发展示范区；绿色创新引领的高端科技文化发展区”。其中，服务首都国际交往中心建设，以一流的设施、优美的环境和高效的服务提升雁栖湖国际会都形象，是怀柔区的一项重要建设任务。

（二）模式概况

北京雁栖湖会展生态示范区建设始终把保护和提升地区的生态环境品质作为首要发展目标，立足“绿色、低碳、环保”的理念，全面融入“绿色环保、低碳减排、节能节水、自然生态和智能科技”等 70 余项先进的生态技术，最大限度地实现节地、节能、节水、节材和保护环境，倾力打造出了山水和谐、技术领先、国际一流的生态发展示范区。

北京雁栖湖会展生态示范区建设应用的创新技术包括七项。①能源方面的先进技术。示范区及周边范围全部完成“煤改气”或“煤改电”，实现清洁能源管道直供，最大限度地降低空气污染率。同时，大量采用太阳能等可再生能源提供照明电和生活热水，在核心岛采用纯电动车、超级电容车和燃料电池车等新能源车，并建有电动车充电桩，能为电动汽车快速充电。同时，选用高压钠灯、金属卤化物灯以及 LED 等高效、长寿命光源，并利用智能照明控制系统，给灯具输出最佳的照明功率，起到节电、

有效地延长灯具寿命和减少维护成本的作用。②道路建设方面的先进技术。采用橡胶沥青混合料、温拌沥青、再生性混凝土、透水沥青混凝土、透水地坪等新型材料实施道路建设，通过新技术、新材料的充分应用，打造环保景观道路。③涉水系统方面的先进技术。通过过滤、软化、膜分离（RO 反渗透）、杀菌等方法，为示范区内用户提供优质饮用水；在部分重点建筑物内建设了生活污水就地处理系统，将污水就地处理后用于景观绿化；采取多样化利用方式，对雨水进行收集利用；在雁栖湖上游河道开展水生态治理示范研究，采用循环养殖技术、净化槽处理生活污水技术、湿地植被人工辅助自然修复技术、鱼类群落调控技术与微生物修复技术、水体动植物与微生物群落联合修复技术、生态浮岛水质净化技术、钛金生物膜球技术、人工湿地污水处理技术等，形成小范围生态河道和生态湿地，实现了净化入户水质的目标。④绿色景观方面的先进技术。园林绿化建设遵循“就地取材、保留原生态山林效果”原则，对树形不理想的树种进行修剪美化并栽植新树种，形成绿色景观群落。陡峭的山崖坡地采用生态袋护坡技术，防止水土流失。采用园林绿化废弃物生态处理技术打造生态循环垃圾处理系统，实现核心岛园林绿化废弃物的全部循环再利用。⑤智能方面的先进技术。无线网络、楼宇自控、物联网、智能电网、智能化精确灌溉技术等，将广泛应用于智能交通、安全防范和市政设施的管理中。⑥垃圾处理方面的先进技术。餐厨垃圾利用特殊菌种，通过加热、机械搅拌和强制通风等手段进行分解，将剩余物作为肥料使用，实现各区域生活垃圾“分类投放、分类收集、分类运输、分类处理”。⑦绿色建筑方面的先进技术。核心岛上建筑群大量使用的是可再生建筑材料及节水器具，实现污水零排放、生活垃圾无害化处理和餐厨垃圾利用率达到 100%、资源再利用率达到 85%、可再生能源使用率达到 10%，建筑设计总能耗低于国家批准或备案节能标准规定值的 80%。

（三）发展成效

“低碳、自然、生态、节能、环保”的理念在雁栖湖示范区得到了充分体现，雁栖湖会展生态示范区的清洁能源使用率、污水处理率、生活垃圾无害化处理率均达到100%，雁栖湖会展生态示范区成为低碳节能项目的典范。自2014年亚太经合组织（APEC）会议在雁栖湖成功召开后，雁栖湖逐渐成了高端、小型、精品国际会议的青睐之地。第一届和第二届“一带一路”国际合作高峰论坛也将主会场设在怀柔区雁栖湖。雁栖湖先后举办了国际综合性科学中心研讨会、北京国际电影节、G20能源部长和科技创新部长会议、中非媒体合作论坛、世界水电大会、世界中小企业大会、全球服务业大会等会议会展活动。以2019年为例，雁栖湖成功举办了全球创新经济论坛、第七届互联网安全大会、京东方全球创新伙伴大会、2019百度AIG大会、第四届京津冀雁栖湖旅游论坛等重要会议活动，实现了中国会议产业大会永久落户，全年承办各类会议会展达2680场次、接待参会人员约42万人次。

六、门头沟区矿山生态修复模式

（一）案例背景

北京市门头沟区是北京市重要的产煤区，煤炭开采、采矿和盗采砂石导致地下采空区面积大，形成采矿塌陷区，造成地下水资源枯竭，塌陷区地表部分无法开展农业、工业生产活动，生物栖息地被破坏，生态环境恶化，生态系统退化。门头沟区30%以上的山区为泥石流、山洪易发区，对人民生命安全造成直接威胁。2004年，该区空气质量二级及以上天数占全年天数的比例仅为49%。区域内永定河河床干涸，植被破坏严重，是北京沙尘暴的重要沙尘源之一。据调查统计，由于长期的矿业开采，门头沟区需要修复的生态面积达到240平方千米。因此，关停煤矿等各类矿产业，实施生态修复和产业转型势在必行。

（二）模式概况

2004年，门头沟区科学技术委员会投入数百万元资金，对全区的生态状况和相关修复技术进行了广泛调研，在门头沟区被确定为北京市“生态涵养发展区”之后，门头沟区以调研成果为依据制定了生态修复的第一步策略：在永定河沿岸打造生态旅游产业带；在矿山采空区等环境破坏严重的区域进行生态修复、规划旅游。2005 年 8 月，北京市科学技术委员会支持门头沟区开展生态建设的重点项目——“生态修复总体规划及技术方案研究与科技示范工程”正式实施。2007 年门头沟区又被科技部认定为“国家生态修复综合科技示范基地”。同时，门头沟区的废弃矿区生态修复工作也得到了市委、市政府的高度重视，把它作为北京山区生态建设的一项重要工作来抓。

（三）主要成效

自 2004 年以来，门头沟区与清华大学、中国科学院等 13 个研究单位和芬兰、日本等外国专家开展深入合作，先后完成了湿地生态修复、采石废弃地生态修复、石灰石废矿废弃地生态修复、砂石坑生态修复、边坡生态修复、矿坑生态修复等六种生态修复。2011 年已修复生态面积达 100 多万平方米。2015 年门头沟区又投入 6 亿多元，对永定河门头沟段实施了一系列修复工作，并在生态修复和综合整治的基础上进行景观建设。永定河上游的生态修复工程，恢复、重建了 120 万平方米湿地，修复治理永定河河道 88 千米，清水河河道 28 千米，建成了纵贯山区、绵延百里的绿色生态走廊。截至目前，门头沟区废弃矿山修复工作基本完成，全区森林覆盖率、林木绿化率分别达到 46.61%、70.02%，生态绿色空间不断扩大。

此外，随着传统高能耗、高污染、高排放企业的淘汰和退出，门头沟区培育了一批新型绿色生态产业，始终坚持“绿水青山就是金山银山”的发展理念，利用门头沟区特色的山水景观资源、历史文化资源、特色优质农产品资源等，打造精品经济、精品旅游、精品小镇。门头沟区大力发展各具特色的农村生态旅游、乡村休闲旅游、民俗旅游和农业传统体验游，带动与加快了建设农产品绿色优质安全示范区的步伐，促进了第一、第三产业融合，发展了绿色新产业、新业态，将生态修复换来的生态环境优势转化为绿色发展优势，实现了全区产业有效转型和经济的持续增长。

七、门头沟区智慧景区管理模式

（一）案例背景

北京市人文历史资源丰厚，是我国和世界重要的旅游目的地，其休闲旅游产业发展潜力巨大。北京市委、市政府高度重视全域旅游发展工作，特别是在疏解非首都功能的大背景下，北京市委、市政府把乡村旅游产业定为农村地区支柱产业，这对乡村休闲旅游产业服务质量提升提出了更高要求。相比较于城区，乡村旅游基础服务设施相对薄弱，仍存在较多短板，比如乡村景区通常缺乏建设土地指标，为游客提供应急救援、避难、休息、休闲娱乐等活动的建筑空间严重不足，又比如北京乡村旅游热点多集中于山区，户外活动成为一种热门休闲方式。以门头沟区为例，每年有数十万的旅游者、驴友及探险人员来此休闲运动。由于山区环境复杂、地势险要，景区安全问题日益严重，旅游者走失情况经常发生。传统野外终端设备在卫星信号盲区无法进行定位以及数据传输，一旦遇到危险，发不出求救信号，难以救援，游客的生命安全无法得到保障。随着景区管理问题的日益严峻，完善景区管理制度，建设北斗智慧景区安全监管系统显得愈加迫切。

（二）模式概况

门头沟区以妙峰山镇神泉峡风景区为样本，重点对景区引入北斗组合导航技术建立起的可视化、可溯化的应急监管平台系统和景区临建安全房屋使用技术进行分析并进行了示范。北斗组合导航技术主要利用北斗高精度定位通信一体化旅游终端，以及在特定区域铺设的信标定位基站，组成“北斗旅游物联网络”，实现对各类旅游元素的动态监控。终端实时生成的海量数据统一接入“北斗智慧景区云平台”，并围绕景区进行动态监管、大数据应用分析，在云端部署各类功能模块，为景区提供按需订阅的智慧云服务。此外，智慧景区管理项目还在移动端开发面向游客的“北斗旅游服务平台”，完善目的地旅游公共安全保障体系，利用已有北斗无线定位技术和无线网络技术及平台大数据手段，建立一套信息可视化、可溯化的应急和监管平台系统。

门头沟还进行铝合金结构房墙板模块、地板模块、平台模块、水电模块等的研发设计，研制薄壳等特殊结构的加工模具，优化熔铸、挤压、热处理等工艺，形成了临时设施产品的装配式技术体系。开发适合景区预制装配式铝合金临时设施。上述技术的研究，打破了国外技术垄断，形成适合景区应急保障，环保、绿色的新型建筑临时设施关键产品，提升神泉峡风景区的基础设施建设水平。

（三）推广成效

北斗导航技术和配套临建关键技术的应用，显著提高了神泉峡景区的建设水平。智慧景区建设极大地丰富了景区的管理手段和营销手段，为现代新景区旅游，新传播、新行为、新市场、新模式提供了高科技服务，并将景区的吸引力和亲和力融为一体，将生态环境容量、景区安全领域优化整合，提升景区的品牌形象和社会形象。智慧景区还将有助于提升风景区的核心吸引力和亲和力，为景区创造更高的经济效益。智慧景区将旅游发展与科技进步结合起来，改变人们的消费习惯与旅游体验，提升北京旅游业整体服务水平和服务质量。

八、门头沟区山区煤改电清洁供暖模式

（一）案例背景

按照北京市委、市政府关于大气污染防治工作的决策部署，北京市于2013年在农村地区启动“减煤换煤、清洁空气”行动，进一步调整郊区农村地区用能结构，改善空气质量。“减煤换煤、清洁空气”行动主要实施了六项措施，即减少劣质燃煤使用、农村取暖煤改电、太阳能热利用、天然气入户、液化石油气下乡和沼气利用、农村住宅清洁能源分户自采暖。由于山区海拔高、气温低、光照时间短，冬季取暖时间长，导致空气能利用效率低，太阳能利用时间短，因而较为适用地源泵供热供冷方式，但山区农村建筑分散且形式多样，农户使用习惯不，这就需要灵活的供热供冷形式与其匹配，且选择经济节能运行模式以保障其运行效率与运行稳定性。

（二）模式概况

清华大学等单位对北京农村减煤换煤工作中应用的各种采暖方案包括型煤、低温空气源热风热泵、低温空气源热水热泵、蓄热式电采暖、电锅

炉、地源热泵等进行了技术经济分析，通过持续测试和数据模拟，梳理总结各种技术的优缺点，从技术、经济等方面进行比较分析，并提出改进方向。北京市按照实际使用需求采取科学的改进措施，对现有取暖技术进行优化和改进，并针对现有普通空气源热泵在寒冷地区采暖应用存在的热量需求较大时，制热量不足、低温环境下运行可靠性差、热舒适性不佳等问题，与珠海格力等空气源热泵生产企业进行了技术交流，随后开发了一种低温环境下制热性能良好，运行稳定、可靠，能效比高的热泵暖风系统。这套技术可有效解决低环境温度下空气源热泵制热量衰减的问题。

门头沟区科学技术委员会组织了恒有源科技公司、北京山地生态科技研究所的研发团队针对门头沟区清水镇洪水口村和椴木沟村的10栋类型不一的公共建筑（如老年公寓、文化活动中心、影视大厅、旅游咨询中心、客运站、综合服务大厅等）开展研究与示范，经过两年研究、设计、安装、调试优化等，解决了10栋不同类型的深山建筑冬季取暖和夏季制冷问题，实现冬季室温18℃~22℃，夏季室温24℃~26℃；确定了深山区农村应用地源热泵系统与不同末端形式的最佳组合；编制了地源热泵高效供热供冷系统节能运行策略及操控模式指南。

（三）推广成效

清华大学将开发出的热泵暖风系统进行了应用示范，建成示范户123户，通过模拟对比分析发现，热泵热风机采暖季运行费用为15.90元/平方米，低于燃煤采暖的运行费用，而实际运行效果测试表明，热泵热风机还可通过行为节能进一步降低运行费用，同时在有峰谷电价补贴的情况下，运行费用可降至9~12元/平方米，使用频率最高、对室温要求最高的农户的运行费用也仅为16.19元/平方米。门头沟实验区研发的深山区农村应用地源热泵系统在北京市及京津冀郊区农村农户中得到广泛应用和推广。仅2017年度就推广应用至8个村庄，推广面积近46万平方米，共计3326户农户享受到了该技术带来的温暖。

九、密云区太师屯镇蜜蜂产业园绿色经济发展模式

（一）案例背景

太师屯镇地处密云水库上游，是饮用水水源重要保护地之一，镇域 15 个行政村均在密云水库一级保护区范围内，清水河、安达木河、潮河 3 条河流经该镇，该镇保水任务艰巨，责任重大。2020 年，习近平总书记给建设和守护密云水库的乡亲们的回信指出，“密云水库作为北京重要的地表饮用水水源地、水资源战略储备基地，已成为无价之宝……要深入贯彻生态文明思想，把生态文明建设作为战略性任务来抓，坚持生态优先、绿色发展，加强生态涵养区建设，健全生态补偿机制，共同守护好祖国的绿水青山”。太师屯镇不具备发展种植业的优势，为此，太师屯镇过去把畜牧业作为区域主导产业。1985 年，密云水库的功能由防洪灌溉转为向首都供应生活用水，太师屯镇被划为水源保护区；2005 年，密云区被确定为“首都生态涵养区”，水库保护等级不断提高，核心保护区范围内退耕禁牧，大量畜牧养殖场被关停，保护区内大量村民也实施了搬迁，农民生计深受影响。太师屯镇产业转型刻不容缓。如何发展？如何把绿水青山变成金山银山？密云区太师屯镇按照区域功能定位，确立了“保水是首要责任，环境是立镇之本”的发展总基调，构建出以都市型现代农业为基础，休闲旅游业为核心，文化创意产业为先导的互融互促的产业结构。

（二）模式概况

太师屯镇在产业转型的过程中，把目光聚焦到蜜蜂身上。养蜂在太师屯镇有悠久的历史，并且区域内蜜源丰富。经过科学分析，太师屯镇以蜜蜂为纽带，实现了一二三产业的有效融合，全镇把小蜜蜂做成了大产业，围绕蜜蜂开发蜂蜜、蜂王浆、蜂花粉等蜂产品，并且依托蜜蜂文化开发文创产品、旅游项目等，形成了一条绿色循环经济产业链，实现了保水与富民完美结合。以密云区太师屯镇龙潭沟村村民田某为例，他从 20 世纪 80 年代就开始养蜂，在政策的支持下，蜂箱从几箱增加到几百箱，收入也从当初仅能支撑温饱变到现在年收入超过 30 万元。2019 年，龙潭村像田某

这样的标准化养殖户有 16 户，养蜂数量达到 3000 群，年产成熟蜜 30 吨，龙潭村成为远近闻名的养蜂村，被评为中国养蜂学会蜂产品安全与标准化生产基地。太师屯黑龙潭风景区的“蜜蜂大世界”文化产业园，已成为密云区极负盛名的农业文旅产品，产业园占地 380 亩，分为博物馆、生产区、标准化养蜂体验区、登山游览采摘区、游客接待区、餐饮区、住宿接待区七大功能区，年接待游客达 10 万人次，是密云休闲旅游的一张亮丽名片。

（三）主要成效

蜜蜂大世界园区的“合作社+公司+农户+基地”运营模式，在密云区得到了有效辐射，带动了全区蜜蜂产业的发展。据统计，密云区已成为北京市养蜂大区，全区蜂群达 11.5 万群，占北京市全市蜂群总量的 44%；年均生产蜂蜜 320 万千克，蜂产品年产值近 1.2 亿元；养蜂户有 2072 户，362 户低收入农户通过养蜂实现了增收致富。此外，蜜蜂大世界文化产业园还辐射带动河北承德、秦皇岛等地 200 多户农户发展，有效促进了京津冀一体化建设。

十、密云区大城子镇“一村一企”精准帮扶模式

（一）案例背景

大城小苑精品民宿坐落于密云区东部大城子镇的下栅子村。下栅子村域总面积为 11.94 平方千米，山多地少，山势陡峭，村内可耕用土地仅 50 余亩，因地理位置偏僻、自然环境较差，导致土地效益不高。该村是典型的低收入村，青壮年以外出打工为主，是名副其实的“空心村”，村内支出费用主要靠区、镇财政拨付。如何让该村脱低，让当地农民增收是一直摆在地方政府面前的难题。2018 年 5 月 23 日，北京市 51 家市属企业与 54 个低收入重点村签订了“一企一村”结对帮扶协议书，其中北京城建集团与下栅子村帮扶结对，这给下栅子村提供了改变命运的契机。“一企一村”结对帮扶模式是通过市属企业与低收入村形成一对一帮扶小组，由企业主导进行项目设计、实施、监管等全流程、多角度帮扶的扶贫新模式，企业通过统筹多种脱贫措施，力求达到高效实现增收、摆脱贫困的目的。

（二）模式概况

北京城建集团为下栅子村量身定制帮扶方案，确定了以建设旅游休闲产业示范点带动村子增效、农户增收的核心帮扶思路，汇聚党建、资金、技术、管理、人才等资源优势，在下栅子村设计、投资、建设特色民宿“大城小苑”，着手打造美丽乡村旅游点。北京城建集团派出专业勘测设计团队入村做好前期研究，经过多次考察论证才确定“大城小苑”的建造地址，并结合村里拥有古长城遗址、龙潭、黎花顶等景点的优势，由经验丰富的建筑设计师和园林设计师联合打造出“守得住历史记忆、留得住绿水青山、记得住乡情乡愁”的下栅子村特色民宿方案。特色精品民宿建好后，如何运营好更是一个事关脱低帮扶工作能否持续下去的关键点。为此，北京城建集团充分发挥自身优势，选派专业经营管理团队驻村，由旗下的北苑大酒店代为经营“大城小苑”，两年后再整体移交给下栅子村。

“大城小苑”改造前后场景如图 5-1 所示。

图 5-1　“大城小苑”改造前后场景

（三）推广成效

2019 年 4 月 20 日，“大城小苑”正式对外营业，其独到的风格、幽静的环境、专业周到的服务赢得了社会和广大游客的高度评价，“大城小苑”已经成为北京郊区精品民宿的一张亮丽名片。2020 年，“大城小苑”精品民宿项目成功入选《世界旅游联盟旅游减贫案例》，位列第 37，并且荣登首届北京网红打卡地榜单。以 2020 年“五一”假期为例，新冠肺炎疫情影响下的旅游市场非常惨淡，但是“大城小苑”却被预订一空，仅“五一”假期 5 天的住宿餐饮收入即超过 10 万元。民宿的发展也促进了当地农民的就业增收，以村民向某为例，以前她家是低保户，为增加家庭收入，她种过地，也外出打过零工，“大城小苑”开业之后，向某经过专业培训成为第一批员工，现在年收入达 5 万元。这种“吸收就业—培训人员—反哺村内生产—再吸收就业”的长效机制，激发了村民主动脱低的内生动力，带动了村民稳定增收。

十一、房山区大石窝镇王家磨村“美丽庭院”模式

（一）案例背景

为深入实施乡村振兴战略，进一步改善农村人居环境，推进美丽乡村建设，北京市妇联把美丽庭院建设作为一条重要抓手，充分发挥广大妇女在美丽宜居乡村建设中的作用。房山区大石窝镇是传统资源型乡镇，多年石材开采使得镇域沟壑遍布，整体景观较差，农户庭院环境也较差。王家磨村之前是以“道路坑洼、黄土遍地”著称，也是个低收入村。以建设美丽乡村、美丽庭院为契机，王家磨村改头换面，成了远近闻名的“鲜花岛”，全市美丽庭院建设的排头兵。美丽庭院的创建，在美化全村环境的同时，也促进了休闲旅游产业的快速发展，有效解决了因石材开采加工关停对村民经济的冲击问题。

王家磨村鲜花岛如图 5-2 所示。

图 5-2　王家磨村鲜花岛

（二）模式概况

大石窝镇王家磨村妇联在参与乡村振兴、推进社会治理过程中，围绕

中心，服务大局，坚持“党建带妇建”，推行“六动”工作法，聚焦党政所急、妇女和家庭所需、妇联所能，聚焦美丽庭院创建工作载体，通过妇联发动、培训拉动、执委带动、评比推动、机制促动、妇女主动，开创了村民共建共治美丽乡村新模式。妇联发动指 2018 年“三八”妇女节前大石窝镇妇联举办了“美丽乡村建设巾帼行暨最美家庭创建活动启动仪式”，动员妇女投身美丽乡村建设，以王家磨村为试点开展美丽庭院创建；培训拉动指为解决美丽庭院怎么建的问题，区妇联负责提供师资、技术，镇、村妇联负责组织人员对家庭保洁常识、收纳整理小窍门、庭院美化布局、花卉种植修剪、园林设计、文明礼仪等内容先后进行了 40 余场的培训；执委带动指村妇联主席带头从自家院子干起，边动员、边学习，亲自进行庭院设计，让一个普通的农家院变成了惬意的小花园，其他执委、代表紧跟其后；评比推动指镇、村妇联组织紧紧抓住家庭这个主阵地积极开展“最美家庭”“平安家庭”“好婆婆”“好媳妇”“妇女厨艺大比拼”等评选活动，将家庭文明建设与美丽庭院创建有机融合，明确规定美丽庭院示范户具有“最美家庭”等各类评选的优先权，以女性的文明进步带动家风的转变，以家风的转变助力乡风民风的改善；机制促动指成立美丽庭院创建工作领导小组，制定《王家磨村星级庭院管理办法》，建立工作责任机制、评选奖励机制、监督机制，从根本上解决长效长美问题；妇女主动指妇女是庭院创建的主力军，更是乡村治理的助力者，如在王家磨村“鲜花岛”工程实施过程中，面对活多人少的情况，妇联主动出击成立了妇女突击队，动员在家的妇女积极参与到美丽乡村建设中来。

（三）主要成效

自从开始创建美丽庭院，王家磨村实现了六个转变。一是发展了经济，促进了农民增收。原来寂静小山村的观光休闲产业得到大发展，村庄变得车水马龙，熙熙攘攘，如饺子宴和观光园每天都有就餐预订，人气火爆。二是村民的文明素质得到了很大提升，“我的家园我建设”的主人翁意识不断增强。三是村民的垃圾分类意识明显增强，废旧物品实现了循环利用，实现了垃圾分类。四是村民的思维更加开阔，发展庭院经济，增加村民收入。五是村民在美丽庭院创建中实现了自己的人生价值，如该村张某、尚某被聘为讲师，到本区各乡镇授课。六是乡风民风明显改善，邻里关系更加和谐，村民在美丽庭院创建中懂得了感恩，学会了分享。因为前期示范建设的良好效果，现在王家磨村有 150 户农户参与了美丽庭院创建，创建率达 88%。2020 年 9 月，北京市妇联在房山区王家磨村召开“美丽庭院创建暨垃圾分类现场学习观摩工作推进会”，分享房山区妇联在开展美丽庭院创建和推动垃圾分类工作中的典型经验。王家磨村美丽庭院模式已获得市区高度认可，其经验已在全市推广。

第六章
新时期北京市可持续发展实验区建设的思路、目标与路径

一、新时期北京市可持续发展实验区建设面临的新形势和新任务

（一）可持续发展理念成为人类社会发展共识，可持续发展实验区肩负新使命

党的十九大报告提出，经过长期努力，中国特色社会主义已进入了新时代，社会主要矛盾已经转化为人民日益增长的美好生活需要和不平衡不充分的发展之间的矛盾。这一矛盾的变化对未来的发展提出了全新要求：高质量发展，在发展中保障和改善民生，在幼有所育、学有所教、病有所医、老有所养等方面不断取得新进展，不断促进全体人民共同富裕。“十四五”时期是向第二个百年奋斗目标进军的第一个五年，站在新的起点上，我们需要统筹中华民族伟大复兴战略全局和世界百年未有之大变局，在科学分析我国社会主要矛盾发展变化带来的新特征、新要求基础上，深刻认识错综复杂的国际环境带来的新矛盾、新挑战，紧抓战略机遇期，让“创新、协调、绿色、开放、共享”的新发展理念、构建人类命运共同体等中国智慧惠及人类，引领人类社会可持续发展。可持续发展实验区作为创新发展的试验田、建设样板，可以更好地集中展示中国发展成果，因此，实验区建设任务艰巨、责任重大、使命光荣。

（二）北京城市功能发生改变，亟须破解影响可持续发展的新难题

近年来，北京市城乡发生了翻天覆地的变化，城市的功能定位也在发

展中不断调整。为了深入贯彻落实习近平总书记视察北京重要讲话精神，紧紧扣住迈向“两个一百年”奋斗目标和中华民族伟大复兴的时代脉搏，北京围绕“建设一个什么样的首都，怎样建设首都”这一重大问题来谋划未来可持续发展的新蓝图。北京是中国的首都，是全国政治中心、文化中心、国际交往中心、科技创新中心，要把“四个中心”功能建设作为当前和今后一段时期的中心任务来抓，要优化城市空间布局，转变城市发展方式，完善城市治理体系，着力破解城市发展中出现的新难题，有效治理“大城市病”，不断提升城市发展质量、人居环境质量、人民生活品质、城市竞争力，实现城市可持续发展。

（三）加速建设全国科技创新中心，科技引领发展

近年来，北京市围绕《北京加强全国科技创新中心建设总体方案》，精心策划、精准发力，全力加速全国科技创新中心的建设，建设成果红利不断释放，多个指标领跑全国，达到世界一流水平。北京作为全国科技创新中心的全球影响力持续提升，已经成为全球创新网络的中坚力量和引领世界创新发展的新引擎，比肩纽约、伦敦、东京等国际创新城市。在新的历史时期，北京需要继续牢记建设世界科技强国的伟大使命，对标国际标杆城市，加快向成为全球影响力的科技创新中心进军，奋力将自身打造成为世界科学中心和创新高地，谱写新时代北京全国科技创新中心建设新篇章，为中华民族伟大复兴贡献北京力量。

（四）可持续发展实验区发展格局调整，未来需要建设新思路

可持续发展实验区是可持续发展思想、理念、行动等在某一区域的集中实验与示范，与美丽中国建设、绿色发展理念、生态文明思想一脉相承，并且在建设中与时俱进，不断创新发展。自1986年国家启动实验区建设工作以来，我国在大城市改造、小城镇建设、社区管理、生态环境保护及资源可持续利用、资源型城市转型发展等方面积累了丰富的经验，实验区在实践中依靠科技进步、机制创新和制度建设，探索出不同类型地区的经济、社会和资源环境协调发展的机制和模式，为不同类型地区实施可持续发展战略提供有益示范，可持续发展理念在全国各地得到深入、全面的

推广。为落实《2030 年可持续发展议程》，2016 年年底，我国正式启动国家可持续发展议程创新示范区建设工作，这对实验区建设提出了更高标准、更高要求，即要通过建设形成一批可复制、可推广的可持续发展现实样板，对内继续为中国其他地区可持续发展发挥示范带动效应，对外为其他国家落实《2030 年可持续发展议程》提供中国经验。北京可持续发展实验区的格局已经有了较大变化，首都的功能定位对实验区的发展也有了新的要求，这些变化赋予实验区新的使命，实验区建设需要规划好未来发展路径，以便更好地支撑国际一流和谐宜居之都的建设。

二、新时期北京市可持续发展实验区建设的指导思想

北京市高举中国特色社会主义伟大旗帜，深入贯彻落实习近平新时代中国特色社会主义思想和视察北京重要讲话精神，统筹推进“五位一体”总体布局，协调推进“四个全面”战略布局，坚定不移贯彻创新、协调、绿色、开放、共享的新发展理念，紧紧围绕首都城市功能定位和建设国际一流和谐宜居之都的总目标，深入实施“人文北京、科技北京、绿色北京”战略，以首都发展为统领，以改革创新为根本动力，以建设国际科技创新中心为新引擎，以实施创新驱动发展战略为主线，以科技创新推动高质量发展为主题，以满足人民日益增长的美好生活需要为根本出发点和落脚点，以破解制约可持续发展的关键瓶颈问题为着力点，打造具有时代特征、北京特色、首都水平的北京可持续发展实验区，形成一批可复制、可推广的支撑超大城市可持续发展的成功实践典范。

三、新时期北京市可持续发展实验区建设遵从的主要原则

（一）坚持问题导向、创新引领

北京市围绕首都城市战略定位和落实《2030 年可持续发展议程》的目标，对标国际一流城市，加强瓶颈问题诊断，查找短板和弱项。北京市始终把创新驱动作为首都发展主导战略，充分发挥创新对可持续发展的支撑引领作用，不断推进理论、科技、文化、体制机制与管理等各方面创新，

依靠创新解决首都可持续发展面临的重点、难点问题。

（二）坚持统筹规划、分类指导

北京市围绕建设国际一流和谐宜居之都的总目标，对接国家、北京市的总体发展战略，正确处理好当前利益与长远利益、局部利益与整体利益、经济发展与环境保护的关系，整体把握，总体设计，统筹规划，合理衔接，科学集成；同时，结合各实验区的特色主题与关键问题症结，做好分类指导，有序推进各实验区工作的有效开展。

（三）坚持生态优先、绿色发展

北京市树立尊重自然、保护自然的生态文明发展理念，培育文明意识，将生态文明建设放在更加突出的位置，推动形成绿色发展方式和生活方式；严守生态红线，加强生态涵养区保护，加快建成资源节约型、环境友好型社会，促进人与自然和谐共生，走全面协调可持续发展之路，保证实验区发展进程的连续性与持久性。

（四）坚持以人为本、多元参与

北京市牢固树立以人为本的发展理念和价值追求，以实现人的全面发展为根本动力，以解决人民日益增长的美好生活需要和不平衡不充分的发展之间的矛盾为出发点和落脚点，从人民群众的根本利益出发谋发展、促发展，让可持续发展的成果惠及全体人民。实验区建设要打破政府“独角戏”的工作模式，建立并完善政府主导、大学科研机构和企业、社会等各方共同参与的体制机制，加大对社会事业领域科技创新的多元投入力度，为可持续发展创新示范营造良好环境。

（五）坚持开放共享、发展普惠

北京市积极吸引和汇聚全球创新资源参与实验区建设，构建可持续发展的合作共赢机制。北京市构建了以国内大循环为主体、国内国际双循环相互促进的新发展格局。在国内，对接京津冀协同发展战略，展现北京作为首都示范引领、服务全国的标准；在国际，北京市还充分利用北京国际交往中心的平台资源，既吸收国际经验也向世界分享北京经验，拓展国际视野，加强国际交流。北京市充分利用国际、国内两个市场、两种资源，搭建更多合作交流平台，开辟更多合作渠道，着力构建全方位、宽领域、多层次的开放合作新格局，为全球可持续发展贡献中国智慧、北京力量。

四、新时期北京市可持续发展实验区建设的总体思路

（一）要更加突出创新引领发展的主线

创新是新时代的主旋律。在新的历史时期，实验区建设要把创新摆在更加突出的位置，结合“三城一区”建设重点，梳理出北京市可持续发展实验区发展面临的重大科技需求，集中力量攻克一批生态修复、环境治理、社会民生发展等关键核心技术，推动首都高质量发展人才向实验区流动，用科技创新进行赋能，积极培育新产业、新业态、新模式，有效支撑国际科技创新中心建设。北京市要深入推进科技体制改革，率先建立与社会主义市场经济体制相适应，符合科技发展规律的现代科技体制，提升核心技术自主创新能力，把实验区建设为创新改革的重要试验田。

（二）要更加突出绿色发展的主基调

实验区建设要深入实施生态文明发展战略，坚持实验区绿色高质量发展的基调，让青山、绿水、蓝天成为实验区底色；要大力推进绿色、低碳、循环发展，以资源环境承载能力为硬约束，倒逼区域发展方式转变、产业结构转型升级、城市功能优化调整，重点在调整产业、能源结构上下功夫；要深入打好污染防治攻坚战，抓好区域联防联控联治，全面提升实验区生态环境空间容量，实现生态空间只增不减；要充分发挥生态涵养区的生态屏障功能，做好生态涵养区生态保护与绿色发展，完善生态保护补偿和结对协作机制；要完善低碳绿色发展的政策法规体系，促进资源节约利用，倡导绿色生活方式，实现人与自然和谐发展。

（三）更加突出区域协调发展的格局

实验区的发展要着力促进京津冀区域整体发展水平的提升。实验区建设要坚持以疏解非首都功能为“牛鼻子”，持续开展疏解整治促提升专项行动，推进“腾笼换鸟”，治理“大城市病”，改善人居环境，提升首都功能；科学规划实验区布局，要涵盖主要区域类型；科学选择实验区主题，

要涵盖首都发展主要瓶颈问题，坚持大城市促大京郊发展，破解城乡之间、区域之间发展不平衡问题，走出一条具有首都特点的乡村振兴之路、城乡区域协调发展之路。

（四）更加突出以人民为中心的发展目标

一切发展依靠人民，一切发展为了人民，实验区建设要始终把解决人民日益增长的美好生活需要，持续提高实验区人民群众生活品质，作为发展目标。实验区建设要围绕“七有”“五性”补齐实验区民生短板，提高就业服务水平，增加就业渠道，巩固低收入群体脱低成效；要高度重视“一老一小”问题，加快建设居家社区机构相协调、医养康养相结合的养老服务体系，提高学前教育质量，推动义务教育优质均衡发展；要把保障人民健康放在优先发展的战略位置，大力建设健康北京；要加快社会治理体系和治理能力现代化，推动社会治理和服务重心向基层下移，推进党建引领“街乡吹哨、部门报到”，以“智慧乡村（社区）”为载体，推行网格化管理和服务，助力平安建设。

五、新时期北京市可持续发展实验区建设的战略目标

新时期北京市可持续发展实验区建设的战略目标是：经过一段时间的努力，创新引领发展的格局在可持续发展实验区基本建立，科技贡献率逐步提高，“高精尖”绿色产业体系基本形成，科技创新与经济社会融合发展的态势初步形成；生态文明建设全面推进，生态空间格局不断完善，生态涵养能力、绿色发展水平显著增强；实验区人文魅力不断彰显，运行更加精细化、智能化，新型城镇化和城乡一体化水平显著提升，全面实现基本公共服务均等化，社会治理体系和社会治理能力现代化水平显著提高，人民群众生活品质得到明显提升。要将实验区打造成“科技成果转化、各类资源聚合、政策先行先试、生态环境建设示范、公众科学素养较高”的重要载体和核心品牌，提升北京市可持续发展实验区的显示度和对区域可持续发展的支撑能力，助力北京国际科技创新中心和国际一流和谐宜居之都建设。

六、新时期北京市可持续发展实验区建设的总体路径

（一）优化实验区结构，进一步彰显示范引领功能

北京市要紧紧围绕“四个中心”的城市战略定位，科学审视现有西城区、怀柔区、石景山区、门头沟区 4 个国家可持续发展实验区和房山大石窝镇、密云区太师屯镇、丰台区王佐镇等 12 个市级可持续发展实验区的区域代表性、建设成效、建设主题和瓶颈问题等，结合“十四五”期间及今后一段时期北京市经济社会发展的重点任务及目标，进一步优化实验区结构，更好地发挥实验区的实验示范引领功能。

1. 有进有退，发挥实效

北京市现有的可持续发展实验区建于不同时期，建设时间跨度超过 20 年，并且现今面临的问题也与创建之初不尽相同。在新的历史时期，有些可持续发展实验区的区情已经发生根本性改变，不同实验区发挥的功能价值也差异很大，有些实验区可以说是“名存实亡”。对于国家级可持续发展实验区，目前没有退出机制；对于市级可持续发展实验区，按照北京市可持续发展实验区管理办法，虽有退出机制，但未明确落实。下一阶段北京市要对现有 16 个可持续发展实验区强化管理，各实验区要制定发展规划、工作实施方案，对涉及行政区调整、积极性不高、缺乏实验示范意义的实验区可以按照程序申请退出建设行列，涉及国家级的向科技部报备。另外，为了提高可持续发展实验区的时代性、特色性、引领性，可增加新的实验区，实验区建设重点向主城区街道社区、城市副中心和东南平原乡镇倾斜。要力争全市各区至少建设一个市级实验区，改变实验区区域布局不均衡状态。

2. 分层分级，突出重点

新时期北京市可持续发展实验区建设要对现有的可持续发展实验区进行分层管理，把创建国家创新示范区的门头沟国家可持续发展实验区和西城区国家可持续发展先进示范区作为第一层级，把怀柔区和石景山区国家可持续发展实验区作为第二层级，其他市级可持续发展实验区作为第三层

级，形成分布合理、层级分明的北京市可持续发展实验区梯次结构。

下一阶段门头沟区实验区要围绕服务首都功能，科学确定创建主题，按照国家创新示范区的创建标准做好创建工作，以争创促提升；西城区实验区要继续发挥既有先进示范区的品牌效应，在健康养老、社会治理、交通环境等“大城市病”问题突出领域实现新突破，取得新成效。第一层级实验区的建设要具有国际视野，以国际标准来要求自身，在做好自身建设的同时还要为世界其他类似地区可持续发展做好引领示范。

下一阶段怀柔区实验区和石景山区实验区要围绕服务首都功能，进一步针对区域经济社会发展的关键、重点问题，明确规划目标和切实可行的实施方案，进行可持续发展的探索与实践，积极提升实验区建设水平。怀柔区实验区重点围绕怀柔科学城、雁栖湖生态示范区等内容开展建设工作；石景山区实验区重点围绕构建“高精尖”经济结构，以科技创新打造老工业区转型等内容开展建设工作。作为国家级可持续发展实验区，其要不断总结成果、经验和做法，将实验和示范的成果扩大到区域乃至国家层面。

下一阶段密云区太师屯镇、房山区大石窝镇等市级可持续发展实验区，要围绕“建设一个什么样的首都、怎样建设首都”这一重大时代课题，紧扣首都城市战略定位，全力服务首都发展，做好实验示范工作，按照北京市“一核一主一副、两轴多点一区”的城市空间结构，分片开展实验区的示范和创建工作。市级可持续发展实验区建设要坚持试验示范、探索经验的工作思路，根据区域经济、社会发展的实际需求，优先培育能充分反映不同区域发展特色和破解可持续发展关键问题的实验区，重点围绕一些体制机制性障碍，市政府进行赋权，先行先试，积累经验，为全市可持续发展工作起到示范引领作用。

（二）围绕实验主题，科学制定区域发展路径

1. 突出不同区域主导功能

各实验区都有自己的建设主题，如西城区实验区围绕“健康促进”“金融科技”两个实验主题开展工作；怀柔区实验区围绕“水源保护、沟域经济、绿色屏障、创新资源导入、人力素质提升”主题开展工作；石景

山区实验区围绕“探索科技创新打造老工业区转型范本，建设新时代首都城市复兴新地标”主题进行建设；门头沟区实验区围绕“京西生态特色历史文化旅游休闲区发展”主题进行发展；太师屯镇实验区围绕“水源保护区乡镇可持续发展”主题进行建设；大石窝镇实验区围绕“浅山区资源型乡镇绿色转型发展”主题进行建设；等等。下一阶段围绕北京“四个中心”城市战略定位和建设国际一流和谐宜居之都的战略目标，各实验区需要对现有和拟建的建设主题进行科学审视，建设主题要进一步聚焦，突出区域主导功能。

（1）首都功能核心区

新时期北京市可持续发展实验区建设要保护千年古都风貌，传承历史文脉，进一步深入实施非首都功能疏解，加强街巷环境整治，改善人居环境；加强智慧交通、智慧社区等建设，以数字化赋能提升城市精细化管理水平与展现大国首都首善之区的风貌。

（2）中心城区

新时期北京市可持续发展实验区建设以疏解非首都功能、“治理大城市病”为切入点，完善各类配套设施，推进城市修补和生态修复，提升城市品质和生态水平，增强城市综合竞争力和国际影响力。海淀区和石景山区要充分体现智力密集优势，加强高校、科研院所和产业功能区的资源整合，不断优化科技创新服务环境，提升科技创新和文化创意产业发展水平；朝阳区应规范和完善多样化、国际化的城市服务功能，展现良好的对外开放形象；丰台区应立足首都高品质生活服务的供给保障以及科技创新与金融服务的融合来进行建设。

（3）北京城市副中心

新时期北京市可持续发展实验区建设要紧紧围绕对接中心城区的功能，发挥疏解非首都功能和区域协调的示范带动作用，以最先进的理念、最高的标准、最好的质量推进城市副中心建设，支撑国际一流和谐宜居之都示范区、新型城镇化示范区和京津冀区域系统发展示范区的打造。

（4）平原新城区

新时期北京市可持续发展实验区建设要积极承接发展与首都定位相适

应的文化、科技、国际交往等功能，提升服务保障首都功能的能力，提高发展定位，高端培育增量，疏解和承接相结合，提高区域协同发展能力，实现更高水平、更可持续发展，支撑高新技术和战略性新兴产业集聚区、城乡综合治理和新型城镇化发展示范区建设。

（5）生态涵养区

新时期北京市可持续发展实验区建设要继续发挥占北京面积62%的山区的生态屏障和水源保护地功能，将保障首都生态安全作为主要任务，坚持绿色发展，坚持生态保育、生态建设和生态修复并重，支撑宜居宜业宜游的生态发展示范区、展现北京历史文化和美丽自然山水的典范区建设。

2. 围绕主题转变实验示范内容

在实验内容选择上，实验区要结合今后一段时期北京重点工作任务安排，突出创新这一硬核，一方面继续围绕各区域主导功能做好非首都功能疏解、产业绿色转型、现代社会治理体系、生态环境建设等领域科技创新实验；另一方面要进行体制机制创新，打造出一批可持续发展领域的“北京模式”，把实验区打造成首都可持续发展的试验田。

在实验区的示范技术类型选择上，要由过往单项技术实验示范引导向复合型集成技术推广应用转变，通过复合型技术集成系统解决实验区重大可持续发展问题，弥补实验区以往解决可持续发展问题具体但面窄、先进技术针对性强却单一的缺陷，着力提高可持续发展技术应用项目对实验区国民经济与社会发展的贡献程度，针对实验区可持续发展的综合性问题，系统应用复合型集成技术，有效地提高实验区可持续发展的质量和水平。

在实验区建设的原动力上，由依靠外力推动为主向自身需求驱动为主转变。实验区的建设要在实验区所在地各界人群中形成共识，得到实验区当地政府主要领导的高度认可，通过加大实验区的宣传教育培训，引导所在地企业和公众正确领会和认识可持续发展的科学内涵；实验区所在地应积极开展各类促进可持续发展的有效举措，激发企业和公众积极参与可持续发展实验区建设工作的热情，使可持续发展与当地经济社会发展、公众环境利益等相联结，使可持续发展成为实验区企业和人民群众的内在需求和自觉行动。

（三）加强创新引领，推进实验区产业高质量发展

1. 加强科技创新，培育构建“高精尖”经济结构

创新是引领发展的第一动力，也是实验区建设的永恒主题。北京市要结合全国科技创新中心建设和非首都功能疏解目标，在实验区大力实施科技创新和制度创新“双轮驱动”发展战略，紧扣北京建设国际科技创新中心的目标任务，把实验区建设成为创新工作的重要平台。实验区建设要面向“三城一区”范围，做好原始技术创新，重点聚焦高端芯片、操作系统、基因编辑、清洁能源、新能源智能汽车、医药健康等战略新兴和未来产业，集中力量攻克关键核心技术“卡脖子”问题，实现更多“从 0 到 1”的突破。

在中心城区和“三城一区”范围内的实验区要加快培育构建“高精尖”经济结构。在医药健康方面，统筹协调医药健康协同创新行动计划重点任务落实，主要落地西城区实验区；在人工智能方面，加快国家新一代人工智能创新发展试验区建设与实验区对接，构建智能芯片研发体系，推动新型芯片及器件研发；新材料方面，重点在超材料、纳米材料、石墨烯材料等前沿新材料实现技术突破，并推动第三代半导体材料与器件、光电子材料与器件、集成电路材料等关键战略材料产业发展；在新能源智能汽车方面，聚焦中高端车型，提高全气候电池等核心部件研发生产能力，建设新能源智能汽车产业高质量发展体系。此外，在科技服务业、区块链、5G 等方面做好产业培育，积极发挥科技创新支撑引领作用。

2. 结合乡村振兴战略实施农业科技创新

对于广大郊区实验区，在产业发展上要进一步强化其农业科技创新的支撑作用，通过资源整合，推动更多科技成果撒向田间地头。实验区建设要聚焦种业、智慧农业、设施农业、林下经济、矿洞农业等高端、绿色、循环产业，加强关键技术研发和攻关。加快实施北京现代种业发展三年行动计划，推动现代种业发展。推进农业机械化和农机智能装备产业转型升级，以高效设施农业和现代化养猪机械装备为主要抓手，全面提高郊区各

产业机械化水平。大力推动以清洁能源和人工智能为基础的第三代农机科技创新，引领农机装备向绿色、智能方向发展。加强农业技术推广体系，以科技特派员双新双创科技示范为重点，提高农业科技服务能力。

3. 优化科技成果在实验区的转化环境

各类科技成果要优先向实验区转化应用，要完善科技转化机制和政策创新机制，为各类成果在实验区内落地创造好的政策环境。一是全力抓好科技成果转化条例的贯彻实施，建立健全科技成果转化协调机制，制定出台相关配套政策；二是加强科技成果转化统筹协调与服务平台建设，着力补齐科技成果评估筛选、成果中试熟化、引入市场化专业服务等关键短板弱项；三是引导实验区加大土地、空间、资金等条件保障，优化政策和服务环境，吸引科技成果优先在实验区落地转化。

（四）加强生态环境建设，筑牢生态安全屏障

1. 深入实施绿色北京发展战略

实验区建设要树立"绿水青山就是金山银山"的发展理念，将实验区内具有重要生态价值的山地、森林、河流、湖泊等生态用地和水源保护区、自然保护区、风景名胜区等法定保护空间划入生态控制线，统筹山水林田湖等生态资源保护利用，严格保护生态用地，提升实验区生态系统服务功能，筑牢首都绿色可持续发展的根基；要聚焦生态环境综合治理和打好污染防治攻坚战，推进气—水—土多介质协同生态环境治理技术体系，以"2030 碳达峰，2060 碳中和"承诺为契机，积极布局以市场为导向的节能减排、低碳循环的绿色技术创新体系，建设生态文明示范区，提升环境治理效益。

2. 科技支撑首都生态环境建设

新时期实验区建设要深入落实推动生态涵养区生态保护和绿色发展实施意见，以山区森林资源保育与废弃矿区生态修复等工作为实验重点，巩固强化生态涵养区的生态屏障和水源保护功能，筑牢首都绿色发展底色；在新城平原区，实施造林绿化工程、湿地生态修复工程、风沙治理工程等，进一步改善首都生态环境，描绘天蓝、地绿、水清、土净的平原美丽画卷；依据平原、浅山区、深山区不同类型区的生态条件，科学选择生态建设的关键支撑技术和实验内容；在首都功能核心区和中心城区，构建多类型、多层次、多功能、成网络的高质量绿色空间体系，重塑城市和自然的关系，让市民更加方便融入自然、亲近自然；大力整治街巷人居环境，让生活更宜居。

3. 注重水资源管理和水环境保护

实验区建设需突出解决水资源对北京市可持续发展的制约，在实验区实行最严格的水资源管理制度，加强本地水源恢复与保护，强化先进适用节水技术应用，建设节水型实验区；要系统推进水污染防治技术应用，重点研究推广适宜不同农村污水收集处理的模式，构建全流域、全过程、全口径的水污染综合防治体系，系统整治生产和生活用水污染，实现水环境质量全面改善；要加强实验区水系及周边环境综合整治，提高水系连通性，恢复水系生态功能。

4. 提升乡村人居环境建设水平

实验区建设要结合全市乡村振兴战略规划，补齐农村人居环境短板，探索北京美丽宜居乡村建设新模式，实现乡村绿色生态生活，一方面体现在生活方式、资源消费模式、生活废弃资源利用上，另一方面体现在乡村生活环境改造、生态搬迁及基础设施建设上。在实验区乡村范围内通过垃圾、污水、改厕系统治理、庭院美化等系列工程建设，实现村庄“清脏、治乱、控污、增绿”；实验区要积极完善区域生态协作机制，强化城乡发展与生态保护的共同责任，并将多元化生态补偿机制作为促进山区可持续发展的重要保障，重点支持在水资源保护与水污染治理、生态保育修复、危村险村搬迁安置、基础设施和基本公共服务提升方面进行实验示范，切实改善乡村地区生产生活条件。

（五）完善社会治理体系，提升治理能力现代化

1. 科技创新支撑实验区的城市精细化管理

实验区建设要坚持系统治理、源头治理、综合施策，从精治、共治、法治、创新体制机制入手，提高实验区治理水平。要将网格化管理作为实

验区精细化管理的基础，加强统一管理，提高网格化运行效率，提升实验区建设的网格化管理水平，实现网格常态化、精细化、制度化；进一步强化科技创新支撑实验区的城市精细化管理和民生改善的示范引领作用；推广大数据、物联网、移动互联网等新一代信息技术在实验区社会治理中的应用，加强新技术、新装备的研发和新平台的搭建，积极布局城市新场景建设，推进“互联网+政务”、智慧社区和智慧乡村服务，深化医疗健康、教育等智慧应用，建立社会保障大数据和云计算服务体系，构建多渠道、便捷化、集成化信息惠民服务体系，打造城市安全科技保障和智慧健康养老服务体系。

2. 提高首都治理能力和平安北京建设水平

要进一步强化在实验区开展平安北京建设的试验示范工作，以数字化、智能化、智慧化建设为抓手，聚焦城市运行安全保障和应急救援等应用场景，推动相关领域核心技术装备研发和实战应用，保障城市生命创新技术应用，支撑平安北京建设线运行安全，增强政治安全科技服务保障，推动首都治理现代化。同时，要充分吸取此次新冠肺炎疫情的经验，在实验区做好疫情防控常态下的科技支撑，加强食品冷链追溯、开放空间中病毒监测分析、冷链绿色消杀等方面的科技支撑，切实加强北京市防控与应急能力建设，提升城市公共卫生安全水平。

3. 加强交通和环境等影响城市宜居水平的治理能力建设

要在中心城区积极布局智慧交通场景，持续推进城市交通大脑建设，开展基于北斗、5G、大数据等技术手段的交通领域核心技术、关键装备、系统集成等技术研发与示范，助力北京城市交通环境改善，提高交通资源的有效利用率及交通服务水平。环境保护与治理类科技项目实验示范内容和成果也要优先向实验区倾斜，助力首都蓝天、碧水、净土三大“保卫战”，为 PM2.5 浓度持续下降、改善水环境质量、推动垃圾分类与资源循环利用等提供科技支撑。

4. 加强实验区的社会治理体制机制创新

政府要构建权责明晰、服务为先、管理优化、执法规范、安全有序的城市管理体制，推动社会治理和服务重心向实验区基层下移，建立精细治理的长效机制，创新街道社区治理模式，夯实基层基础，治理好每个社区、每条小街小巷小胡同；关注城乡接合部环境综合治理，着力解决垃圾、污水、违法建设等突出问题；完善农村治理结构，构建城乡一体化综合治理体系，把党建引领“街乡吹哨、部门报到”机制向农村基层延伸推进，依托“12345”市民服务热线，健全完善“接诉即办”，强化主动治理；推动政务服务事项便利化办理，为群众办事提供“一门式办理”和“一站式服务”；通过社会治理体系和治理能力现代化建设，努力把实验区打造为全市和谐宜居的典范。

（六）统筹协调发展能力，完善城乡融合发展

1. 创新实验区建设与管理模式

新时期，面对国际风云变幻的形势，国家确立了以国内大循环为主体、国内国际双循环相互促进的发展基调，更加凸显城乡融合发展的重要性。新时期要创新实验区建设模式，由过往单一行政区划分向跨区域间统筹协调转变，在有条件的区域，重点对几个相邻街道乡镇（如石景山区和门头沟区接合部）和有对接工作的街道乡镇（如朝阳区建外街道和密云区太师屯街道）探索组建联合实验区，通过管理体制的创新，发挥实验区更大的示范带动作用。一是破解城乡二元结构，推进城乡要素平等交换、合理配置和基本公共服务均等化，推动城乡统筹协调发展；二是可以充分挖掘和发挥城镇与农村、平原与山区各自优势与作用，优化完善功能互补、特色分明、融合发展的网络型城镇格局。要通过构建和谐共生的城乡关系，形成城乡共同繁荣的良好局面，将实验区建设成现代化超大城市城乡治理的典范。

2. 以郊区实验区为重点推进城乡融合发展

城乡融合发展的重点难点在乡村。北京市结合乡村振兴战略，在广阔的郊区可持续发展实验区重点开展五方面工作：一是全面加强农村环境综合整治，补齐基础设施短板，改善居民生产生活条件，提升服务管理水平，传承历史文化和地域文化，优化乡村空间布局，凸显村庄秩序与山水

格局、自然环境的融合协调，探寻建设美丽宜居乡村的有效路径；二是按照城乡发展一体化方向，坚持乡村观光休闲旅游与美丽乡村建设、都市型现代农业融合发展的思路，推动乡村观光休闲旅游向特色化、专业化、规范化转型，培育乡村旅游发展的新模式、新路径，做大做强乡村休闲旅游产业；三是整合各类科技资源，推动更多科技成果应用到实验区，聚焦设施农业、智慧农业等高精尖产业，加强关键技术研发，加强农业技术推广，提高农业科技服务能力；四是强化人才支撑作用，创新人才流入乡村的模式和机制，细化实化科技特派员队伍管理，深入推进“星创天地”建设，吸引各类人才到农村创新创业，为乡村振兴注入新动能；五是创新完善城乡融合发展的体制机制和政策体系，为乡村振兴夯实基础。

七、新时期加强北京市可持续发展实验区建设的对策建议

（一）加强组织领导

可持续发展实验区建设是一项涉及面广、工作量大的社会系统工程，必须建立强有力的管理组织，负责统筹制定促进实验区发展的具体政策，协调解决建设过程中出现的重大问题。在市级层面，建议由市科学技术委员会牵头，联合市政府中与实验区建设密切相关的发改、财政、规划、环境、农村和社会治理等相关政府部门，成立“北京市可持续发展实验区协调领导小组”。该领导小组下辖“北京市可持续发展实验区管理办公室”，依托北京市科学技术委员会社会发展科技处和市可持续发展科技促进中心，负责全市实验区的日常管理工作。这个组织不能流于形式，需要制订年度工作计划，定期召开例会，实施重大项目会商制度。

可持续发展是一个永恒的课题，在不同地区、不同阶段会产生新的任务，因此，可以把可持续发展作为统领区域发展的一条主线，常抓不懈。对于国家级实验区，可按照西城区的建设经验，建立由区党政“一把手”牵头的“双组长”领导制度，区领导负责分管部门的可持续发展工作，每年承担1~2项全区性可持续发展研究课题，用于指导全区工作。对于市级实验区，可按照创建的主题，由主管区领导担任组长，镇党政“一把手”

担任常务副组长来领导实验区的建设工作。

（二）加大要素投入

一是加大资金扶持。为了推进可持续发展实验区建设，政府应给予长期的、稳定的资金支持。政府资金主要用于科技创新、项目工程示范、技术规范与标准制定、宣传普及与技术培训等社会公益性或引导性工作。要改进经费的投入模式，突出政策导向、促进重点示范项目发展，促进财政专项资金分配有效化、资金使用高效化。协同多个政府管理部门，运用多种方式，发挥财政资金的导向作用，支持实验示范项目开展。鉴于基础设施和公共服务设施建设资金需求量大，政府资金有限，需要拓宽融资渠道，通过政府贴息等优惠政策的制定和投资环境的改善，吸引外部资本进入参与投资，解决可持续发展实验区项目建设资金的融资难问题。此外，为促进国家级、市级、区级重大项目及区域试点任务在实验区落地转化，可在北京市科技计划中设置“可持续发展实验区科技专项”，各级科技主管部门设立实验区科技专项，通过多途径支持各实验区的建设与发展。

二是加大人才引进。北京市要突出“高精尖缺”导向，研究制定更加开放、灵活、更具竞争力的人才集聚政策，重点围绕区域主导功能和各实验区创建主题，在医药健康、“智慧+”、新能源与新材料、现代农业、生态环境建设、社会治理等领域持续吸引一批能够突破关键技术、引领带动新兴产业发展的领军人才和创新团队进入；落实居住证制度和积分落户制度，配套完善相关政策体系，增强对高端人才的吸引力；搭建并不断完善引进人才数据库、高级专家数据库等现代化信息建设平台，为人才决策、管理和调控提供基础性信息；完善人才激励、评价和服务保障体系，营造尊重劳动、尊重知识、尊重人才、尊重创造的社会氛围。

（三）提高能力建设

由“北京市可持续发展实验区管理办公室”聘请可持续发展相关领域专家组成“北京市可持续发展实验区专家咨询委员会”，提出可持续发展领域重大问题，指导实验区相关理论和政策研究，参与实验区创建申请、考核、验收等工作，并为实验区建设与发展提供咨询培训和指导等。针对不同实验区的区域主导功能、创建主题等，结合专家专业特长为每个实验区配置2名固定联系咨询专家，提高服务效率和服务效果；另外，在所有的咨询委员会专家中按照专业的差异性遴选出一支10人左右具有较强学术水平和丰富实践经验的核心专家组，定期对北京市可持续发展实验区创新工作进行研讨，并参与到实验区领导小组的议事过程，为各类决策提供稳定的科学支撑。

聘请各类专家对实验区进行培训指导，一是对实验区各级领导干部开展有关生态文明政策与管理等的理论培训，增强可持续发展管理能力；二是对辖区内居民和企业工人开展生态环境保护相关专业技能培训，如垃圾分类、循环经济、节水、节能等。此外，要充分利用广播、网络等新闻媒体资源，广泛开展多层次、多形式的可持续发展舆论宣传和科普教育，帮广大人民群众树立正确的生态文明观，增强全民节约意识、实现人人环保意识和生态意识，从现在做起、从身边做起，积极参与到可持续发展实验区建设工作中来，营造出爱护生态环境的良好风气，增强可持续发展的共识。

（四）创新体制机制

建设可持续发展实验区的一个重要出发点是通过机制创新和制度建设，提高实验区的可持续发展能力，探索不同类型地区的经济、社会和资源环境协调发展的机制和模式，从而为类似地区实施可持续发展战略提供示范。因此，体制机制的创新研究与示范在实验区建设过程中要进行重点关注与研究。对于国家级实验区，要紧密结合建设主题，创新体制机制，譬如西城区需要建立健康促进领域示范项目、金融科技创新示范项目的工作协调机制，做好区相关职能部门和各街道政府与示范项目工作方案提出的发展目标的衔接，推进各项示范项目的落实，并且建立与其他示范区、科技部管理部门工作互动机制，做到成果可快速推广。对于市级实验区，因为发展的薄弱环节在农村，需要深化农村改革，激发内在活力，抓好人、钱、地三个重要因素，譬如大石窝镇要把土地流转起来、资产经营起来和农民组织起来作为体制机制创新的发力点。

（五）落实监督考评

实验区建设要完善考评机制，注重对政府履行职责方面的评价，督促相关部门切实参与到可持续发展实验区建设工作的任务上来，保证各实验区规划目标的实现。要加强事中事后监管，完善常态化监管机制，推进监管制度化、规范化、程序化，构建政府监管、行业自律、社会监督等有机结合的综合监管体系。另外，要建立实验区奖励制度，按照考评结果，对在创建过程中成绩显著的各实验区和先进工作者给予相应的表彰和物质奖励，并优先科技项目的立项资助等。

（六）加大宣传交流

新时期北京市实验区建设要加强与国内外可持续发展领域相关机构的交流合作，推进在医药健康、“智慧+”、新能源新材料、文化休闲旅游、现代农业、美丽乡村、生态环境建设、社会治理等领域开展合作，进一步明确新时期北京市可持续发展实验区的发展方向和行动路径；加强与其他国家创新示范区、国家可持续发展实验区的合作交流，借鉴先进经验。要充分利用各种新闻媒介，大力宣传北京市可持续发展实验区典型，总结推广好经验、好做法、好模式，营造全市上下全力推动实验区创建的良好氛围；邀请国际国内权威专家和机构为可持续发展实验区建设献计献策，全面提升创建工作的前瞻性和针对性。另外，可建立市内各实验区合作交流机制，积极开发北京市实验区交流展示平台，促进各实验区工作经验交流；每年定期组织实验区主要管理人员内外互动考察和交流活动，并积极参加国家和国际性的可持续发展论坛、培训活动等，促进其相互学习和借鉴。

第七章
门头沟区国家级可持续发展实验区建设研究

一、基本情况

（一）地理区位优越

门头沟区位于北京市正西偏南，地处西长安街延长线和西部发展带“一轴一带”交会处。门头沟区下辖 4 个街道、9 个镇、189 个行政村，常住人口约为 33 万人。全区总面积为 1455 平方千米，占北京市总面积的 8.84%，其中山地面积占全区总面积的 98.5%，是首都生态涵养区和唯一的纯山区，是首都西部抵御风沙的天然屏障。门头沟平原区仅占全区总面积的 1.5%，承担了区域主要建设用地功能。门头沟区东部与海淀区、石景山区为邻，南部与房山区、丰台区相连，西部与河北省涿鹿县、涞水县交界，北部与昌平区接壤。

（二）资源丰富多样

门头沟区自然资源丰富，属暖温带落叶、阔叶林类型，林地和草地占全区土地面积的 91.2%，区内有白花山国家级自然保护区、小龙门国家森林公园、天门山国家森林公园以及 6 个市级森林公园和 2 个市级风景名胜区，具有较好的生态旅游资源优势。门头沟区蕴藏着丰富的矿产资源，主要有煤炭、石灰岩、耐火黏土、花岗岩、大理石等，其中煤矿储藏面积近 700 平方千米，占全区总面积的一半，门头沟区曾是我国五大无烟煤产地之一。门头沟山脉属太行山余脉，地势西北高、东南低，地形骨架形成于中生代的燕山运动。丰富的地质现象使门头沟区有“地质博物馆”美誉。“宽山、窄谷、山高谷深”的自然景观使门头沟区坐拥灵山三海、百花三绝、妙峰山“金顶圣境”“万亩玫瑰”“西山晴雪”等诸多美景；流经门头沟区的永定河造就了罕见的大峡谷景观。门头沟区人文资源也十分丰富，这里既有京西第一党支部、平西情报站等革命老区爱国主义教育基地，也有潭柘寺、戒台寺等古人文景观。北京市拥有21个中国传统文化村落，其中有12个在门头沟区。这些独特的资源都是稀缺不可再生的，其为门头沟区发展休闲旅游产业提供了良好基础。

（三）创建工作扎实推进

门头沟区是北京市推进可持续发展的先进典型区。2014年，门头沟区正式启动国家可持续发展实验区创建工作。实验区始终坚持“以人为本、生态立区”的发展战略，以经济发展、民生改善和生态重建为核心，以产业重构和城乡重塑为主线，以科技创新、能力提升和机制创新为驱动，健全土地空间开发、资源节约利用、生态环境保护的体制机制，全面推动生产、生活、生态协同发展，在生态涵养地区资源型产业深度转型道路上取得了显著成效，经济社会稳步发展，生态环境质量得到有效提升，区域可持续发展能力显著增强。自2018年以来，北京市委书记蔡奇多次到门头沟区调研，指出要坚持生态优先绿色发展，保持战略定力，在绿色发展方面立标杆、作表率，扛起首都生态文明大旗，绘就绿水青山门头沟，当好“两山”理论守护人。北京市市长陈吉宁在门头沟区调研指出，要立足区域自然条件和资源禀赋，聚焦特色和优势，打造精品旅游、精品文化，提升乡村生活品质和环境，推动乡村旅游提质升级。

门头沟区的发展历史与实践充分表明，唯有坚持绿色发展，把可持续发展理念融入经济、社会、文化、环境、制度建设的各个方面，才是区域转型发展的唯一出路，是全区可持续发展的必然选择。因此，门头沟区要学习借鉴6个国家创新示范区的成功创建经验和做法，以创建国家创新示范区的高标准、严要求审视当下的门头沟区，进一步深化国家可持续发展实验区建设，巩固提升区域发展成果，力争把门头沟区打造成新发展理念落地示范、创新驱动发展战略和可持续发展战略协调实施的现实样板，展示首都形象，为国内同类地区可持续发展发挥示范引领作用，为联合国可持续发展目标实现提供中国经验与中国智慧。

二、总体成效

（一）发展绿色高端产业，实现经济转型升级

1. 全力发展文化休闲旅游产业

发展文化休闲旅游产业与新版《北京城市总体规划（2016—2035 年）》（以下简称“新总规”）对生态涵养区的功能定位是契合一致的，新总规提出要推进生态涵养区的保护与绿色发展，把其建设成北京的后花园。发展生态涵养区，应将保障首都生态安全作为主要任务，坚持绿色发展理念，建设宜居宜业宜游的生态发展示范区、展现北京历史文化和美丽自然山水的典范区。其中，门头沟区的具体定位为：首都西部重点生态保育及区域生态治理协作区，首都西部综合服务区，京西特色历史文化旅游休闲区。

门头沟区坚持规划先行，按照“重点景区带动，旅游资源整合”的发展思路，顺利完成了《门头沟区国家步道系统规划》《妙峰山镇全域景区化旅游发展总体规划》《大台矿山文化旅游景区总体规划》《北京市灵山景区控制性详细规划》《南石洋—碣石—珍珠湖景区组团规划》《灵水—川柏—黄草梁景区组团规划》6 个规划的编制，并启动了《潭柘寺—戒台寺景区组团规划》编制工作。门头沟区围绕特色山水生态、古寺庙、古村落、古道等旅游资源，积极开发国家步道、山地骑行、汽车营地、养生养老等特色旅游产品；推进南石洋大峡谷景区整体开发建设，打造集峡谷观光、地质科普、森林度假等功能为一体的旅游景区；增强旅游配套服务能力，培育出门头沟区旅游山会、爨柏景区驻场演出等精品旅游品牌项目。

门头沟区大力发展文化创意产业，重点打造了新城文化艺术品交易功能区和斋堂古村落古道文化旅游产业集聚区两个市级文创产业功能区，重点建设潭柘寺、斋堂、军庄等旅游小镇，建成洪水口、阳坡园、炭厂等一批精品旅游村，稳步推进灵水、爨底下、琉璃渠等历史文化名村保护性开发，积极引进社会企业，打造了碣石“槐井石舍”、西达摩“隐北半山”、潭柘寺“紫旸山庄”等一批高质量精品民宿。门头沟区创新完善生态旅游

资源开发运营机制，利用京西旅游投资公司，积极引导民间资本投资旅游文化产业。

2. 着力推动产业高质量发展

门头沟区加快了中关村门头沟园转型升级步伐，培育了“文旅体验、科创智能、医药健康”三大产业。门头沟区以传承“六大文化”为依托，打造以精品民宿、生态旅游、户外体验为一体的文旅体验产业集聚区；以石龙五期人工智能产业园和新首钢协作区为载体，打造科创智能产业集聚区；以阜外医院西山园区为样板，推动京煤集团总医院向研究型医院转型，以培育医药研发产业转化和医工智能产业为核心，打造医药健康产业集聚区；完善“门创 30 条”“高精尖 19 条”等创新创业政策体系，通过设立创投基金、开展“银税互动”、与西城区结对帮扶设立专项扶持资金等方式，改善企业投融资环境。截至 2018 年，门头沟区共有国家高新技术企业 282 家、中关村高新技术企业 196 家，中关村门头沟园地均产出率、劳均产出率、规模以上高新技术企业总收入增速位居中关村科技园前列。

（二）加快生态修复与保护，有效提升生态环境质量

1. 加大污染防控

自实验区建立以来，门头沟区持续加大污染防治力度，工业废水排放达标率始终保持在 100%、生活污水处理率达 87%，其中新城地区污水处理率为 97%；工业废气排放达标率始终保持 100%、工业固体废物处置利用率始终保持 100%、生活垃圾（无害化）处理率达到 96.9%。门头沟区严格落实清洁空气行动计划，打响蓝天保卫战，做好压减燃煤等工作，空气质量逐年提高，2018 年空气质量达到或好于二级以上天数为 234 天，PM2.5 平均浓度为 47 微克/立方米。《2018 年北京市生态环境状况公报》显示，门头沟、房山、昌平、平谷、怀柔、密云、延庆等生态涵养区近五年来生态环境状况持续好于其他区域，生态环境状况指数门头沟区为 74.8，位列北京市各区第三。

2. 大力实施生态修复工程

门头沟区已修复矿山治理区 55 个，面积近 10 平方千米，完成近 13 平

方千米废弃矿山植被复绿，累计完成京津冀风沙源治理 189 平方千米，国家级公益林管护、林木抚育 240 平方千米，全区森林覆盖率、林木绿化率分别达到 46.61%、70.02%，生态绿色空间不断扩大。门头沟区还积极开展生态水环境治理，完成永定河近 50 千米的生态修复及 89 千米中小河道治理。

3. 高质高效提升城乡景观品质

门头沟区持续推进新城“三位一体”景观体系和海绵城市建设，开展绿海运动公园、永定湖公园、石龙科技公园、永定河滨水文化公园等项目建设；积极开展流域治理，完成了山区 9 个节点生态景观工程，建成生态清洁小流域 40 条，完成 10 条中小河道治理，实施了城区 5 条排洪沟治理工程。门头沟区人均公园绿地面积从 2014 年的 28.87 平方米提升到 2018 年的 30.49 平方米。

（三）加快城乡统筹发展，不断改善社会民生

1. 基础设施建设水平不断提升

门头沟区城乡路网建设加快推进，形成了阜石路、长安街、莲石路、六环路、滨河路和新桥大街组成的“三横三纵”主路网。地铁 S1 号线投入运行，区域内的交通规划网越来越健全。门头沟区实施了一批重大市政基础设施建设工程，完成城子、潭柘寺镇、斋堂镇水厂改扩建工程，建成门城 220 千伏变电站和中门寺、灰峪 110 千伏变电站，首钢鲁家山循环经济产业园项目建成投产，新建石门营、黑山、城子三个集中供热中心，基础设施承载能力大幅度提升。

2. 大力推动棚户区改造和重点小城镇建设

门头沟区完成了石门营、石泉、黑山等地块棚改安置房 200 余万平方米，改善了 3.5 万户 10 万人的居住条件。门头沟区聚集创新资源提升区域价值，万科、电建、绿城、永泰等开发商及国电电力、中信银行、中国节能环保集团、江泰保险等大企业与众多创新企业纷纷进驻。3 个重点小城镇建设同步推进，潭柘寺安置房工程、军庄创新创业小镇、斋堂镇旅游集散中心等一批项目积极推进。

3. 全力实施农村人居环境整治

为深入落实乡村振兴战略，门头沟区率先出台《门头沟村庄民宅风貌设计导则》，探索建立规划师驻镇长效机制，坚持“六不变”“十个好”，推进美丽乡村建设，完成138个村的美丽乡村规划编制工作。门头沟区实现村内绿化美化面积14.51万平方米，扎实推进“厕所革命”，完成141座公厕新建或改建及品质提升工程。2018年，门头沟区在全市各区年度美丽乡村人居环境整治核查中排名第二、在生态涵养区排名位列第一。

4. 科教文卫体优化发展

门头沟区全区教育质量不断提升。门头沟区积极开展了城乡学校一体化发展试点工作，引进人大附小、北京八中、北师大附小、景山学校等优质教育资源，探索城镇与山区建立学校发展共同体，推进教科研一体化发展。门头沟区不断深化医疗卫生改革创新，积极推动与凤凰医疗集团合作，加强门头沟区医院集团建设，推动管理服务向社区、山区基层医疗服务机构延伸，基本实现“有病不出区”。门头沟区文化体育事业蓬勃发展，成功举办北京国际山地徒步大会、北京职业公路自行车赛等重大体育赛事活动和永定河文化节、民族音乐会等地方特色文化活动，丰富了群众业余文化生活。

5. 加强社会保障体系建设与精准帮扶

门头沟区成立了街道“大管委”和社区“大党委”，积极开展“十二类”人群精细化服务管理，为2万户家庭就业提供针对性服务，就业服务水平不断提升。门头沟区还开展低收入农户精准帮扶，针对低收入农户中的困难群体建立分类救助制度，困难家庭帮扶实现全覆盖。门头沟区的社会保障体系进一步完善，统一了城乡社会救助标准，全面完成公费医疗与职工基本医疗保险并轨工作，城乡居民养老保险续保率达到98%。

（四）强化科技支撑，显著增强持续发展能力

1. 科技引领现代农业发展

门头沟区改变了传统农业种植方式，加强对农业特色产品技术的引进、推广、研发与示范，为一三产业融合发展提供农业产业基础。近年来，门头沟区开展了树莓新品种引进，东北红豆杉引种繁育，红色结球菊苣、黄秋葵、红甜菜等特有蔬菜引种推广，深山区藜麦引种推广，富硒蜂蜜技术推广等项目；推进了特色中草药、中华果树密植、京郊“草莓—食用菌”冬季立体共生栽培的产业科技示范工程研究；开展了金针菇工厂化自动控制与栽培、玫瑰精油提纯、新型功能肥应用等关键技术的研究与示范；建立了奇异莓科普体验厅并举办了奇异莓种植培训讲座。以开展门头沟区玫瑰高附加值产品玫瑰精油提纯工艺研究为例，门头沟区实现脱蜡后精油纯度99.3%的完好指标，弥补了我国精油提纯市场的空白，大幅度增加了农户的收益。

2. 科技支撑旅游提档升级

门头沟区旅游文化资源丰富，近年来，门头沟区结合智慧城市建设等，积极探索现有科技手段与旅游资源的结合。在科技支撑智慧景区建设中，门头沟区完成了虚拟现实3D漫游项目，完成了A级以上景区的全景视图漫游系统，门头沟区旅游景区的宣传片拍摄，潭柘寺、戒台寺景区的虚拟3D漫游互动系统及3D宣传片拍摄；以潭柘寺和戒台寺为示范，景区实现基于二维码的智慧导游、景区管理、电子门票、自动闸道机控制等功能；以神泉峡景区及户外为示范，采用二维码及北斗导航、物联网等组合技术，实现了运动监测应用、旅游景点导览应用、景区安全动态监管和农家乐商务等功能；以水峪嘴村进行旅游服务提升改造为示范，建设多网合一资讯平台，既为游客观光游览、餐饮住宿等提供极大便利，又能高效低成本地管理景区。

3. 科技推进生态环境改善

门头沟区以实施首都蓝天保卫战为契机，深入开展“减煤换煤”工作。近年来，门头沟区共48个村1.5万户农户实施了煤改电；2个村300余户农户实施了煤改气。一批节能新技术、新设备在当地得以示范推广应用。门头沟区在禅房和水峪嘴村建立了万余平方米的地源热泵分户供暖制冷节能应用示范，在洪水口村和青白口村采用地源热泵系统建设清洁能源应用示范，在岭角村通过太阳能和空气源热泵建设清洁能源智慧管控系统应用示范。同时，门头沟区在王平镇开展有机废弃物处理场改造，在上苇甸村和阳坡园村进行水源地保护区农村生活污水物化处理试点，采用原位生态修复技术对门城河湖水体进行提标升级和应用示范，开展门头沟区生态保护红线区的环境监管和生态修复技术集成与示范等，为改善农村人居环境和生态环境提供技术支撑。

（五）加强对外交流合作，汇聚各方资源参与建设

门头沟区先后与西城区、石景山区签署了合作发展框架协议，门头沟区围绕乡村发展、产业空间提升、教育、医疗等方面，与西城区共同设立了乡村振兴绿色产业发展专项资金，合力打造精品民宿；成立“高精尖”产业发展工作专班，重点向西城区企业推介中关村门头沟园 1.89 平方千米和新首钢 4.1 平方千米的产业空间，为西城区企业提供商业、住宅等承接空间；推进北京八中永定实验学校建设及基层医疗卫生机构结对帮扶全覆盖。门头沟区围绕西山永定河文化带，与石景山区加强交通、环境、产业和职住平衡方面的融合，共同建设首都西部综合服务区，共同维护首都西部生态环境，携手守好首都西大门。门头沟区成功举办了 10 届北京国际山地徒步大赛、12 届永定河文化节等持续性体育文化活动，提升了门头沟区的知名度和影响力。

三、实验区建设面临的挑战

当前，门头沟区除了长期受城乡建设可利用土地资源短缺制约外，还存在区域生态涵养能力不强、绿色转型发展动力不足、城乡区域间发展差距较大、创新发展势能不强、科技与社会发展融合不够等短板。

（一）生态环境基础不牢，生态涵养能力不强

门头沟区是京西重要的生态屏障，是京津冀西北部生态涵养区的重要组成部分，生态涵养功能是门头沟区发展的立足之本，也是可持续发展的最重要基础。近年来，门头沟区坚持功能定位，实施了京津风沙源治理、太行山绿化、永定河生态治理、关停废弃矿山生态修复等一系列生态建设

工程，生态环境逐步改善，生态涵养功能也逐步增强。但从支撑可持续发展的角度来看，从服务首都、服务京津冀区域生态安全的角度来看，其生态功能还不够强大，生态恢复与建设的任务还很艰巨。

一方面，生态本底脆弱。一是地质脆弱因子：门头沟区地处地质断裂构造带，构造断裂作用的发生往往导致地貌格局和地表形态变化，更易导致泥石流和山体滑坡。二是地貌脆弱因子：门头沟地区 98.5%的面积为山地丘陵，母质以灰岩、页岩等为主，山地坡陡、土层浅薄，这些都决定了门头沟区地貌环境相当脆弱。三是气候脆弱因子：门头沟区处在东部湿润区和西部干旱区之间，属于中纬度大陆东岸季风型气候，起风频繁，冬春季干旱，夏季暴雨成灾，土壤侵蚀严重。四是水文脆弱因子：门头沟区山体普遍陡峭、土层薄、质量差，加上植被质量层次低、雨季集中，很容易造成水土流失。

另一方面，门头沟区是传统的矿区，虽然区内矿山已基本关停，但是由于矿产的开发，矿区森林生态系统和景观受到较大破坏，至今仍有大面积裸露矿山存在，且煤矸石压占区域也较大，矿山开发对于生态系统的负面影响并未完全消除。地表景观亟待恢复，破坏的自然植被亟须修复，矿区土地贫瘠、植被退化，存在着大面积裸露地表，遇到极端恶劣天气，容易形成泥石流、山体滑坡等地质灾害，存在重大生态安全隐患。此外，在水环境质量方面，门头沟区部分支流尚未得到有效治理，季节性断流广泛存在，局部河段存在垃圾、污水入河问题，河道水质有待进一步改善。特别是近年来，山区旅游发展快，但垃圾、污水处理设施建设滞后，给水体生态环境带来重大影响，造成的环境污染急需治理。

（二）产业基础较为薄弱，绿色转型发展动力不足

门头沟区曾是首都重要的能源基地，煤炭等资源型产业是其支柱产业。进入 21 世纪后，随着门头沟区功能定位的调整，全区一直在谋求转型发展，在逐步疏解退出传统资源型工业的同时，积极发展旅游业、文化创意、现代服务业等接续替代产业，但发展仍然相对缓慢，新的经济增长点亟待培育，高精尖产业项目的拉动作用还不强。在工业经济持续下滑及深度转型下，工业增加值占 GDP 比重仍超过 40%，经济转型发展的内生动力

依然严重不足。

1. 旅游业比重仍然偏低，旅游强区的整体发展格局尚未形成

自2010年门头沟区将旅游文化休闲产业确立为主导产业以来，门头沟区旅游业保持了较快增长速度，旅游收入年平均增长率达到22.8%，接待游客人次年平均增长率达到12.8%，但与其他生态涵养区相比，门头沟区的旅游业发展仍较缓慢，对全区转型发展仍未形成有力的支撑作用。以乡村旅游为例，2018年全区实现总收入7018.7万元，比上年下降18.9%。其中，观光园实现收入2376.2万元，比上年下降37.8%；民俗旅游实现收入4642.5万元，比上年下降3.8%。基础设施相对落后，生态涵养区限制土地开发，星级宾馆（仅5家）、优质民俗、AAA级标准以上景区少，接待游客能力有限，旅游景点互动项目少，难以满足游客多样化旅游需求，这些都是制约当地旅游业快速发展的重要因素。

2. 历史文化内涵挖掘不够，文化产业经济总量偏低

门头沟区历史文化资源丰富，是全市传统村落、名镇名村分布最集中、保护最完好的区，但全区对历史文化的挖掘整理、宣传推介、开发利用程度远远不够，尚未形成知名的文化品牌，在西山文化中的影响力仍然较小。文化创意产业还处在起步阶段，发展相对滞后，规模以上文化创意产业单位数量少、收入总量过低、盈利能力欠缺，艺术品生产与销售服务、设计服务领域仍为空白，难以形成规模，离形成“产业集群”的目标还有很大差距。此外，文化产业人力资源匮乏，文化创意产业单位吸纳人才数量远远不能适应和满足产业发展需要。2016年的数据显示，门头沟区23家规模以上文化创意企业共有从业人员1723人，仅占全市文化创意企业从业人员的0.1%。

（三）小城镇带动能力不强，城乡区域间发展差距较大

作为山区面积占比最大的生态涵养区，门头沟区新型城镇化建设与小城镇发展既有自身特点，也受诸多客观条件的制约。小城镇建设较为缓慢，对农村发展的带动作用较弱，农村基础设施与公共服务条件较差，还存在一定比例的经济薄弱村庄和经济发展相对落后农户，农民就业增收的

途径较少。

1. 小城镇建设较为缓慢

门头沟区的 9 个镇基本都处于深山区，城镇建设条件十分有限，基础设施建设较为滞后，镇区的人口规模、产业发展、经济总量、公共服务水平等与平原区乡镇都有较大差距，与同属于门头沟区的门城地区也有十分显著的差异，城乡一体化发展的任务非常艰巨。斋堂、军庄、潭柘寺 3 个镇早在 2009 年就被列为北京市重点建设小城镇，也是全区重点发展的 3 个节点城镇，但受自然条件限制、投资主体变动、产业培育周期长等因素影响，3 个镇的整体发展水平仍较滞后，对周边乡村的发展带动能力较弱，促进就业增收的作用仍有待加强。

2. 城乡区域间发展差距依然较大

从全区城乡居民收入水平来看，2019 年，门头沟区城镇居民年人均可支配收入为 57892 元，而农村居民年人均可支配收入为 28966 元，城乡收入差距在 2 倍左右。经管部门统计资料显示，全区农民年人均所得为 24097 元，深山、浅山、门城 3 个地区农民年人均所得依次是 18386 元、20354 元和 33649 元，区域间差距也非常明显，城乡一体化、区域间统筹协调发展任务还非常艰巨。

从基础设施和公共服务供给来看，农村地区整体水平较低，服务半径较长，覆盖率还不够高，是城乡一体化发展的主要短板。受长期采煤及地质条件影响，全区存在大量的采空区和滑坡、塌方、泥石流等地质灾害易发区，近些年虽然实施了两轮山区搬迁工程，但是仍有不少农户居住在生产生活条件较差的地区，譬如少数偏远村庄生活饮用水没有实现稳定供给，需要继续加快实施搬迁。

（四）科技创新资源不足，创新发展势能不强

门头沟区平原地区面积仅占全区面积的 1.5%，发展空间极其有限，因此要想在有限的空间内创造最大的效益，创新发展是根本出路。近些年，门头沟区积极引入创新要素，助推经济转型发展，如加强与中关村科技创新示范区的对接合作，不断加强中关村门头沟科技园区的发展，已形

成良好的发展势头。但与全市其他区相比，与门头沟区加快创新发展的迫切需求相比，还存在较大的差距。

一是中关村门头沟园发展基础较为薄弱，品牌企业、优质企业、潜力企业引进少，高端产业培育较慢，园区经济总量较低，支撑发展能力弱，带动全区转型发展的作用尚未有效发挥。

二是创新资源有限，全区创新发展格局尚未形成，多点支撑的作用不强，创新资源要素引入渠道不畅，科技体制改革滞后，体制机制制约明显，领军企业集聚发展不显著，高端研发人才、专业技术人才和经营管理人才仍然较少，人才支撑不足。

三是创新支撑要素不足，2018 年全区科技经济支出为 1641. 8 万元，相比 2017 年的 1982 万元，降低了 17. 2%。规模以上工业企业 R&D 活动内部经费投入仅为 2. 42 亿元，在北京市各区中处于较低水平，全区产业发展与新一代科学技术结合还不够紧密，自主创新体系还不够完善，资金运作模式还不够成熟，产业转型升级发展所须的要素资源亟须优化配置。

（五）科技与社会发展融合不够，科技贡献率亟待提升

近年来，门头沟区高度重视科技发展与推广工作，制定了《门头沟区智慧城市发展规划纲要（2014—2020 年）》等文件，从信息基础设施、智慧管理与服务、智慧生活、智慧经济等方面，着力加强智慧门头沟建设，科技与社会发展融合取得了一定成效。但教育、医疗卫生、文化、养老、体育等社会事业方面的科技支撑作用还不强，新技术、新材料应用还不广泛，科技推广体系还需完善；在全民科技教育中，群众科技意识还需要加强，崇尚科技、热爱科学、科技融入生活的社会氛围还需培育；在科技进步中，科技贡献率还不高，全社会支持科技创新的格局尚未形成。

四、发展机遇

（一）生态文明建设和创新驱动发展两大战略为门头沟区创建示范区带来重要机遇

自十七大报告首次提出建设生态文明之后，十八大报告进一步将生态

文明建设纳入经济建设、政治建设、文化建设、社会建设、生态文明建设“五位一体”的社会主义事业总布局，明确要大力推进生态文明建设，并强调把生态文明建设放在突出地位。2013 年，党的十八届三中全会再次强调要“加快生态文明制度建设，建立系统完整的生态文明制度体系，用制度保护生态环境”。2015 年，中共中央、国务院先后印发了《关于加快推进生态文明建设的意见》和《生态文明体制改革总体方案》等，生态文明建设已经成为新时期党和国家的一项重大战略部署。同时，国家高度重视创新驱动发展，十八大报告明确提出“科技创新是提高社会生产力和综合国力的战略支撑，必须摆在国家发展全局的核心位置”。十九大报告进一步提出加快建设创新型国家，“创新是引领发展的第一动力，是建设现代化经济体系的战略支撑”，强调要坚持走中国特色自主创新道路、实施创新驱动发展战略。2019 年，门头沟区被评为第三批“绿水青山就是金山银山”实践创新基地。这些政策方针都为门头沟区大力推进生态文明建设、实施创新发展、推动绿色转型发展提供了历史机遇。

（二）首都城市战略定位为门头沟区创建示范区提出了新的战略要求

2014 年，习近平总书记视察北京并发表重要讲话，明确了北京作为全国政治中心、文化中心、国际交往中心、科技创新中心“四个中心”的首都城市战略定位，并指明了建设国际一流和谐宜居之都的发展目标，为北京今后转型发展指明了方向。在此背景下，北京市加快城市功能定位调整，大力推进非首都功能疏解、发展高精尖产业结构、大力治理“大城市病”，加强城市环境管理、加大大气污染治理力度等，不断强化首都核心功能。门头沟区作为首都西部生态屏障，处于西部创新发展带的重要节点，与中心城区联系紧密，在承接中心城区功能转移，支撑首都核心功能等方面具有天然优势，这也给门头沟区未来转型发展，推进经济社会可持续发展，探索新的发展模式以及体制机制创新等，提出了新的战略要求。北京市委书记蔡奇等领导同志多次到门头沟区调研，进一步强调要把生态环境建设放在首要位置，把“绿水青山就是金山银山”的发展理念落到实处，把浅山区建设成首都城市建设发展的第一道生态屏障，为门头沟区推进转型发展进一步指明了方向。2018 年 10 月，北京市委、市政府印发《关于推动生态涵养区生态保护和绿色发展的实施意见》，提出要着力将生态涵养区建设成展现北京美丽自然山水和历史文化的典范区、生态文明建设的引领区、宜居宜业宜游的绿色发展示范区。

（三）门头沟区高度重视创建工作，为示范区建设创造了良好基础条件

门头沟区一直走在全市可持续发展的前列，并取得了明显成效，积累了一定经验，这些经验为创建可持续发展议程创新示范区奠定了良好基础。创建国家可持续发展议程创新示范区，就是通过在区域层面的探索和实践，为在整体上落实“五位一体”“四个全面”以及新发展理念做出示范并发挥带动效应。门头沟区创建国家可持续发展议程创新示范区，就是要通过加强社会发展领域的科技创新和体制机制创新，为经济发展带来新的动能和保障，促进经济与社会协调发展。门头沟区委、区政府高度重视国家创新示范区创建工作，将其作为推动全区深刻转型发展，提升可持续发展水平的重大战略机遇，全区上下思想高度一致。

五、主题的选择

纵观我国 6 个国家创新示范区的建设经验，主题的选取至关重要。一是主题要突出问题导向，这就需要找准制约区域发展的关键瓶颈问题；二是主题要展现鲜明特色，制约区域发展的问题要非常具有特色；三是主题要具有示范引领性，要在国内乃至世界具有代表性。

因此，门头沟区的创建主题的选取充分考虑了门头沟的发展现状、发展瓶颈、战略定位以及与已有创建主题的错位差异。《北京城市总体规划（2016—2035 年）》对门头沟区的战略定位为“首都西部重点生态保育及区域生态治理协作区、首都西部综合服务区、京西特色历史文化旅游休闲区”；《门头沟分区规划（2017—2035 年）》中确定，2035 年门头沟区将实现产业转型与生态保育相协调，特色旅游与文化传承相融合，服务均等与职住平衡相匹配，建成山灵水秀、文脉悠远、创意荟萃、幸福和谐的滨水美丽山城。“生态保育”“历史文化”“休闲旅游”已经成为今后较长一段时间内门头沟区经济社会发展的三大关键词。

当前，门头沟区可持续发展的核心在于如何根据区域特点和自然环境实现产业绿色转型。历史文化旅游休闲产业是门头沟区初步形成的绿色产业体系中重点打造的产业之一，发展潜力巨大，其主要有以下两点内在支撑：一是门头沟区山地面积广阔，自然资源、农林产品丰富多样；二是乡村历史文化底蕴深厚，人文景观多、休闲旅游资源丰富。门头沟区依托历史文化休闲旅游资源，通过创新引领山地经济的可持续发展，推动农村基础设施合理布局与建设，提升乡村人居环境品质，促进乡村旅游提质增效，提高村民的服务能力和水平，实现城乡融合发展。

因此，下一阶段门头沟区国家可持续发展实验区的创建主题为“京西生态特色历史文化旅游休闲区发展”。

六、建设思路和目标

（一）建设思路

门头沟区深入贯彻习近平新时代中国特色社会主义思想和生态文明思想，践行“两山”理论和首善标准，以新版北京城市总体规划和门头沟区分区规划为指导，紧密围绕“京西生态特色历史文化旅游休闲区发展”创建主题，坚持问题导向，着力破解制约可持续发展的关键瓶颈问题，促进生态涵养、文化旅游、科技创新三大功能共生发展，促进科技创新与经济社会融合发展，促进经济建设与社会事业协调发展，打造以创新引领发展、以绿色推动转型的可持续发展创新示范区，绘就“绿水青山瑰丽门头沟”，形成可复制、可推广的可持续发展新模式。

（二）建设目标

近期目标（到 2025 年）：创新引领发展的格局不断完善，科技贡献率达到较高水平，“高精尖”绿色产业体系成为主导，创新发展体系基本形成。生态空间格局达到基本稳定状态，生态涵养功能更加强化，特色小镇成效初显、农村人居环境大幅度提升，乡村旅游休闲产业体系基本形成，支撑可持续发展的物质基础更加坚实，具有“京西生态特色历史文化旅游休闲示范区”的可持续发展模式初步形成。

远期目标（到2030年）：创新驱动绿色转型发展取得显著成效，以科技创新为核心的创新发展体系不断完善，可持续发展能力显著增强，在全国达到较高水平。区域生态功能进一步巩固提升，京西生态屏障不断夯实，旅游文化品牌影响力不断提高，“绿水青山瑰丽门头沟”更具魅力，具有“京西生态特色历史文化旅游休闲示范区”的可持续发展模式全面建成，全面彰显首都品质、首善标准，成为落实2030可持续发展议程创新发展的典范。

七、建设任务和建设路径

（一）优化空间结构，完善区域主导功能

门头沟区坚持新版城市总体规划赋予门头沟区的首都西部重点生态保育及区域生态治理协作区、首都西部综合服务区、京西特色历史文化旅游休闲区功能定位，强化“生态涵养、科技创新、旅游文化”三大主导功能，不断增强支撑全国文化中心、科技创新中心首都功能的服务能力，发挥好促进可持续发展的功能主导、总量调控作用。

1. 增强首都功能服务能力

（1）疏解非首都功能

门头沟区持续开展“疏解整治促提升”专项行动，严格控制增量，强化源头管控，坚守功能禁止和限制底线，为调整疏解存量留足时间和空间；严格执行、不断完善新增产业禁止和限制目录，建立增量控制监测及评估机制，严把企业登记、项目审批准入关；坚持提升和疏解并重，以疏解盘活发展空间，以承接提升发展质量；有序疏解存量，淘汰一批有色金属、建材、化工、机械、印刷等行业和生产工艺，加快退出高污染、高能耗企业，推动一般制造业和企业制造环节有序迁出；按照更严格的资源环境标准，支持一批存量企业技改升级；推进浅山区违法占地、违法建设专

项整治，坚决守住新生违法建设“零增长”底线。

（2）强化首都核心功能

门头沟区依托中关村门头沟园区，强化与海淀区对接联动，打造海淀—军庄—门头沟新城创新辐射延伸带；积极与石景山区首钢功能区联动发展，打造跨区域协同创新共同体，把中关村门头沟科技园建设成为发展“高精尖”产业的核心板块；依托南城及棚改腾退空间，加快承接中心城区科技、文化等核心功能产业疏解，激发经济增长潜力；深入挖掘古村落、京西古道、民俗朝拜、红色抗战等文化资源，依托西山—永定河文化带建设，提升门头沟区文化魅力，塑造文化品牌，助力旅游文化产业发展，有力支撑全国文化中心建设。

2. 合理调控人口规模

门头沟区要根据区域资源环境综合承载力，综合运用经济、行政、法律等多种手段，加强人口规模调控，创新人口管理模式，逐步形成规模适度、结构优化、分布合理、服务高效的人口发展格局，促进人口、资源、环境协调发展。到2030年，全区常住人口规模要控制在38万人左右，坚决守住人口规模的“天花板”。

（1）强化产业升级调控

门头沟区建立了新增产业项目人口评价机制，严禁引入劳动密集型产业项目，积极引进科技含量高、吸纳就业少的高端产业项目，吸引适量高端人才。门头沟区加快了不符合功能定位要求的一般制造业等资源疏解和便民服务业改造升级，带动人口疏解和人口结构优化；着力推进产业内涵式发展，鼓励现有产业加快技术改造和智能化升级，转变发展模式，减少对产业人口的依赖；加快“高精尖”产业培育，避免产业空心化导致的潮汐式交通压力。

（2）强化住所管理调控

门头沟区降低了居住用地规模和开发建设强度，优化调整居住用地与产业用地比例，减少房地产对外来人口的集聚。门头沟区以落实人口红线为依据，强化以人定城，以人口目标约束调控居住用地建设规模，合理控制居住用地开发建设节奏，有序投放商品房建设用地；围绕产业人口需求，探索创新土地上市模式，推进本地就业和居住“捆绑”发展，提升产城融合水平；加大控违拆违力度，加强出租房屋管理，实现人口疏解与居住条件改善双目标。

（3）建立健全人口动态管理机制

门头沟区建立了统一的人口基础数据库，探索以住宅为基础的实有人口数据监测平台，加强社区、村流动人口信息统计监测，完善流动人口预警机制，逐步实现全区人口数据“动态管理”和“数出一门”。

3. 控制城市发展边界

门头沟区坚持底线思维，合理规划生态保护红线和确定城市增长边界，加强对全区城乡建设的管控约束和生态安全格局的保护，实现生产空间集约高效、生活空间宜居适度、生态空间山清水秀，促进门头沟区健康有序发展。

（1）划定并严守生态保护红线

门头沟区立足生态涵养区功能定位，结合土地开发适宜性评价，完成不同类型生态功能红线划定工作。划定“一线两区”，实现全域空间管控。门头沟区合并了限制建设区与生态控制区，实现从“两线三区”到“一线两区”的战略转变，即开发边界之外的所有区域为生态控制区。城市开发边界以内为集中建设区，占全区总面积的4%左右，主要包括新城集中建设区、各镇街中心区与重要功能组团；城市开发边界以外为生态控制区，占全区总面积的96%左右。

（2）落实生态红线保护制度

门头沟区依据“红线划定、分类管理、差异性管控”原则，制定不同类型生态红线管控措施，严格限制生态红线区域的开发建设，加强红线外的生态修复，提高林地品质，增强生态红线区域的生态保障、水源涵养等功能，构建“一廊、一环、两区”的全域绿色空间结构。门头沟区研究制定了生态红线动态调整机制，结合区域发展实际，调整增加红线保护范围；加强了部门联合执法和监督检查力度，严厉查处破坏生态环境的违法行为。

（3）严格控制城乡建设用地规模

门头沟区按照全市“减量发展”的要求，结合人口调控目标，明确新城和重点小城镇增长边界，严格控制新城和小城镇用地规模和开发建设强度，促进土地资源节约集约利用。门头沟区加强了城乡建设用地全域统筹，优先保障重大基础设施建设用地，合理调控新城和重点小城镇建设用地规模，适度增加山区旅游景区组团建设用地指标；加强农村集体土地、承包地等土地利用管控，严格限制变更使用用途；探索对建设用地指标的动态管理，优先满足符合门头沟区功能定位的重大功能项目用地需求。

4. 确定重点开发区域

门头沟区统筹全区自然环境禀赋、生态涵养要求和社会经济发展条件，着眼于功能优化配置，构建“一城、两带、三点、多脉”的城乡空间结构，加强分类引导与差异调控，实现“一城引领、两带辐射、三点支撑、多脉联动”，推动门头沟城乡有序、协调、可持续发展。

“一城”为门头沟新城。门头沟区按照“国际一流、产城融合、功能完备、生态宜居”的要求，科学配置空间资源，适度降低开发强度，优化城市整体风貌，完善城市综合服务功能，并发挥龙头带动作用，将门头沟区打造成首都西部独具生态特色的滨水美丽山城。

“两带”为永定河生态文化融合发展带与沿 109 国道区域协同发展带。为凸显历史文化与生态特色，门头沟区挖掘永定河、109 国道沿线生态与历史文化资源，实现山区生态文化融合发展与区域协同发展。

“三点”为潭柘寺镇、军庄镇、斋堂镇 3 个重点发展小城镇。斋堂镇辐射带动深山区各镇村发展。潭柘寺镇与军庄镇积极落实浅山区保护规划相关要求，在产业、职住空间方面与新城联动。

“多脉”为门头沟区全域范围内、以地区性道路或水系为纽带、连接镇中心区与山区村庄的重要沟峪。门头沟区依托自然山水格局，梳理各类文化线路，串联镇村，以特色沟峪为发展纽带，加强了镇中心区与山区村庄的联动，促进了村镇统筹协调发展。

（二）提升科技创新能力，激发区域持续发展活力

门头沟区立足全区资源优势和服务首都城市战略定位大局，构建以科技创新为核心的创新发展体系，坚持创新驱动，突出服务化、融合化、低碳化和高端化，不断提升区域可持续发展能力。

1. 构建可持续发展创新体系

（1）持续加大科技创新投入

门头沟区加强了与国家、北京市的各类科技计划、重大专项的衔接，积极争取上级部门科技项目资金的支持。门头沟区加强了财政科技经费预算，做好区级科技专项经费的统筹安排，持续加大对科技研发、知识产权保护、科普宣传等方面的资金支持；优化政府科技经费投入结构，建立以政府投入为引导、企业投入为主体、风险投资为补充的多元化、多渠道、高效率的科技投入体系；充分发挥政府财政资金的引导作用和杠杆效应，引导和带动更多社会资金、民间资本投资发展高新技术产业。

（2）加快构建可持续发展创新体系

门头沟区加强了制度创新，统筹落实创新驱动战略，强化科技发展规划引导，强化区域科技创新政策的研究和制定，完善促进产业发展的科技政策措施。门头沟区充分用好用足中关村政策体系，加强各部门协同合作，稳步推进各项政策的落地实施；门头沟区还制定并实施了鼓励原始创新与协同创新的政策，引导企业加大创新力度，提升产业核心竞争力；持续优化营商环境，为高层次的科技创新人才开辟“绿色通道”，加快引入一批创新型领军企业。

2. 积极拓展创新发展空间

（1）加快推动城南科技商务集聚区发展

门头沟区依托长安街西延线、S1 线组团等产业空间，构建“高精尖产业带”。着力推动中关村门头沟园创新发展，加快科技研发、创新孵化、科技金融等资源集聚，建设高水准、高品质科技创新产业园区，打造前沿创新高地；加快长安街西延线楼宇载体建设，着力引进总部经济、金融商务、科技服务等高端服务业，打造高端商务新区，实现与中关村门头沟园互动发展；规划建设“西山文旅城”，坚持统一规划设计，探索引入统筹开发运营管理的新机制，建设一批高品质、低密度、具有特色文化内涵的文化科技融合功能载体，重点引进文化科技企业总部、原创艺术工作室、创意设计机构、艺术品展示交易中心、文化创新孵化等，辐射带动三家店、琉璃渠、龙泉务等地区发展，共同打造文化企业总部和文化科技融合创新基地。

（2）合理拓展山区创新发展空间

门头沟区积极盘活山区闲置厂房、废旧厂矿等存量资源，引入符合门头沟区功能定位的绿色产业，不断提升山区发展活力。门头沟区结合山区旅游景区组团建设和旅游功能提升，合理配置建设用地指标，完善旅游配套服务设施，延长山区旅游产业链条，积极发展高端民宿、文化旅游、创意旅游等新业态。

3. 激发创新发展活力

（1）激发大众创新创业活力

门头沟区加快推进石龙开发区中小企业孵化中心建设，推进“京西创客工场”建设，进一步提升门头沟区创新创业能力。门头沟区积极盘活存量空间资源，通过改造利用，拓展创新创业新空间；门头沟区还集成研发、转化、交易、服务等功能，打造“科技、产业、人居”于一体的新型“众创空间”，为创业者提供优质的工作空间、生活空间和资源共享空间；加大了对青年创客的扶持力度，支持小微企业做大做强。

（2）探索创新创业新模式

门头沟区围绕“四众”发展（众创、众包、众扶、众筹），积极探索创新创业新模式，引导推进新业态发展，汇聚创新发展新动能。门头沟区建立了公共创新服务平台，支持企业商业模式创新，完善创业孵化平台，实现创新与创业相结合、线上与线下相结合、孵化与投资相结合；发挥了园区创业投资基金引导作用，加大对各类创业项目的投融资服务力度；完善了科技金融平台，结合创业型企业、成长型企业的发展需要，构建由风险投资、债权融资、股权融资、上市融资等构成的梯形融资服务体系。

（3）深入推进科技体制改革

门头沟区进一步强化企业创新主体地位，促进研发机构、创新人才、科技资源向企业集聚，加速科技成果转化和产业化；创新科技管理机制，加强科技管理网络建设，引导社会各类科技资源围绕区域重点领域开展多层次、多渠道的科技创新与服务工作；完善考核评价机制，制定以科技创新为导向的门头沟区科技发展工作监督检查与绩效考核体系；持续开展区级科技进步奖的评选工作，全面激发个人或者组织创新研究的积极性。

（4）健全创新创业中介服务体系

门头沟区持续推进“放管服”改革，清理规范中介服务，提高行政审批效率和政府服务效率；加快创新交易平台建设，推进与北京技术交易所合作，建设面向科技型中小企业的专业技术市场；引入知识产权代理机构、信息咨询公司、律师事务所、管理咨询等专业服务机构，构建专业化、市场化、社会化创新服务体系。

（三）发挥优势资源潜力，推进经济绿色转型升级

门头沟区将“绿水青山就是金山银山”的发展理念贯穿始终，利用其特色的山水景观资源、特色林果资源、历史文化资源等，发展各具特色的乡村生态旅游、乡村休闲旅游、乡村红色旅游、民俗旅游和农业传统体验游等文旅产业。门头沟区进一步加强了一三产业融合发展，实现了都市型现代农业和休闲旅游产业双提升；推动了生物医药、节能环保、高端装备制造业等战略性新兴产业发展，支持云计算、物联网、移动互联网等融合发展，打造了“高精尖”绿色产业体系；强化科技支撑，提升了经济绿色转型质量。

1. 利用特色山水文化资源做大做强生态旅游休闲文化产业

门头沟区围绕促进区域高质量发展“三大产业”之一的文旅产业，以传承“京西山水”“古道古村”“京西煤业”“宗教寺庙”“红色革命”“民间习俗”六大文化为依托，围绕两条文化带（长城文化带和西山永定河文化带）、两条文化线路（京西古道文化线路和门斋铁路文化线路）、一个村落群（京西特色山地村落群）、三大历史功能片区（宗教寺庙、红色革命、民间习俗）发展精品旅游，培育山地特色的文化旅游、健康养老和户外运动产业。

门头沟区还依托文化保护传承，统筹推进文旅产业发展与古迹古村落保护性利用；支持利用废弃矿山和废旧厂房发展文化旅游创意产业，打造

生态文旅新业态；积极打造山地运动、依托山地特色发展户外运动产业；推动建设集养老、救助、福利院、休闲等多产融合于一体的康养服务设施，促进健康养老产业发展。门头沟区深层次开发具有京西特色的旅游体验线路、旅游产品，努力打造精品民宿、精品旅游、智慧旅游，建设首都高端山地文化旅游休闲区；围绕环首都国家公园建设和首都国际高端山地旅游文化度假区的总体定位，打造了八大旅游景区组团，构筑了门头沟区大旅游发展格局。

2. 科技创新支撑生态休闲旅游产业深度发展

门头沟区要加强先进科技的创新和应用，着力发展“智慧旅游”产业，促进文化、科技和旅游的融合发展。要进一步深化“门头沟区智慧旅游公共服务平台建设与应用”建设，探索包含多平台 App 智慧旅游管理、全景区 Wi-Fi 热点覆盖、游客交互服务等板块的智慧旅游系统；创新旅游行业管理和旅游公共服务模式，积极推进“智慧景区”“智慧饭店”“智慧旅行社”“智慧旅游乡村”等试点示范建设，健全“智慧旅游”电子商务系统和便民服务系统建设；以“文化+科技”模式积极培育新媒体、数字动漫、设计策划等新型文化创意产业，增加门头沟区生态休闲旅游产业新的文化内涵和创意内涵；加强新型科技在文化遗产保护与开发领域的应用，不断提升文化遗产修复工艺技术或迁移、重建方案等科技含量，加强对自然灾害的防治与人文环境的改造与修复；应用数字化技术将民间音乐、民间舞蹈、民间花会、民间技艺等非物质文化遗产转化为音频、视频、图片等进行妥善保存。

3. 发展都市型现代生态农业促进一三产业融合

利用区域良好生态环境生产出的优质特色农产品可以丰富乡村旅游活动内容，休闲文化旅游又可以带动特色农产品的生产与销售，二者相互影响相互促进，更是可以帮助山区经济水平落后村庄低收入农户提升“造血”能力，将广阔山区生态环境优势转化为绿色发展优势。根据门头沟区的资源禀赋，门头沟区可以重点打造沟域景观农业、生态循环农业和标准化特色精品农业；依据不同沟域的资源特色，引进社会资本，加快发展高端产业园区、生态修复治理等各类示范沟域，努力打造“走廊带沟域、沟沟有特色”的沟域经济发展新格局；发展标准化精品农业，提升现有63个精品农业标准化基地生产水平，扶持新型养蜂、矮化苹果等高效精品农业项目，优化大樱桃、京白梨、薄皮核桃、黄芩、食用菌等名特优农产品；推进“林—矿菌模式”“林药模式”等林下经济发展，推动食用菌、黄芩、小杂粮、养蜂等动植物资源的可持续利用；在妙峰山镇、龙泉镇、永定镇等地，以节能、节水、节地为重点，建设一批循环型生态农业园基地。

门头沟区要进一步强化农业关键技术领域技术推广力度，特别是唯一性农产品的栽培和管理技术推广，重点支持特色农业基地建设和特色农产品品牌化建设，为门头沟区都市生态农业发展提供强大的科技支撑力；大力推广农产品深加工技术和农产品保鲜储藏技术，积极推广农业有害生物绿色防控技术。加快建设农产品绿色优质安全示范区；综合利用农业生态调控技术、物理防治技术、生物防治技术等措施，控制农业有害生物的危害，减少化学农药的投入。着力推广农业有机肥的应用，不断改良土壤，改善农作物品质、从源头上促进农产品安全、清洁生产；积极推广果园精准化管理技术，应用现代物联网技术，对果品生产、采后处理、市场流通等各个环节进行监控。

4. 构建“高精尖”绿色产业体系

门头沟区要依托中关村门头沟园装备制造、仪器仪表等制造业基础，借助移动互联网、大数据、云计算等新一代信息技术，支持“互联网+”与制造业的深度融合，提升制造业整体研发、系统设计和技术服务等系统集成能力。要进一步促进物联网、云计算的研发和示范应用，提升软件服务、网络增值服务等信息服务能力；利用节能环保技术重构和整合传统产业链条，加快节能环保技术、核心装备技术的研发创新。门头沟区总结近年来生态修复工作的成功经验，围绕矿山修复、小流域综合治理等领域，积极探索发展以生态修复技术为核心的现代科技服务业，发展生态修复技术研发服务、转移服务、咨询服务等新兴产业；支持企业开展循环经济技术研发，提高矿产资源综合利用、工业废物回收利用、余热余压发电等方面的循环利用；支持门头沟区传统优势产业和战略性新兴产业的骨干企业建设工程（技术研究）中心、重点实验室、企业技术中心和工程实验室等研发中心，壮大创新企业主体力量。

（四）提升生态涵养能力，强化京西生态屏障功能

生态环境良性循环是实现可持续发展的重要基石，门头沟区要继续推进国家可持续发展议程创新示范区、全国文明城区、国家森林城市创建工作，维护好首都生态安全，构筑支撑首都和京津冀地区绿色发展的重要屏障；要坚决打赢污染防治攻坚战，牢牢守住生态保护底线，全力推进地区环境质量持续改善，塑造“绿水青山门头沟”的城市名片。

1. 持续推进生态修复与保护

（1）加快实施山区生态修复工程

对因开矿采煤而遗留的山体裸露及煤矸石大量堆放问题，要充分借鉴既往经验，科学分析，制定解决措施，实施生态修复工程。门头沟区要进一步推进京西煤矿等山区废弃矿山的综合整治，完成煤矸石的处理再利用；开展雁翅、潭柘寺、清水、妙峰山及北岭废弃矿山复绿工作，落实腾退区域复绿计划，实现全部腾退区域高质量还绿；针对亚高山草甸植被资源退化、水土流失严重等生态问题，推进国家生态修复科技综合示范，提高山区生态修复技术水平。

（2）加强森林生态系统保育

门头沟区要围绕环首都国家公园示范区建设目标，加快万亩森林公园设立，推进京津风沙源治理二期、国家级公益林管护等工程，打造生态林带等森林生态屏障；实施108国道、109国道、永定河、清水河沿岸等生态廊道建设，形成贯穿山区的生态绿色廊道；充分借鉴平原造林工作经验，实施浅山区大规模绿化造林工程，连接生态林断带，推进宜林荒山荒地等大尺度“块状”绿化，将浅山区绿化连廊联网；在名胜古迹、主要公路等重点区域扩大彩叶林种植规模，推进玫瑰花、万寿菊、玉兰等景观农业项目建设，打造多彩沟域，提升优美生态景观。

（3）加快永定河绿色生态发展带建设

门头沟区继续实施永定河道生态治理工程，建设永定河绿色生态廊道，以永定河沿岸等风沙危害区为重点，继续加强沙化或潜在沙化土地治理；全面完成潭柘寺东沟、香峪沟、冯村支沟等八条沟道的生态水环境综合治理；加强中小河道等水环境治理，对河道、泄洪沟进行生态修复，通过收集雨水、净化污水等方式向河道注入水源；加强重点区域水土流失动态变化以及水土保持效益的监测。

2. 加强水环境治理

（1）大力开展水污染防治

一是严格工业废水污染防治。严格开发区污水处理设施监管，对污染物排放不达标的企业进行严惩并停业整改。淘汰落后产业，淘汰污染大、对环境损害高的企业，建立企业污染物在线监测设施，并与市环保局联网进行实时监控。二是做好重点区域防渗。完成重点石油化工生产存贮销售企业、工业园区、危险废物堆存场、垃圾填埋场、矿山开采区、规模化畜禽养殖场等重点地区的防渗处理和地下水监测井建设。三是引导农药化肥科学使用。推进测土配方施肥，水肥一体化技术，减少农药化肥的使用量，全面禁止施用列入国家名录的高毒、高残留农药，推行农作物病虫害专业化统防统治和绿色防控，推广高效低毒低残留农药和精准高效植保机械。

（2）提升生活污水处理能力

一是加快城镇污水处理设施建设。建设门头沟区再生水厂二期工程，加大乡镇再生水厂建设力度，扩建斋堂镇、潭柘寺镇等再生水站，新建斋堂镇、雁翅镇等一批镇中心区污水处理厂。二是加快污水管线建设，实施雨污分流改造。城镇新建地区严格实行雨污分流，老旧地区逐步将合流管道系统改建成分流制管道系统。三是推进农村污水处理设施建设。继续实施第二个污水治理和再生水利用三年行动方案，在抓好已建污水处理设施修复改造的基础上，因地制宜，集中或分散建设农村污水处理设施。村庄污水收集管网与农宅厕化粪池第三格污水出口和生活废水出口实现无缝连接，全面消除农户生活污水、废水向街巷直排现象。

（3）加强农村分散式饮用水水源保护

门头沟区要对农村分散式水源加强保护，设置饮用水水源地隔离警示标志和防护设施；健全供水水质监督检查制度，加大饮用水水质监测频次；建立健全饮用水水质监测网络直报和卫生监督信息公示制度；做好水源事故应急，制订供水应急方案，优先保证生活的基本用水需求。

3. 强化大气污染防治

（1）加强工业大气污染防治

门头沟区要严格落实清洁空气行动计划，关停落后污染产业，按照《不符合首都功能定位的高污染行业调整、生产工艺和设备退出指导目录》淘汰压缩落后产能，进一步调整退出不符合首都功能定位的污染企业；适时修订《北京市工业污染行业、生产工艺调整退出及设备淘汰目录》，加快淘汰污染大、耗能耗水较高的行业和生产工艺；按照《北京市新增产业的禁止和限制目录》要求，严格控制新建、扩建建设项目环评审批；设立环保督查事务中心，健全覆盖全区的网格化监管机制。

（2）推进企业能源结构调整

企业要实施燃煤设施清洁能源改造，继续推进并扩大高污染燃料禁燃区，加快门头沟区的无煤化进程，到2030年，新城建成区100%的区域建成禁燃区；加大燃煤锅炉清洁能源改造力度；实现门城地区18家规模以上工业企业燃煤设施100%清洁能源改造；完成永定地区、东辛房街道等街道锅炉清洁能源改造。

（3）推动生活源大气污染防治

门头沟区要统筹推进农村清洁能源改造，扩大“煤改电”“煤改气”等清洁能源利用范围；采取政府推动、企业为主的方式优化能源结构，加快推进农村地区“减煤换煤”，加快燃气管道建设，改善居民生活用能结构，提高电力、天然气等清洁能源比例，实现无煤化；鼓励家庭采暖热水炉，优先置换节能减排产品；加强餐饮业油烟治理，推进大型餐饮企业油烟污染控制工程；加强光伏发电系统在农村地区的应用，加强电网改造升级，建成结构合理、技术先进、供电可靠、节能高效的供电网络。

4. 提高城乡绿化面积

（1）打造新城优美生态景观

门头沟区积极构建生态环境优美、园林景观提升、城市水系健康“三位一体”的城市大环境体系，完善新城“一湖多园”城市景观体系，高标准建设长安街西延线、永定河滨河地区、高压走廊防护绿地等景观绿化工程，推进戒台寺郊野公园建设，完善S1线组团、棚户区回迁安置区等重点地区的生态绿化，拓展新城绿色空间；改善石龙开发区、双峪、新桥等区域景观环境，推进109国道、长安街西21延线、滨河路南延、三石路、大峪南路等道路景观建设步伐；按照“见缝插绿”的原则，实施屋顶绿化、垂直绿化等绿化工程，加快老旧小区的绿化改造升级，积极创建花园式社区；完善新城“五纵三横、水网交织”的水系布局，提升新城水域景观品质；通过留白增绿、见缝插绿，新增一批城市绿色空间，积极创建花园式单位、社区。

（2）加快推进绿色村镇建设

门头沟区按照城乡绿化统筹推进的思路，突出重点，示范推广，加强镇村公园绿地规划建设，不断增加镇区绿色空间，推进绿色村镇建设；抓好村委会大院、村文体活动中心、养老、卫生、幼教等公益场所和道路两侧、农民宅院的绿化美化，在房前屋后、河旁湖旁、渠边路边、零星闲置地等边角空地，拆违还绿、留白增绿、见缝插绿，努力实现以绿治脏、以绿净村、以绿美村；重点推进一批绿化示范村建设，有效带动农村村容村貌和居住环境改善，提升镇村绿化美化整体水平，以绿色村镇建设助力国家森林城市创建。

5. 加强土壤修复治理

（1）开展土壤环境质量调查

门头沟区要进一步查明农用地土壤污染的面积、分布及其对农产品质量的影响；查明重点行业企业用地污染地块分布及其环境风险情况，掌握土壤环境质量状况；通过土壤高污染风险企业排查，结合非首都功能疏解，有序搬迁或依法关闭对土壤造成严重污染的存量企业；高污染的重点防控行业（企业）100%纳入土壤污染环境监管范围并逐步清退。

（2）制订土壤修复方案

门头沟区要研究经济可行的污染土壤修复方案，出台土壤污染防治规划；提高监管力度，对土壤污染治理修复过程中产生的废水、废气和固体废物，应按规定进行处理处置，并达到市、区环保要求，防止对地块及周边环境造成二次污染。

（3）严格保护水源地土壤环境安全

门头沟区要保障饮用水水源安全，向社会公开区城镇饮用水安全状况信息。全面完成分散式农村饮用水水源地环境状况评估，以后每5年评估一次。根据评估结果建立主要污染源和污染物排放清单，并依法清理违法建筑和排污口。

（五）提升协调发展能力，促进城乡区域融合发展

门头沟区要紧紧围绕2030年可持续发展目标，强化城乡融合，因地制宜地推进新城、小城镇、美丽乡村发展，全面推进农村城镇化、城市现代化建设，不断提高新型城镇化发展质量和水平，增强城乡融合发展能力，努力建设国际一流的和谐宜居之区。

1. 推动新城产城融合发展

门头沟区新城是带动全区可持续发展的重要引擎，是实现全区可持续发展的重中之重。在推进新城开发建设中，要坚持“产城融合”原则，促进产业功能、居住功能、服务功能融合发展，彰显城市独特生态文化魅力，建设“功能完善、职住平衡、宜居宜业”的现代化滨水山城。

（1）有序推进新城开发建设

门头沟区要结合长安街西延线及S1线建设，重点推动石龙五期、S1线区域等重点地块开发，完成一批重大产业载体项目建设。加快推进采空棚户区改造工程，明确功能定位，整体规划设计，形成产业发展的新空间；完善城市综合服务功能；高水平推进配套服务设施建设，积极承接中心城区医疗、教育等优质公共服务资源疏解，提升新城优质公共服务供给水平；稳步推进城乡接合部改造；加快棚改安置房建设，积极推进保障安居项目，推进3751地块、龙泉务、琉璃渠、卧龙岗、三家店等地区更新改造，改善居民的居住条件，提升居民的生活品质。

（2）整体提升新城建设品质

门头沟区要加强中关村门头沟园、长安街西延线区域、永定河沿河区域、7平方千米棚改区域等重点板块规划设计，塑造体现区域人文特色和时代特征的城市整体风貌，合理规划新城综合服务中心，促进各功能板块、城市景观廊道的有机衔接，打造门头沟亮丽名片，留住城市的人文特色和历史记忆。按照国际一流宜居城市标准，坚持绿色低碳理念，充分利用减量发展的腾退空间，合理规划开敞公园绿地，不断扩大新城绿色空间；积极推进生态社区、绿色建筑、水岸景观等规划建设，打造天蓝地绿、山清水秀的生态园林城市。

（3）创新产城功能融合发展模式

门头沟区要以城市功能为导向，以产业发展为重点，科学合理配置产业、居住、公共服务等功能空间资源，推动各功能有机融合、协调互动；按照“产业地块上市、配套居住地块跟进”的思路，创新住宅地产开发模式，以“共有产权住房”“公租房优先满足产业人口居住需求”“自住型商品房面向入区企业符合条件的家庭优先配售”等方式引导就业人员就地居住，推进职住平衡。

2. 加快推进新型城镇化建设

（1）创新小城镇开发建设模式

门头沟区要以“减量发展”的思路调控小城镇建设用地规模，推动土地集约高效利用，推进高质量的新型城镇化建设，整体提升小城镇发展水平。要积极引进具有规模实力的大企业、大集团，加强政企合作，统筹推进小城镇开发建设；积极争取市级重点小城镇开发建设试点，探索统一规划、统一开发建设、统一运营、统一管理服务的新模式，整体打造风貌统一、功能齐备、宜居宜业、各具特色的小城镇，促进小城镇持续健康发展。

（2）建设功能性特色小城镇

门头沟区要根据浅山宜居型城镇和山区涵养型城镇规划开展潭柘寺、

军庄、斋堂、王平、雁翅、清水、妙峰山等各具特色的小城镇建设，成为辐射带动山区发展的重要节点，不断提升小城镇可持续发展能力；坚持差异定位、特色发展，按照“政企合作、整体规划开发”的思路，将潭柘寺、斋堂、军庄三个重点小城镇打造为功能性特色小城镇。

一是打造潭柘寺生态文旅金融创新小镇。稳步推进镇区改造开发，充分发挥潭柘寺景区龙头带动作用，整合周边定都峰、阳坡园、八奇洞、天门山国家森林公园及潭戒国际高端禅修度假区等旅游资源，围绕“皇城禅境潭柘寺、首都金融后花园”的发展定位，以禅修文化为核心，大力发展禅修体验、国学教育、禅修养生等衍生业态，完善综合配套服务功能，打造最具禅意的生态休闲文化旅游区域。

二是打造斋堂山地户外运动休闲文旅度假小镇。以传统村落文化为核心，挖掘释放传统文化资源潜力，推动文旅融合，加快斋堂古村落古道文化旅游创意产业聚集区及皇城非遗古村群的建设，挖掘利用良好的生态和山地文化资源，发展户外运动休闲产业。在斋堂镇中心区规划建设旅游综合服务中心，强化旅游交通换乘服务、旅游住宿、旅游休闲购物、旅游文化娱乐、旅游咨询等服务功能，加快旅游配套服务设施建设，打造门头沟山区旅游发展的重要辐射带动极。

三是建设军庄创业创新文化小镇。统筹镇域发展，加强镇区整体规划设计，合理布局功能空间，充分发挥区位、交通和生态优势，加强与海淀西部地区联动发展，积极承接中关村科技创新功能疏解，打造海淀区创新辐射的重要承接地。重点依托村落改造、水泥厂腾退等空间，研究规划建设军庄科技创新创业园，积极拓展科技研发、创业孵化、文化创新、旅游休闲等功能。

四是推动其他小城镇健康发展。着力推进小城镇与旅游景区组团融合发展，完善旅游配套设施建设，增强小城镇特色旅游休闲服务功能，建设形态“小而美”、功能“精而强”的功能性现代化小城镇。促进农村集体经济集中集约发展，完善镇区基础设施和公共服务设施建设，引导农民就地城镇化。

3. 全面建设美丽宜居乡村

门头沟区要按照“分类引导、突出特色、循序推进”的原则，加强山区乡村整治、建设与发展，持续开展农村人居环境整治，不断改善乡村基础设施，保护、开发传统村落，稳步推进美丽乡村建设。

（1）加快农村人居环境整治

门头沟区要紧密结合美丽乡村建设三年专项行动，坚持首善标准，推进美丽乡村规划编制与实施，着力清脏、治乱、增绿，提升村容村貌，加快补齐农村人居环境突出短板，提升乡村生活品质。要遏制村庄新增违章建筑，拆除侵街占道、私搭乱建等违章建筑，全面完成对违法“大棚房”的拆除或整治工作；要把棚改作为头号民生工程和防范系统性风险的重中之重，保质量、保进度、保配套、保服务，坚决打赢棚改攻坚战；全面清理积存的生活垃圾、建筑垃圾、农林废弃物、白色污染等，持续推进“厕所革命”，加大农村垃圾分类与治理、农村污水处理、黑臭水体治理力度；加强村庄风貌管控，规范建筑外立面设计风格及装饰，保持街面整洁美观，规范户外缆线架设，优先解决民俗旅游村、美丽乡村建设重点村的“空中蜘蛛网”现象，美化村容村貌；继续深入实施山区生态搬迁工作，拆迁上楼村庄按城市化要求加强环境整治。

（2）加强乡村基础设施建设

门头沟区要对接农村经济社会发展需要，进一步完善农村公路、电网、供气、清洁取暖、污水管网与处理设施、路灯、互联网、物流、便民店、停车场等基础设施及配套公共服务设施建设；推进“智慧乡村”建设，完善农村信息化基础设施，逐步实现宽带网络和移动通信网络全覆盖；推动城市管理服务向农村地区延伸，着力破解基础设施“重建轻管”难题，分类制定农村基础设施管护标准，健全农村基础设施长效管护机制，落实管护资金并纳入财政保障范围。门头沟区要在垃圾和污水处理、厕所保洁、环卫等领域探索多种形式的管理模式，充分发挥农民主体作用，建立专门有效的管护队伍，确保所有设施设备能长期稳定运行；建立完善考核机制，落实主体责任，建设、管理并维护好基础设施；加强农村卫生、医疗、养老、文化、教育等公共服务建设，提升基本公共服务供给水平。实现城乡基础设施共建共享、公共服务互联互通。

（3）加强传统村落保护开发

门头沟区是全市传统村落最多的区，因此，需要稳步有序地推进灵水、爨底下、琉璃渠等传统村落保护性开发，加强整体风貌保护，恢复历史环境要素，传承历史文化记忆；积极引导村民参与传统村落保护和旅游项目开发，实现旅游文化惠民。

（4）提升景区带动型村落服务功能

门头沟区要围绕旅游景区组团服务需求，加强景区周边村落的更新改造，提升人居环境，美化亮化村容村貌，整合利用闲置房屋资源，引导发展特色餐饮、旅游住宿、休闲娱乐等功能，推动旅游服务的标准化、规范化，打造特色旅游村落，形成与旅游景区组团一体化发展格局，提升村庄活力，带动农民增收致富。

4. 提升城乡治理水平

（1）提升城市精细化管理水平

门头沟区要进一步强化城市管理综合协调统筹，深化街道管理体制改革，明确全区三级城乡环境建设职责，落实“以奖代补、以奖促治”、挂账督办、考核排名等工作机制，推行扁平化管理新模式，构建“大城管”综合管理格局，强化街道综合执法能力，促进城市管理、社会服务、社会治安三网融合；要组织开展环境薄弱地区专项整治，强化市政服务设施运行管护，推动市容环境精细化管理向村、社区延伸；要全面排查拆除存量违章建筑，确保新增违法建设零增长。加强交通管理，规范停车秩序，鼓励老旧小区开展停车自治管理；完成葡萄嘴、石门营环岛改造，加快公交场站建设，优化调整公交线路，打通一批区域“断头路”，推进实施交通节点拥堵治理。完善城市管理信息系统，全力推进“智慧门头沟”建设。

（2）推进城市管理服务向乡村延伸

门头沟区要完善“镇街吹哨、部门报到”的综合治理机制，增强镇、街道在城市治理中的基础地位和统筹职能；逐步消除城乡管理鸿沟，推动城市基础设施向乡村延伸对接、城市管理向乡村延伸拓展、基本公共服务和社会保障向乡村延伸覆盖、生产生活社会服务网络向乡村延伸发展，推进城市管理与社会服务力量向乡村下沉，加快实现城乡管理和公共服务的一体化；推行农村社区化管理模式，充分发挥村民自治作用，积极培育面向农村生产生活服务的社会化服务体系，不断提升乡村治理水平，营造和谐、安全、有序的乡村社会环境。

（六）完善组织与政策保障体系，创新体制机制建设

1. 加强组织领导

按照国务院、科技部等相关要求，创建可持续发展创新示范区，要在市级层面成立相关组织领导机构。门头沟区需成立“北京市门头沟区创建2030年国家可持续发展议程创新示范区”工作领导小组，由市长牵头，相关委办局和门头沟区政府负责人为成员，负责创新示范区的建设推进协调工作。领导小组下设办公室，设在市科委，由市科委主任担任办公室主任，负责创新示范区的建设推进日常工作；门头沟区政府设立日常工作联络机构，设在区科信局，负责按上级要求推进各项工作落实，成立由国内相关领域知名专家组成的创新示范区专家咨询委员会，负责创新示范区的各类重要工作的过程决策咨询。

门头沟区需建立部门联席会议制度，定期召开创新示范区工作会，通报创新示范区建设最新进展，实施重大项目会商，及时协调解决创新示范区建设过程中的重大问题，加强创新示范区建设工作的监督检查；编制创新示范区规划，将创新示范区规划内容纳入全区国民与经济社会发展规划，将创新示范区的规划目标指标和重点任务按年度分解落实到相关委办局和区政府，明确主体责任和完成时间节点要求，建立健全考评机制，确保创新示范区发展规划的各项任务落到实处。

2. 增强政策保障

（1）完善相关政策体系

门头沟区聚焦创新示范区建设的重点难点问题，特别是关键瓶颈问题，完善配套政策体系，探索创新政策措施，提高区域政策的引导性、有

效性，为规划顺利实施提供有力政策支撑；需制定与创新示范区建设相适应的政策体系，主要包括产业政策、社会公共服务政策、科技政策、人才政策、投融资政策、环境政策等，如《门头沟区创建2030年可持续发展议程创新示范区建设管理办法》《门头沟区创建2030年可持续发展议程创新示范区重点项目专项引导资金管理办法》《门头沟区创建2030年可持续发展议程创新示范区人才引进机制》《门头沟区创建2030年可持续发展议程创新示范区考评办法》等。

（2）探索政策创新试点

门头沟区立足京津冀生态保护发展，围绕创新示范区建设，积极争取生态保护发展的政策试点，推动生态涵养创新政策先行先试；积极争取“多规合一”“产城融合”等相关政策试点，围绕山区旅游发展、特色小镇建设，积极争取旅游综合改革创新，打造北京市“全国旅游综合改革试点城市”建设的先行区；加强重点小城镇开发建设模式的政策创新，提升小城镇新型城镇化的发展质量和水平；进一步深化社会治理改革创新，力争在农村治理、社会化服务、智慧城市建设等方面率先探索，先行示范。

3. 创新体制机制

（1）完善项目统筹推进机制

门头沟区围绕可持续发展议程创新示范区建设，组织实施好一批关系区域全局和长远发展的重大项目。除了进行自身资源的挖掘外，门头沟区还要更多地争取一批项目尽快列入北京市乃至全国重大项目发展规划；建立并完善项目动态调整、滚动推进的机制，深化前期研究论证，规范手续办理，提高审批效率，加强协调调度，强化项目的可实施性和带动性；围绕项目建设，建立重大项目领导小组，完善相关部门联动机制，着力协调解决项目实施过程中的重大问题。

（2）创新投融资体制机制

门头沟区围绕可持续发展议程创新示范区建设需要大量资金，因此，门头沟区要建立健全政府和社会资本合作机制，探索通过BOT、PPP等模式吸引社会资本参与门头沟基础设施和公共服务设施建设；探索创新信贷服务，充分发挥政策性金融机构作用，鼓励发展投资基金、支持开展股权和债权融资等多种途径融资方式拓宽融资渠道。

（3）完善监督考核机制

门头沟区围绕可持续发展议程创新示范区建设工作要完善考评机制，注重对政府履行职责方面的评价，督促相关部门切实落实创建工作的任务，保证创建目标的实现；要加强事中事后监管，完善常态化监管机制，推进监管制度化、规范化、程序化，构建政府监管、行业自律、社会监督等有机结合的综合监管体系。

第八章
西城区国家级可持续发展实验区建设研究

一、基本情况

（一）区位战略地位特殊

西城区是首都功能核心区，是政治中心、文化中心的核心承载区，是文化保护的重点地区，是体现国家形象和国际交往的重要窗口。西城区东部与东城区相连，北部与海淀区、朝阳区毗邻，西部与海淀区、丰台区接壤，南部与丰台区相连。辖区面积为 50.7 平方千米，下辖 15 个街道、261 个社区，2019 年全区常住人口为 113.7 万人。西城区是党中央、全国人大、国务院、全国政协等党和国家首脑机关的办公所在地，是国家最高层次对外交往活动的主要发生地，是首都“四个服务”体现最直接、最集中的地区。其辖区内中央机关及所属事业单位 654 家，部级以上中央单位 120 家，另有驻区部队团以上单位 82 家。西城区是国家金融管理中心和古都北京的发祥地，西城区在北京市乃至全国版图中都占有重要地位。

（二）区域文化底蕴深厚

西城区具有深厚的文化底蕴，境内丰富的历史文化遗产和人文景观，集中展现了东方大国的古都风。传统文化与现代文化融合发展，皇城文化、仕子文化、民俗文化、宗教文化等高度聚集，历史遗存数量大、种类多、级别高、风貌特色鲜明。2018 年，区内各级文物保护单位共 181 处，其中全国重点文物保护单位有 42 处，北京市文物保护单位有 61 处。区内有国家大剧院等众多国家级的文艺演出场所和文艺院团，天桥地区是北京中轴线上独具特色的演艺区，常年面向区内群众开展各种文化活动。统计数据显示，2018 年全区共有公共图书馆 23 个，总藏书量为 239.2 万册，全区三级基层文化阵地开展文化活动达 1.78 万场次，惠及群众 195 万人，极大地丰富了区内群众的业余生活，满足了区内群众的文化需求。

（三）金融科技特色明显

西城区“高精尖”经济结构特征明显，总部经济、结算型经济特点突出，金融街品牌价值凸显，核心产业金融业支撑力量稳固。2019 年，全区金融业实现增加值 2500.6 亿元，占地区 GDP 的 49.9%。金融业是西城区核心发展行业且发展态势迅猛。为了推进北京金融科技与专业服务创新示范区建设，西城区制订建设方案，推进金融科技基金筹备，发布了“金科十条”“金服十条”促进金融科技产业发展，仅 2018 年一年就有中移动金融科技、光大云缴费、云粒智慧等 15 家金融科技领军机构落户北京金融科技与专业服务创新示范区。

（四）社会治理体系特色明显

西城区按照“坚守底线、突破重点、完善制度、引导预期”的基本思路，不断夯实社会保障工作基础，构建完善的基本公共服务体系，增强公共服务能力，围绕社会关注的重点问题，积极回应群众需求，不断提高人民群众生活质量，让广大群众有更多、更直接的获得感。西城区以提高人口健康素质为重点，以科技为引领、以特色工程为切入点，经过不断整合区域医疗资源，成功组建了区域健康促进体系，全面推进了西城区健康发展进程。西城区是医疗和卫生健康优质资源的聚集地，资源丰富，拥有北大医院、人民医院等三级甲等医院 18 家，先后创建了慢性病防控、卫生应急等 7 个国家级示范区。

（五）实验区建设情况

西城区高度重视实验区建设工作，自 1995 年起就设立了可持续发展专项资金，每年会择优支持一批探索解决区域经济社会发展关键问题的示范项目。据统计，1995—2019 年西城区累计组织实施了 700 余项试点项目和示范工程，累计投入资金超过 2 亿元。区专项资金重点支持研究内容涵盖地区发展战略、公共卫生与健康促进、特殊群体扶助、城市管理与公共安全、节能环保技术应用等领域，这些项目研究与示范较好地提升了地区公众参与可持续发展建设的能力，为国家在地方探索可持续发展战略实践途径提供了创新模式及工作示范经验。2014 年，国家科技部专家组曾对西城区可持续发展实验区作出高度评价："西城可持续发展工作走在了全国前列，是全国实验区建设中的一面旗帜，西城可持续发展工作具有标杆的意义。"可持续发展理念已成为全区发展的重要指导思想，其可持续发展经验被科技部推广到国内其他实验区。

二、总体成效

（一）区域健康卫生与特殊人群扶助体系日趋完善

1. 加强公众健康意识普及，全面提升区内人口健康素质

西城区坚持以提高区域人口健康素质为重点，以生命周期全程健康为目标，以科技为引领、特色工程为切入点，加强公众健康知识普及，完善区域健康促进体系。全区紧密围绕健康素养推广月、各类卫生日、健康中国行等活动，开展空巢老人心理健康疏解、结核病宣传、宫颈癌预防、冠心病的预防与治疗、高血压与糖尿病等特色健康宣传。2015—2018 年西城区共举办健康大课堂 9268 场，受益群众达 54.1 万人次。此外，西城区还开设了"健康西城""西城疾控"等微信公众号和"西城健康教育"官方微博等，扩大了健康知识的传播范围。截至 2018 年，西城区已发展健身操、太极拳、八段锦、乒乓球等 1272 个群众健身团体，会集了众多爱好健身的团体及群众。

2. 科技引领助推医疗信息化建设

2017 年，西城区建设分级诊疗信息平台，并先期实现了预约医疗服务功能，为辖区居民提供预约医疗服务。同时，西城区启动统一的健康 App 建设工程，完成了业务需求梳理和原型开发，将实现预约挂号、检查检验结果推送、家庭医生签约服务等智能服务功能。西城区完成了居民健康卡建设的顶层设计，从以发放实体卡为主调整为以发放电子居民健康卡为主，将身份证、医保卡、居民健康卡和院内诊疗卡融合，逐步实现区内就

医一卡通。目前，新街口社区卫生服务中心已完成系统迁移；广内、西长安街、展览路社区卫生服务中心及月坛街道铁路社区卫生服务站，已通过区医保中心和首信公司的医保实时结算验收；建设了家庭医生团队App，实现门诊预约、签约服务、健康信息管理、随访管理、消息提醒等服务功能。

3. 探索医养合作养老服务新模式

西城区作为北京市医养结合试点单位，经过多年对医疗机构与养老机构合作模式的探索，成功引领区域医疗卫生资源进入养老机构。其中，西城区金融街老年公寓是公办民营、医养结合的典范，银龄老年公寓是由北京市第一家三级医院（复兴医院）和养老机构联合举办的公办公营、医养结合的典范，多位国家领导人曾到此调研和视察。目前，全区运营的33家养老机构和相应的医疗机构，分别通过养老机构内部设置医疗机构分支机构模式、医疗机构和养老机构协议合作模式、养老机构内部设置独立医疗机构模式等三种医养模式，完成了医疗和养老资源的结合。

4. 健全医疗保障体系和特殊群体扶助体系

近年来，西城区组织实施了“老年疾病社区防治与康复示范”“区域养老模式研究与示范”“助老助残社会化服务研究与示范”“月坛社区居家养老模式构建方案研究与试点”“医养护一体化智慧养老示范”项目等，在为社区居民提供专业养老服务的基础上，研究制定了规范化的养老服务内容与标准，逐步形成了区域居家养老体系，改善了社区老年群体生活质量。在特殊人群服务领域，西城区提高了区域助老、助残能力，营造扶危济困优良社会新风气。西城区率先建立区街困难群众基本生活保障工作协调机制，创新精残人社区访视服务。近年来，西城区组织实施了“特殊社会群体生活质量研究”“手拉手康复站建设”“西城区特殊人群健康状况和生活质量跟踪监测与研究”项目等，以特殊群体个性化服务为切入点，促进社区综合康复实施体系的建立，利用特殊群体康复俱乐部的平台，开展工疗、娱疗、体疗等活动，不断扩大社区康复服务的覆盖面，提高特殊人群参与社会活动，共享社会发展的创新成果。

（二）社会治理能力和治理水平不断提升

1. 打造“全响应”服务体系

西城区坚持以科技发展改善民生，全力打造“全响应”服务体系。自国家可持续发展实验区建成以来，西城区积极顺应社会建设与社会管理创新大势，充分运用数据挖掘、数据智能采集等技术，持续促进社区基层社会管理建设，首创并积极推行“全响应”社会服务管理机制。该模式强调以社会为本位，以多元参与为核心，以洞察和相应民众需求为起点，以构建全方位相应链为手段，以优化社会治理结构、社会管理良性运转为目标，以回应和解决民众遇到的热点难点问题为落脚点，依托信息化技术平台，整合联动组织资源，构建感知、传递、回应、解决民众需求问题的组织体系，形成了集社会服务管理理念、组织、工具整合的“三位一体”工作模式，为基层社会服务管理制度的变革提供了宝贵经验。

2. 科技促进城市精细化管理

西城区高度重视科技服务社区建设，以科技成果转化促进社会可持续发展为目标，探索大城市中心城区可持续发展之路。一方面，把社会文明教育、社会和谐建设、社会科学管理作为新时期示范区建设的重要内容，重视和加强市民科学文化素质、思想道德素质和社会文明程度的提升；另一方面，选择部分典型社区，大力开展社区低碳消费与节能减排、生活垃圾分类回收、社区养老与互助、社区生态环境建设、社区防灾减灾等领域的技术应用示范。近年来，西城区以居民现实需求为切入点，通过实施“现代社区建设科技支撑研究与示范工程”“月坛街道楼门组长传递系统”“德胜‘全响应’科技惠民示范研究”“广内街道智能社区服务管理系统”等项目，对现有社会资源要素进行整合、共享、交互和传承，研发了一批服务社区生活的技术与产品，实现社区居民全面发展。

3. 科技促进民生改善的水平不断提高

在公共卫生与健康促进、城市管理与公共安全、特殊群体扶助等民生领域，西城区开展了科学健身和常见病管理、城市管理数字化和智能化网络建设、提升特殊群体生命质量等研究与示范，实施了“科学健身个性化指导体系标准研究与推广应用”“数字西城地理空间框架研究与示范”“西城区城市家庭贫困指数模型的应用研究”等一批重点项目，发挥了科技在促进民生改善方面的重大作用。

4. 共建共治共享格局更加巩固

西城区加强社会组织服务体系建设，形成分级、分类、功能互补的社会组织服务网络，推行临街公约、居规民约等社会规范，在全市率先成立治安志愿者协会，人民群众的安全感不断提升，民众参与社会治理的主人翁意识不断增强。妇女儿童、档案史志、公益慈善等社会事业稳步推进。西城区探索开展街道管理体制改革，借助可持续发展项目研究成果，率先在展览路、广内街道试点“一中心、七大部”运行模式，增强服务群众和区域治理能力。西城区创新了社区治理模式，开展“三社联动”，推广“参与型”社区分层协商模式，在全国社区治理工作中起到了辐射带动作用。

（三）区域经济实现高质量发展

1. 经济总体实力强劲

统计数据显示，2001—2019 年西城区 GDP 总量持续走高，GDP 总量由 279.5 亿元（原口径）增至 5007.3 亿元；人均 GDP 由 35476 元/人增至 432412 元/人（按平均汇率折合为 62682 美元），增长了 11.2 倍，已达到发达国家前列水平；全区财政收入逐年增加，由 2001 年的 27.64 亿元增至 2019 年的 431.1 亿元，增长了近 14.6 倍；全区居民人均可支配收入由 2001 年的 1.23 万元增长至 2019 年的 8.83 万元，增长了近 6.2 倍；人均消费支出由 2001 年的 9643 元增长至 2019 年的 53437 元，增长了 4.5 倍。2019 年全区城镇登记失业率为 0.86%，比 2018 年下降了 0.01 个百分点。

2. “高精尖”经济结构不断优化

随着可持续发展理念的深入贯彻落实，西城区经济进入减量发展和高质量发展时期，金融业主导地位更加巩固。统计资料显示，2001—2019 年区内金融业 GDP 由 92.1 亿元增至 2500.6 亿元，增长了 26 倍。西城区优质上市公司获利凸显，拥有境内上市企业 36 家，境外上市企业 25 家。在国内 A 股市场，西城区以上市公司数量不到 1%的比例，占据了近 8%的总市值，贡献了约30%的净利润。2018年，西城区出台“金服十条”政策，新引进金融机构45家，注册资本达1710.7亿元，国家融资担保基金等重要机构相继落户西城区，全区金融机构资产规模突破200亿元。西城区科技与金融融合发展水平不断增强，科技渗透全面展开，银行、证券、保险等传统金融机构积极创新金融产品和服务模式，第三方支付、众筹等互联网金融业蓬勃发展。

3. 科技服务业成为西城区经济发展新动力

近年来，西城区继续依托国家可持续发展实验区建设平台，加快推进科技创新中心建设目标，大力发展科技金融、工程技术、设计服务、知识产权与科技推广等科技服务业，打造立足北京、辐射京津冀的“科技服务业重要承载区”。北京市统计局数据显示，西城区已连续多年在北京16个区科技服务业总体规模中排名第二，人均收入、利润、税收均在北京16个区中排名第一。截至2018年年底，西城区拥有规模以上科技服务业单位844家，累计实现收入2174.9亿元，从业人员达12.6万人。可以说，科技服务业为促进西城区科技创新及成果转化落地，带动西城经济发展做出了巨大贡献。

（四）城市环境治理与保护得到极大提升

1. 区域人居环境质量持续改善

近年来，西城区积极实施非首都功能疏解，“大城市病”治理力度加大，西城区开展的“全响应网格化社会服务管理模式”试点获“中国政府创新最佳实践”称号，该模式推动了市、区“微循环”业务对接，快速处置群众反映的城市管理问题，服务模式在全市得到推广。西城区开发的“城市运行管理系统”获住房建设部“华夏建设”科学一等奖。以2017年为例，西城区拆除违章建筑25.5万余平方米，拆除违规广告牌匾946块，开墙打洞整治5370处，群租房整治1055户，占道经营整治1.2万件，地下空间整治235处。针对停车位紧张、停车难的问题，2018年西城区新建立体停车楼3处，新增机械停车位341个，新增居住区停车位1486个、电子收费停车位4774个。

2. 绿色生态空间不断增加

西城区自被确定为国家级可持续发展实验区以来，全区着力推进区内生态环境改善工作，以探寻区内人口、资源、环境协调发展之路。统计数据显示，2001—2018 年，全区城市绿化覆盖率逐年提升，城市绿化覆盖率由 25.76%提升至 30.89%，累计增幅达 4.97%；累计新增公园 12 处。受土地空间所限，人均公园绿地面积缓慢增加，但西城区仍然利用疏解腾退空间、垂直空间等寻找绿色空间，2019 年全区新增城市绿地 2.3 万平方米，新建城市森林 1 处、口袋公园、微绿地和附属绿地等 14 处，屋顶绿化完成 1.37 万平方米，垂直绿化 5282 延长米。截至 2020 年，全区公园绿地 500 米服务半径覆盖率达到 97.18%。

3. 历史文化名城保护得到加强

根据新版北京城市总体规划，西城区加强了中轴线重点地区综合整治，启动了鼓楼西大街整理与复兴试点，完成了阜成门内大街（一期）整体改造，持续推进杨梅竹斜街综合整治提升。西城区划定了第一批 14 处区级文物保护单位保护范围和建设控制地带，完成了护国双关帝庙、兆惠府第遗存、护国观音寺腾退改造，启动了浏阳会馆、晋江会馆等 15 项文物腾退项目，实施了新市区泰安里、西什库教堂等 12 处文物修缮工程；新增了 10 名国家级和 135 名区级非遗项目代表性传承人，推动了非物质文化遗产更好的保护传承。

三、建设思路与主题的选择

西城区在可持续发展实验区建设过程中，始终立足特大城市中心城区可持续发展现实需求，从创建之初即紧抓“人口+资源+环境”三大要素，不断拓宽公众参与可持续发展建设的渠道和模式，并探索区域人口、资源、环境协调发展的组织体系和保障机制。西城区围绕区情以及国家、北京市对实验区建设的要求，围绕制约区域发展的瓶颈问题，建设工作不断聚焦，重点突出。

1995—2008 年，实验区建设的主题主要侧重于区域人口、资源、环境协调发展的组织体系建设和保障机制的探索和研究。2008 年，西城区被确定为首批国家可持续发展先进示范区，2008—2015 年，西城区主要将工作重心放在研究可持续发展示范区管理机制上，并明确以“区域健康促进”“特殊人群扶助”两大主题为推进重点，展开专项资金支持。2016 年，新版北京市城市总体规划实施，在新的发展形势下，西城区针对需要着重解决首都核心区可持续发展面临的重点难点问题，建设工作不断聚焦，重点突出，明确了“区域健康促进”“特殊人群扶助”“社会治理”“城市生态环境”四大工作主题，持续在中心城区可持续发展模式及工作推进机制上进行积极探索。

西城区作为国家形象的重要展示窗口，国家可持续发展先进示范区之一，要继续高标准、高水平建设，提高示范功能。西城区围绕落实《2030 年可持续发展议程》和《北京城市总体规划（2016—2035 年）》，贯彻执行《中国落实 2030 年可持续发展议程创新示范区建设方案》，以有序疏解非首都功能，落实北京市整体功能布局对首都核心区的定位为基本出发点，立足西城区特色优势、经济社会发展要求及自身实际需求，在已有的建设实验主题上进一步凝练聚焦，重点围绕“健康促进”和“金融科技”两个方面开展实验示范，为其他地区可持续发展提供可借鉴、可复制的西城经验。

四、建设路径

（一）健康促进领域

1. 夯实老年医学基础工作

为了适应社会老龄化趋势，西城区开展了区内常住老年人口健康数据调查工作，推动区内老年医学大数据领域的数据平台建设和数据共享，积极开展西城区常住老年人健康综合评价指标体系研究和老年人健康综合情况调查、跟踪监测及分析工作；持续推进区内 65 岁老年人免费健康筛查工作，深化免费体检项目；支持开展区内老年人医学情况调查，推动有条件的二级及以上综合医院老年医学科建设；积极发挥辖区三甲医院和区属医院老年医学学科优势资源，建立老年认知能力、老年心力衰竭、老年肌少症与营养、骨质疏松与骨折判别四个领域的项目研究团队；加强老年医学研究，提高老年疾病诊治水平。重点围绕老年认知能力、老年心力衰竭、老年肌少症与营养、骨质疏松与骨折判别四个领域开展研究，形成临床判定规范。

要注重提高区域老年人健康素养。西城区开展老年常见病、慢性病的健康指导和综合干预，强化老年人健康教育和管理。推广以慢性病管理、中医药和老年营养运动干预为主的适宜技术，有效改善老年人群营养健康状况，降低失能风险；加强对认知能力、肌少症、骨质疏松等老年病的早期发现、早期诊断和早期治疗；支持组织开展老年健康宣传活动，提高老年人口的健康素养和健康水平，营造有利于老年人健康生活的社会环境。

2. 推动老龄化健康数据标准规范的制定

推进区内常住老年人口健康数据标准研制工作。西城区加快统筹人口健康数据相关部门资源，加强衔接配合，推动建立统一的区内老年人口健康数据口径。西城区围绕老年人口健康数据标准建立开展相关研究，形成老年认知能力、老年心力衰竭、老年肌少症与营养、骨质疏松与骨折判别临床判定规范，积极支持条件成熟的社区参与老年人口健康数据指标验证及推广；加快建立区内统一的老年医疗服务流程及标准，完善安全、服务、管理、设施等标准；加快社区老年医疗服务标准化建设，开展老年护理流程及规范制定工作，优化老年人就医流程，为老年人特别是高龄、失能、失智、计生特殊家庭老年人提供便利服务；加快制定社区健康医疗指南。研究上门巡诊、家庭病床的服务标准和操作规范；研究完善照护服务标准体系，建立健全长期照护等级认定标准、项目内涵、服务标准等行业规范和体制机制。

3. 强化科技成果转化应用和示范推广

西城区加强医疗科研成果转化，打造老年医学创新平台。西城区围绕老年认知能力、老年心力衰竭、老年肌少症与营养、骨质疏松与骨折判别四个领域开展驻区三甲医院和区属医院协同创新合作，探索多元化投入、成果分享的合作模式；以驻区三甲医院与区属医院在老年认知能力、老年心力衰竭、老年肌少症与营养、骨质疏松与骨折判别临床判定规范为基础，开展社区医院全科医生培训工作；发挥驻区三甲医院优势资源，联合区属医院和社区服务中心开展专项筛查工作，推动西城区老年医学发展，提高老年疾病诊治服务水平；推进西城区重点慢性病综合防治中心建设；逐步建立并完善西城区重点慢性病综合防治中心建设标准、认证体系、培训体系与考核机制，建立并完善防治中心医疗协作信息平台。

4. 推进老年健康服务体系建设

西城区扩大了社区城市常见病监测及科学干预试点范围，完善以社区为基础的慢性病防控网络，鼓励辖区三甲医院参与慢性病综合管理和干预服务，改善慢性患者群健康状况。西城区重点围绕老年人常见疾病开展评估及监测，提供健康知识宣讲服务，改善健康理念；推动医养融合发展，建立健全医疗机构与养老机构业务协作机制，鼓励开通养老机构与医疗机构的预约就诊绿色通道；推进老年医疗服务体系建设，完善老年医疗保障体系。逐步形成辖区三甲医院、区属医院、社区卫生服务中心三级联动老年医疗服务体系，为老年人群提供医疗、康复、护理、临终关怀等一体化综合医疗卫生服务。西城区围绕老年病特点，积极发挥辖区三甲医院、区属医院及社区服务中心优势资源，开展中西医临床协作，形成独具特色的中西医结合诊疗方案，促进中西医临床协作机制建设和服务模式创新；加强基层医务人员老年常见病、多发病中医适宜技术方法培训推广，提升基层运用西医和中医两种手段的综合服务能力。

（二）金融科技创新领域

1. 全力服务国家金融管理中心建设

（1）进一步优化营商环境

西城区围绕金融科技创新，推进配套政策研究和落地，完善构建“高精尖”结构一揽子政策体系及实施细则，做好“9+N”政策体系在西城区的全面落地实施。西城区依托智慧西城公共服务大厅，构建“一号一窗一网一次”政务服务模式，强化“互联网+政务服务”，实现更多事项网上办理。在人口疏解的大背景下，西城区要创新服务方式，优化人口结构，加强优质人才引进，继续实施以促进人才扎根为基本，以住房落户和子女就学为牵引，以文化体验、健康医疗、休闲娱乐等公共服务为保障的“一基本两牵引三保障”服务机制；加强与大型金融机构、监管部门的沟通，做好大型国企金融板块的服务对接工作。加大对金融街地区空间资源高效利用，在建筑规模减量的前提下，疏解不符合首都功能定位的产业、企业退出，加快“腾笼换鸟”；统筹使用空间指标，将腾退空间优先用于服务国家金融管理中心建设，并研究城市资产持有和盘活等相关政策。

（2）进一步推进金融与科技融合创新

西城区进一步推进“互联网+金融创新”，鼓励金融机构加大科技金融产品创新，拓展新兴业态，提升金融产业的信息发布力、信息服务力和信息影响力；推进互联网、大数据、云计算、人工智能等技术在金融领域的深度应用和融合创新，培育金融科技新兴业态发展。西城区积极开展互联网金融安全技术研究，选择高水平孵化器和先进孵化模式，加速布局发展金融科技产业。北展地区重点布局金融监管核心科技、金融科技核心业态，以及支撑金融科技的创新型专业服务，探索建设国家金融科技业态监管实验区；德胜地区、广安地区主要承接金融科技的创新业态和创新平台。西城区深入推进金融科技文化要素融合、文商旅产业融合，推动生产性服务业向价值链高端延伸和生活性服务业优化升级；要充分发挥国家金融管理中心优势，以金融监管科技为核心，突出金融数据、信用评估、云资源等特色专业服务，以创新型金融企业为重点，与其他功能区、外省市错位发展。深化金融科技融合发展，推动区域经济高质量发展。

（3）持续关注金融发展前沿动态

西城区充分发挥金融专业研究机构和智库资源优势，用足用好区域智库力量，高效衔接新华社、中国人民银行金融研究所、中证金融研究院、中国金融四十人论坛等研究机构，探索组建金融街智库联盟，完善金融街研究院运行，为国家金融管理中心建设和金融改革创新发展提供有效智力支撑。全力防控金融风险，利用大数据技术，加强薄弱环节监管制度建设。学习“监管沙盒”先进经验，争取国家相关政策试点，建设金融科技业态“监管实验区”，创造“安全区域”。加强学习培训，深化调查研究，推动部门数据集成，用好大数据平台，进一步提高对金融业发展动态的把握和反应能力。

（4）促进金融服务实体经济发展

西城区统筹优化金融业态布局和公共服务，服务首都经济发展大局。对接北京城市副中心和其他金融功能区需求，提升首都金融产业发展的协同效应和竞争优势。立足金融街金融总部机构集聚优势，积极支持雄安新区发展现代金融，服务京津冀金融产业链协同发展。做好金融乡村振兴，充分发挥金融在乡村振兴中的重要作用，把更多金融资源配置到经济社会发展的重点领域和薄弱环节，引导金融资源服务农业现代化，重点支持发展农业规模化、集约化生产经营，支持乡村休闲旅游产业服务设施建设，支持农村电商等新产业。完善“1+N+P”融资对接模式，支持“三城一区”科技创新中心建设，服务全市“高精尖”产业构建。围绕多层次资本市场建设，加强股权、债券等直接融资对接力度，重点推动科技、文创类企业上市融资。推动区属国企参与金融业发展，深化与央企、市企、大型金融机构的战略合作，推动企业上市，吸引基金、社会优质资本参与区属企业混改。

（5）全面提升金融街影响力

西城区系统研究了金融街品牌保护提升和高效利用途径，探索符合金融业发展规律、市场化、跨空间的外溢承接模式，充分发挥金融街辐射带动作用，加快做好金融街区域顶层规划设计，不断提升金融街论坛等活动的影响力，推动国际高端金融对话和交流合作，打造国家金融管理部门、大型金融机构、金融行业组织向全球发布权威信息的重要平台；持续加强金融街与伦敦金融城、纽约华尔街、德国法兰克福等国际金融中心及摩洛哥卡萨布兰卡、韩国首尔等特色金融城市交流，提升金融街的国际知名度。

（6）进一步完善工作体制机制

西城区深入推进金融街服务体制改革，按照“政府授权+跨界共治+专业机构+市场机制的架构模式”，落实“共商、共建、共治、共享”发展理念，加快完善金融街合作发展理事会、金融街服务局、金融街服务中心有限公司和金融街论坛“四位一体”有机协同的服务支持体系，全面提升服务能力和水平，更好地服务金融街国家金融管理中心建设；加快建设西城区金融服务大数据平台项目，提升数据开放与共享，强化各部门工作协作集成。

2. 加快推动“金科新区”建设

（1）加强战略研究

西城区密切跟踪金融科技与专业服务技术发展方向及研究动态，借鉴国内外先进经验，加强与国内外顶尖金融科研院校合作，持续对金融科技基础理论和前沿科技应用领域开展前瞻性战略专题研究；加强在空间布局、产业聚集、科技成果转化、政策支持等方面统筹规划，整合金融科技发展与金融业发展，为金融科技的高质量发展营造适宜的生态环境。

（2）聚焦科技创新

西城区加快引领北京市金融科技发展步伐，持续推进北京金融科技与专业服务创新示范区建设，加大发挥示范区对推进首都核心区转型提升、提高城市治理水平的作用；充分发挥北京金融科技研究院的智库作用，重点围绕技术共享、研发突破等方向，打造开放性、公共性、尖端性的金融科技公共研发平台；推动金融科技技术创新和应用，重点在金融监管、数据融合、金融应用民生、信息技术安全应用、风险防控等方面申请试点建设；进一步落实《北京金融科技与专业服务创新示范区（西城区域）建设方案》，助力“十六项工程”① 实施，推进金融科技五大创新体系建设。

（3）强化高端产业引领

西城区大力支持应用金融科技构筑优质综合服务平台建设，全方位服务支撑实体经济发展；支持发展消费金融，创新商业模式；支持发展以供应链金融为代表的产业金融，提升北京“高精尖”产业供应链的整体竞争力；支持发展普惠金融，提升为中小企业和个人的金融服务能力；支持发展绿色金融，促进企业向绿色经济转型升级；支持举办一系列全球化金融科技领域重大活动，促进金融科技国际交流；加快引入国际高端资源，抓好重点项目落地。

---

① 十六项工程具体指：金融科技监管的“金眼工程”、金融基础设施的“金基工程”、金融风险防控的“金盾工程”、“1+3+6”金融科技产业集聚工程、金融科技创新服务工程、新兴金融科技业态创新工程、金融科技助力产业升级工程、金融科技标准体系建设工程、金融科技国际标准化引领工程、金融科技创新平台建设工程、前沿成果应用展示示范工程、金融科技专项政策支持工程、全方位营商环境塑造工程、金融科技资本支撑工程、示范区城市品质提升工程、金融科技国际化融通工程。

3. 进一步拓宽金融科技应用场景

（1）应用于信用服务领域

西城区依托人工智能、大数据、区块链和生物识别技术，进一步推动身份认证在金融服务领域的应用；推进金融机构反欺诈系统的建设，加强身份评估和信用评估在反欺诈领域的运用，有效评估与客户相关的欺诈风险；积极探索研究大数据时代的信用科技应用模式，拓宽和规范信用信息数据的采集机制，优化信用信息管理与评估评价模式，推动征信产品与服务的创新和完善；积极推进新技术应用于重点民生领域的信用体系发展，引导社会力量参与信用建设。同时，西城区时刻关注社区、论坛和社交媒体上的相关信息，充分利用大数据等技术进行正、负面判断，及时发现和处理问题。

（2）应用于生活服务领域

在智慧医疗方面，西城区加快实现医疗保险自动核保、智能理赔，助力降低居民医疗成本、优化医疗资源配置；探索利用区块链等新技术，保证药品追溯数据的可信任性，改善医药行业协同效率。西城区基于人工智能与生物识别技术，探索构建基于常见病诊疗指南的专家系统，完善居民日常的智慧健康服务；推动完善居民电子健康档案，有效分享医疗数据。在智慧生活方面，重点支持中老年人群学习运用移动支付工具，增加各类公共事业缴费便利程度；积极支持智慧社区建设，打造更多的无人超市、便利店，方便居民日常生活。

（3）应用于城市治理领域

在智慧交通方面，西城区与北京市各区协同推进交通大数据共享及交通云应用，搭建出行平台，使居民能够获得更加便捷、绿色、经济的出行服务。还以支付端为场景切入，围绕汽车购买、使用、租赁等居民消费环节，大力促进科技与金融需求场景的融合；以智慧养老、社区居家养老和整合性养老服务为主线，积极融入新技术支持和商业模式创新，推动金融科技在养老保险、消费、投资领域的应用。在智慧社保方面，西城区充分利用信息处理、客户画像、身份识别等金融科技手段，改善流程服务质量，提升社会保障、养老服务的运作效率。

第九章
房山区大石窝镇市级可持续发展实验区建设研究

一、基本情况

大石窝镇地处房山区西南部，镇域面积为96平方千米，镇政府驻地距区政府37.8千米，距市中心77.7千米。全镇地势北高南低，自北向南呈狭长梯次分布，山区、丘陵、平原各占1/3，山区沟壑纵横，最高海拔935.4米，北部为碳酸盐类低山，南部为山前台地及部分冲积平原，属于浅山区乡镇。该镇东邻长沟镇，西邻张坊镇，北接韩村河镇，南与河北省涿州市和涞水县接壤，是京津冀协同发展的重要窗口。

大石窝镇矿产资源丰富，尤以大理石矿藏闻名于世，大理石总储量为2450万立方米。大石窝镇大理石品种繁多，有汉白玉（M1101）、艾叶青（M1102）、明柳、砖碴、芝麻花、青白石、螺丝转、黄大石、黑大石、大六面等。其中最名贵的汉白玉，被周恩来总理称为“国宝”，现已探明储量达80万立方米。除了大理石资源外，大石窝镇还有着丰富的红砂岩、花岗岩、矿泉水、白云石、砂石等矿产资源。花岗岩储量达2000万吨；红砂岩储量达3000万吨；白云岩储量达1.9亿吨，可开采储量达5000万吨。高庄村和下营村的玉塘泉为碳酸盐溶裂隙水，其水质甘甜清冽，含钙、镁少，碳酸盐浓度低，富含有益人体的负离子及微量元素，是天然矿泉水。

大石窝镇历史悠久，文化灿烂。云居寺藏有世界上独一无二的石刻佛教大藏经，被誉为“北京的敦煌”。位于拒马河畔的镇江营遗址，是北京地区著名的新石器时代文化遗址。此外，大石窝镇还有高庄的玉皇塔、塔照村的晨曦塔、石窝明代铜钟、战国古城址等文化遗址。全镇有文物古迹

30 处，其中，国家级文物保护单位 2 处（云居寺塔及石经、大白玉堂），市级文物保护单位 3 处（辽代照塔、战国时期蔡庄古城、辽代玉皇塔），区级文物保护单位 6 处，一般级文物保护单位 19 处。大石窝镇石材产业发达，石材产业是大石窝镇传统支柱产业，但随着疏解非首都功能战略的深入实施及产业发展环境约束日趋严格，区域产业结构不断优化，休闲旅游、文创产业、现代生态农业等环境友好型产业得到较快发展。

二、发展机遇和限制因素

（一）发展机遇

1. 加快实施生态文明建设是大石窝镇实施可持续发展战略的重要基石

党的十八大报告明确提出要大力推进生态文明建设，并强调把生态文明建设放在突出地位。2015 年，中共中央、国务院先后印发了《关于加快推进生态文明建设的意见》和《生态文明体制改革总体方案》，生态文明建设已经成为新时期党和国家的一项重大战略部署。党的十九大报告中又重点强调生态文明是中华民族永续发展的千年大计，要形成绿色发展方式和生活方式，坚定走生产发展、生活富裕、生态良好的文明发展道路，建设美丽中国。大石窝镇实施党建引领发展战略，以文化资源、生态环境为抓手，科学践行生态文明发展战略，有效推动北京建设国际一流和谐宜居之都发展目标的实现。生态文明发展战略的逐步实施，有利于充分发挥大石窝镇乡村历史文化悠久、自然环境优美、林果资源丰富的优势；有利于推动非首都功能疏解，产业融合发展优化升级；有利于加强村镇绿化、景观营造、环境治理和生态修复等领域工作的开展，实现生态效益、经济效益和社会效益的协调发展。

2. 实施京津冀协同发展战略为大石窝镇实验区建设提供了平台

京津冀协同发展战略，是国家面向未来打造新的首都经济圈、推进区域发展体制机制创新的需要；是探索完善城市群布局和形态、为优化开发区域发展提供示范和样板的需要；是探索生态文明建设有效路径、促进人口经济资源环境相协调的需要；是实现京津冀优势互补、促进环渤海经济区发展、带动北方腹地发展的需要；是重大国家战略，突出优势互补、互利共赢的需要。大石窝镇地处京冀交会处，是京保石发展轴桥头堡的重要节点。在国家大力实施京津冀协同发展战略的大背景下，大石窝镇的区位优势越发明显，大石窝镇可持续发展实验区的建设可以更好地彰显京津冀协同发展成果。

3. 首都城市战略定位调整为大石窝镇转型升级提供了契机

当前，北京加快城市功能定位调整，大力推进非首都功能疏解、发展“高精尖”产业结构、大力治理“大城市病”、加强城市环境管理、加大大气污染治理力度等，不断强化首都核心功能。2017 年 10 月底，北京市委书记蔡奇同志曾到大石窝镇调研，强调房山区作为国家生态保护与建设示范区，要立足“三区一节点”① 功能定位，全面提升发展质量和效益。大石窝镇要牢固树立社会主义生态文明观，把“绿水青山就是金山银山”的发展理念落到实处，把浅山区建设成为首都城市建设发展的第一道生态屏障，坚决打好污染防治攻坚战，持续抓好“散乱污”企业疏解整治重点工作；全面落实河长制，抓好区域内河道水系生态修复和沿岸排污口治理工作；强化废弃矿山综合治理和生态修复，为大石窝镇推进转型发展进一步指明了方向。

（二）限制因素

1. 产业转型升级依然滞后

一直以来，石材等资源型产业是大石窝镇的支柱产业，是全镇税收和就业岗位的主要来源。近年来，随着非首都功能疏解战略的深入实施，大石窝镇石材开采等传统高能耗、高污染企业被不断关停，并逐渐淘汰退出，全镇亟须培育一批新型绿色生态替代产业，以实现转型发展和全镇经济的持续增长。大石窝镇是首都的重要生态屏障，其主体功能属于限制开发，特别是限制大规模高强度工业化、城镇化开发，这使得大石窝镇在产

① “三区一节点”指首都西南部重点生态保育及区域生态治理协作区，科技金融创新转型发展示范区，历史文化和地质遗迹相融合的国际旅游休闲区，京津冀区域京保石发展轴上的重要节点。

业发展上面临一定的制约，因此，大石窝镇需要加强产业高标准准入管理和发展低能耗、低污染项目。大石窝镇虽已实施产业转型发展，拟重点发展文化产业、休闲旅游产业等，但产业间融合水平不高，主导产业仍以传统的汉白玉加工、石材雕刻为主，旅游也主要是提供初级农产品和简单餐饮服务，旅游产品开发与文化的附加值没有得到有效挖掘。此外，石材产业绿色转型领军企业集聚发展不显著，优秀的加工技术人才、创意人才和经营管理人才仍然较少，自主创新体系不完善，产业转型升级所需的要素资源亟须优化配置，产业转型压力日益突出。

2. 农民增收压力依然巨大

党的十九大报告提出当前社会主要矛盾已经转化为人民日益增长的美好生活需要和不平衡不充分的发展之间的矛盾，这种不平衡不充分在城乡差距上表现得更明显，为此国家提出乡村振兴发展战略。大石窝镇农民人均可支配收入的主要来源为工资性收入，工资性收入占总收入的 72.4%。采矿等传统产业的关停、退出，释放了大量的普通劳动力，导致农民收入增长困难。2018 年，大石窝镇农民人均可支配收入低于房山区和北京市对应的平均水平。因此，该镇迫切需要进行产业转型升级，培育壮大休闲文化旅游等绿色产业，进一步引导和转移农村劳动力，促进农民就业和增收。

3. 生态环境保护任重道远

大石窝镇长期采用“放大炮、挖山脚”的原始方式开采汉白玉、大理石等石材，既导致资源因粗放式开采而快速减少，也对周边的自然生态系统和环境造成了破坏，如山体破坏、植被减少、生物多样性降低、粉尘弥漫、废弃物无序堆置等。由于当地农业生产中化学品的使用及本地居民、游客对自然环境的破坏，使得镇内两条主要河流——拒马河和泉水河，河水中垃圾多处可见，局部水质较差，且拒马河常年处于干涸状态，这些不仅影响了自然景观和村容村貌，也影响了当地经济社会的可持续发展。此外，大石窝镇农村污水处理设施建设滞后，仅有 5 个村庄有污水处理站，农村污水亟待治理。大石窝镇的废弃矿山生态修复和河道治理工程量大，治理成本高，由于财政可投入资金非常有限，生态修复工作面临严峻挑战。

4. 公共服务体系亟待完善

受制于城乡二元结构的长期存在，大石窝镇农村公共服务体系与城市相比仍存在整体投入不足、结构失衡和效率不高等问题。在农村青壮劳动力大量外出务工与人口老龄化逐渐加剧的现实背景下，农村子女教育和养老等问题显得尤为突出，大石窝镇急需加大师资、专业护理人员、医疗保障及配套基础设施等方面的投入，以推进农村社会公共服务体系建设。此外，大石窝镇关停石材开采等落后产能，释放了大量的普通劳动力，但这些劳动力又缺乏在新产业领域就业的知识和技能，因此需要健全相应的再就业服务通道。大石窝镇在产业转型过程中，大力发展文化创意、休闲旅游、生产服务等绿色产业，这些产业需要大量的研发人才、专业技术人才和经营管理人才，因此急需政府部门加快完善人才引进和培育机制。

5. 农村基础设施较为薄弱

目前，大石窝镇的拒马河大石窝段和南泉水河亟须进一步完善河道修复与水系治理；田间路、基本农田节水灌溉、排水渠、地埋管等农业基础设施建设亟待全面推进；农村社区服务中心节能改造亟待开展，农村公共照明系统亟待加强；同时，大石窝镇的乡村餐饮和住宿接待水平不高、公共厕所少且标准较低、乡村道路等级偏低、停车场不足等薄弱问题也影响了全镇休闲文化旅游业的快速发展。

（三）总结思考

大石窝镇旅游资源优势明显，拥有深厚的历史文化底蕴和丰富的特色农业资源，乡村休闲旅游产业正在蓬勃发展，地方经济实力不断增强，城乡一体化建设步伐不断加快，社会事业不断壮大，可持续发展潜力巨大。然而，大石窝镇也存在产业结构不合理、产业转型升级难、农民增收压力大、生态环境历史欠账多、乡村休闲旅游基础设施薄弱、农村养老设施不健全等制约区域可持续发展的不利因素，并且这些因素在北京郊区浅山区具有普遍性。在国家和北京市大力推进生态文明发展战略、京津冀协同发展战略、乡村振兴战略之际，大石窝镇高度重视发展与环境的关系，近年来主动作为，积极淘汰落后产能，关停退出低端污染产业，大力疏解非首都功能，全面坚持党建引领发展战略，全力打造特色文化小镇。鉴于此，大石窝镇举全镇之力，抢抓历史机遇，充分利用自身优势条件，解决发展中的制约因素，建设北京市可持续发展实验区。这既是实现自身可持续发展的需要，也是为北京浅山区乡镇实施可持续发展战略提供现实典范。

三、建设思路和目标

（一）建设思路

大石窝镇坚持问题导向，紧紧围绕制约大石窝镇可持续发展的限制因素，全面融入京津冀协同发展大局，主动适应经济发展新常态，按照北京市建设“四个中心”和房山区建设“三区一节点”的功能定位以及大石窝镇打造宜居、宜业、宜游、富足、安宁的美丽乡镇奋斗目标，立足全镇资源环境禀赋，充分发挥文化资源优势，按照以文化引领发展、以科技支撑发展、以绿色推动转型的总体要求，实施三镇发展战略——生态立镇、文化兴镇、旅游强镇，多措并举，着力推进区域功能结构优化、生态环境治理、产业升级转型、美丽乡村建设和社会公共事业五大任务；明确技术路线，加大体制机制改革创新，营造良好发展环境，凝心聚力，压实责任，广泛动员，共建共享，全面提升大石窝镇可持续发展能力，形成具有鲜明特色的浅山区资源型乡镇绿色转型发展的新模式，为北京资源型乡镇可持续发展提供示范。

（二）建设目标

大石窝镇的建设目标是通过可持续发展实验区建设，镇域经济发展实力得到较大增强，经济发展质量得到显著提高，镇域产业结构趋于优化，初步建成以石材文化创意和乡村休闲旅游为核心的产业体系；工业反哺农业、城镇支持农村，新型农村社区建设得到有效推进，农村经济与农业现代化跃上新台阶，城乡统筹发展形成新的格局；人居环境更加清洁、优美、舒适、安全，各项社会事业较快发展，人民群众日益增长的文化需求得到不断满足，居民生活质量得到显著改善；文化引领发展，科技促进可持续发展的支撑能力显著增强，科技贡献率不断提高；初步形成生态环境得到有效保护，资源得到高效利用，文化历史得到有效传承，先进适用科技得到有效推广，管理机制得到有效创新的社会和谐、文化丰富，资源、环境、经济协调发展的可持续发展实验乡镇。

四、建设路径

（一）突出文化科技引领，完善区域主导功能

1. 增强服务首都能力

大石窝镇坚持提升和疏解并重，以疏解盘活发展空间，以承接提升发展质量，有序疏解存量，建立镇村低端产业清盘台账，重点淘汰一批石文化体验区内的传统石材粗加工、石粉（石渣、矽砂）、机械等行业和生产工艺，加快退出高能耗和“散乱污”企业。大石窝镇按照更严格的资源环境标准，加快一批存量企业技改升级，强化首都核心功能，深入挖潜镇内石文化、经文化、佛教文化、水文化、遗址文化、民俗和古村落等文化资源，依托西山永定河文化带建设，提升大石窝镇文化魅力，塑造文化品牌，助力休闲旅游文化产业发展和全国文化中心建设。

2. 确定重点开发区域

大石窝镇着眼于功能优化配置，构建“一轴、两廊、四园区”空间发展格局，加强分类引导与差异调控，推动大石窝镇有序、协调、持续发展。“一轴”即以石水路为轴心，连接房易路、云居寺路，充分挖掘展示石文化和佛教文化功能，打造特色旅游观光大道。“两廊”即以贯穿大石窝镇的拒马河、南泉水河为廊道，打造成集休闲、观光、旅游于一体的绿色精品走廊，提升宜居宜游和文化功能。“四园区”为：云居寺文化景区，深入挖掘佛教文化底蕴，完善休闲度假与养生等功能，建设成京西南佛教文化旅游目的地；石文化体验区，打造废弃矿山生态治理示范区，并促进传统优势产业向高端化、精品化、品牌化发展；田园休闲观光区，依托万亩平原造林和亚洲最大泵站——惠南庄泵站，提升绿色食品供应、生态涵养、休闲观光三大功能；镇江营遗址保护区，挖掘区域文物资源，开发文

化旅游功能。

（二）加强生态文明建设，构筑生态安全屏障

1. 提高绿地生态系统质量

大石窝镇汉白玉等矿产开采区集中在镇域中部，长期粗放式的开采使矿区生态环境破坏严重，废弃矿石随意堆置、土地裸露、存在大面积采空区等，在雨水集中季节极易发生滑坡、水土流失，并且成为山区优美自然景观中的一块重大瑕疵，影响休闲旅游业的发展。大石窝镇在北尚乐、高庄、下营、三岔、后石门等村废弃矿区实施生态修复工程，采用土壤治理和修复技术、裸露山体植被恢复技术等对破损生态系统进行修复，实施矿坑就势利用、矿坑回填、土地整理、植树造林等工作，防止水土流失，改善自然生态环境。大石窝镇全力做好森林防火和林木病虫害防控工作，巩固已有的平原造林成果，并紧紧抓住新一轮百万亩造林机遇，提高林木绿化水平。其充分借鉴平原造林工作经验，实施浅山区大规模绿化造林工程，连接生态林断带，推进宜林荒山荒地等大尺度“块状”绿化，将浅山区绿化连廊联网；采取补植补造、松土扩掩、间株定株、抚育间伐等技术措施，实施镇内低效林改造工程，并在后石门、前石门、高庄等村域内难以用人工方式造林的浅山地带，实施爆破整地造林，加强荒山绿化工作。

2. 加快河道湿地生态治理

水是大石窝镇的重要生态资源与景观资源，大石窝镇实行了最严格的水源保护制度。严格落实河长制，坚持“严格保护、提升管理”的方针，重点抓好镇域内拒马河和南泉水河的河道生态治理，有效治理河道排污口；加快生态河道建设，打造流域生态水网，保护和恢复湿地生态系统；全面改善南泉水河、拒马河河流水质及沿线生态环境，使其成为生态景观廊道，促进生态环境保护与镇村景观建设相和谐，并提供丰富的水岸活动空间，重点在高庄村建设泉水湿地公园。同时，实施河道湿地水环境监测，定期开展河流生态监测与生态健康评估。

3. 提高污水垃圾处理能力

大石窝镇加快推进了村镇生活污水集中处理及垃圾无害化处理和资源

化利用，提高生活垃圾、污水处理能力。对于生活污水处理，一是对南河、高庄、独树等村已建但处于停用状态的污水处理站进行改造维修，提高污水处理设施运行能力；二是对未建设污水处理站的其他村庄要加大投入力度，新建污水处理改造项目，规划期内实现村庄全覆盖；三是加大对农家乐、生态旅游型农户等家庭餐饮业生活污染治理力度，将拒马河和南泉水河沿岸的水源保护地村庄、民俗旅游村庄纳入全镇农村污水处理计划。大石窝镇强力推进农村生活垃圾治理，先期以辛庄、郑家磨、王家磨和独树等村为试点，推广垃圾分类，按照“干管分离、市场运作、效能优先”的工作机制，逐步推广，实现生活垃圾减量化、无害化与资源化，以有效缓解农村生产生活垃圾造成的环境压力。

4. 加强农业面源污染治理

在农业产业结构调整基础上，全镇大力推广减量化、再循环、再利用、可控化量的低碳、循环农业技术，采取保护性耕作、测土配方平衡施肥、水肥一体化、有机肥推广、土壤深松和农业生物防治等措施，制订现代生态农业沃土奖励计划，建立耕地质量地理信息管理平台和耕地肥力质量长期定位监测点，严格控制化肥、农药、农膜用量，提高秸秆综合利用水平，严禁露天焚烧秸秆。

（三）加快产业结构调整，发展绿色生态经济

1. 壮大文化休闲旅游产业

大石窝镇依托丰富的人文历史资源与自然景观资源，发展全域旅游，按照业态多样化、产品创意化、产业融合化、发展集群化的方向，将乡村休闲旅游业与休闲农业培育打造成镇域主导产业，促进农民增收，满足市民休闲、游憩需求。大石窝镇进一步加强先进科技的创新和应用，发展“智慧旅游”产业，促进文化、科技和旅游的融合发展。

云居寺文化景区围绕佛教文化、民俗文化，将自身打造成集餐饮、购物、度假、养生等功能于一体的旅游名区。大石窝镇深入研究农村集体土地利用新机制，积极推动下庄村精品民宿项目，坚持资源变资产、资金变股金、农民变股东，将精品民宿打造成农村经济转型发展的新亮点；建设

云居寺文化景区智慧旅游公共服务平台，探索包含多平台 App 智慧旅游管理、全景区 Wi-Fi 热点覆盖、游客交互服务等板块的智慧旅游系统；创新旅游行业管理和旅游公共服务模式，积极推进“云居寺智慧景区”“智慧饭店”“水头村智慧旅游乡村”等试点示范建设，健全“智慧旅游”电子商务系统和便民服务系统建设。

大石窝镇继续退出石粉、机械、传统石材粗加工等低端产业，引进“高精尖”产业类型，力求“点石成金，化石为玉”；推动半壁店汉白玉艺术小镇建设；充分挖掘高庄汉白玉开采遗留广阔水面的休闲旅游功能，同时，利用高庄丰富优质的天然泉水以及御塘贡米种植等特色资源，建设高庄田园综合体。

大石窝镇大力发展林间运动休闲产业，积极推广蔬菜、花卉、中草药等林下经济种植，打造大地景观，完善北尚乐休闲农业观光旅游基地、惠南庄百亩芍药花观光园和王家磨美丽鲜花岛建设等，实现一二三产业深度融合发展。同时，大石窝镇以惠南庄泵站为依托，做好“南水北调进京第一滴水”的文章，建设南水北调渠首公园（北京），发展观光旅游项目，兼具节水科普教育功能。

大石窝镇深度挖掘镇江营遗址、蔡庄土城等历史文化资源，恢复灿烂的镇江营文明，并修复镇江营遗址和蔡庄土城，同时把镇江营遗址、蔡庄土城、塔照照塔这些稀缺的文物资源进行有效整合，并借助照塔山前正在建设的紫藤长廊旅游观光项目，完成旅游服务中心及健康绿道建设，打造“文化+生态+旅游”的发展模式，壮大文化旅游产业。

2. 升级改造传统石材产业

大石窝镇是典型的资源型产业乡镇，主导产业以汉白玉加工、石材雕刻为主。在北京疏解非首都功能的大背景下，大石窝镇一是要按照《北京市工业污染行业、生产工艺调整退出及设备淘汰目录》（2017 年版），进一步疏解清退传统石材粗加工、石粉（石渣、矽砂）、采矿业等高能耗和“散乱污”的一般制造企业；二是抓住大理石加工以外的产业机遇，全面加快企业瘦身健体步伐，加强企业标准化创建工作，加快传统产业改造升级和新兴产业聚集发展，对全镇现有汉白玉加工、石材雕刻企业进行整合，退低引高，抓培育转型，走自主创新、品牌强企之路，不断提升石材产业核心竞争力；三是依靠“科技+文化”，引入高端元素，借助与北京工美集团、故宫博物院合作的机遇，促进汉白玉雕刻与传统历史文化有机结合，植入文化元素，全力打造汉白玉文化的专家智库、理论研究基地和人才培养高地。多措并举，促进汉白玉加工向高端化、高新化、规模化、品牌化方向发展。

3. 提升绿色蔬菜林果产业

大石窝镇农业发展基础较好，农业生产是农民家庭收入的重要来源。近年来，平原造林占用镇内大量农用地，农业生产空间不断变小。大石窝镇农业要按照“扶持基地带动，规模连片发展，流转集约经营，加工增加收入”的发展思路，继续围绕绿色食品供应、休闲观光和生态涵养三大功能，坚持“低碳、高效、循环”发展理念，重点从规模化生产、产业链延长，实施绿色有机化生产与观光休闲旅游融合发展等方面，增加农民收入，提高环境友好性。一是进一步促进北京南河北星农业发展有限公司、北京永长福生物科技有限公司和北京颐景园种植专业合作社等重点农业企业和新型农业生产经营主体的发展壮大，增强其引领带动作用；二是依托南河村优质蔬菜加工的品牌效应，抓好南河村、南尚乐、惠南庄和广润庄等村的设施蔬菜基地建设；三是充分利用已完工平原造林资源，以广润庄村花生、塔照黄精、后石门蔬菜及半壁店、北尚乐金银花等为基础，发展林下“一村一品”项目；四是把优质设施蔬菜生产基地、林下景观和三岔、水头的菱枣、高庄的御塘贡米以及广润庄花生等特色农产品与休闲旅游业进行充分融合，实现对大石窝镇乡村休闲旅游产业发展的有力支撑；五是借助“互联网+”等新经济业态，创新农超对接网上模式，不断拓宽农产品销售渠道，全面打开农产品销售市场。

4. 完善产业配套基础设施

大石窝镇大力推进都市型现代农业基础设施建设，为农业生产与观光休闲产业发展打下坚实基础。一是实施以配水节水为中心的农田水利改善工程，形成现代农业节水体系；实施以质量提升为中心的农田沃土培肥工程，增加有机肥在各类设施蔬菜生产和林下种植作物中的使用。二是实施以农田景观建设为中心的沟路林渠配套项目。三是加快镇内拒马河和南泉水河的河道景观草种植，以提升田园景观和乡村风貌。大石窝镇还不断推进乡村休闲旅游配套基础设施建设，重点提升规划区内路网、供电、上下水、农田、通信网络等基础设施和旅游咨询接待站、商品销售亭、景观标识、停车场、公厕等公共服务设施水平，提高休闲旅游区的环境承载能力和旅游接待能力。大石窝镇以信息化科技为支撑，大力发展智慧旅游，着力解决节假日重要景点停车难、交通拥堵、用餐难等问题。

（四）推进美丽镇村建设，保护农村文化风貌

1. 加强美丽镇村规划建设

大石窝镇把好镇村建设风向标，围绕乡村振兴战略，全面对接新版北京城市总体规划，完成新一轮镇域总体规划、生态环境保护规划、镇江营遗址保护规划、24个美丽乡村建设规划编制工作。大石窝镇进一步完善基础设施，实施石水路4.8千米的生态提升工程，完成纸毛路等公路的大修项目，并翻修路面，不断完善镇村功能配套。大石窝镇以“环境提升年”为重点，落实“街巷长制”和“小巷管家”，责任到人，每村打造5条环境示范小街小巷，实现背街小巷亮化美化全覆盖；实行最严格的保护制度，对违法建设做到“零容忍”“零增长”，保持拆违高压态势，完成区下达的拆除任务。

2. 深入实施美丽乡村建设

大石窝镇坚持“特色”和“绿色”主线，大力建设王家磨村美丽鲜花岛及广润庄村绿色村庄；争创辛庄村为北京最美乡村，使全镇北京最美乡村的数量达到3个。大石窝镇加速半壁店村永久避险安置房搬迁入住及社区建设，按照“地域相近、产业相似、习俗相同、便于发展”的原则，明确试点社区的功能布局、建设容量和人口规模，统筹考虑社区产业发展定位、基础设施与公共服务设施及相关配套设施建设、生态环境保护等内容。大石窝镇还大力实施农村煤改清洁能源工程，完成所有村庄的煤改电；加快农村电网改造，提高用电负荷标准，为煤改电增容、休闲旅游及

日常生活提供电力保障。

3. 美化村庄保护农村风貌

大石窝镇按照“村庄周围森林化、村内道路林荫化、村民庭院花果化、村内集中绿地人性化、河渠公路风景化、基本农田林网化”的方向，加强村庄街道绿化、四旁绿化和庭院绿化。大石窝镇进一步完善房易路、云居寺路、石水路等镇级样板示范街改造提升工程，加强道路周边环境综合整治，同时打造村级环境样板街，全面改善镇村环境；加大“见缝插绿”工作力度，各村在村域内可绿化的边角空地栽花种草、植树绿化，促进村庄内外林木绿化形成“串点成线、连线成片”的效果。大石窝镇的绿地系统建设主要结合云居寺文化景区和高庄田园综合体以及半壁店和下庄永久搬迁安置点建设，全面打造“村在林中、房在树中、路在绿中、人在景中”的生态景观。此外，面对镇村用地紧张的现实，大石窝镇通过垂直绿化、屋顶绿化、停车场绿化等多种形式，全力挖掘全镇可绿化空间。

大石窝镇坚持保持乡村风貌和地域文化特色，保护水头村、塔照村、岩上村、镇江营村、高庄村等有历史、文化、艺术、科学价值的民俗、古建筑和古遗址等，恢复历史环境要素，依托现有山水脉络等独特风光，保护山、水、林、田、路等生态要素，重点改善村庄人居环境和生态条件；挖掘历史文化传承，突出村庄特色，维护传统文化遗产的真实性和完整性，把大石窝镇农村真正建设成“看得见山，望得见水，记得住乡愁”的美丽乡村。

（五）增强社会保障体系，提高公共服务能力

1. 提高就业创业水平

首先，拓宽就业渠道。针对石材开采及传统粗加工等“散乱污”企业大量关停，大石窝镇全方位启动再就业援助工程，加强农民就业产业基地建设，重点扶持服务型企业，开发餐饮接待、清洁、家政等生活性服务业就业岗位，积极引导拒马河和南泉水河沿岸的王家磨、下滩、半壁店等 14 个村发展农家乐、采摘园等观光休闲农业，促进农村劳动力就地就近就业；鼓励村集体经济组织、合作社及企业优先吸纳本地农村劳动力就业；鼓励农村劳动力外出就业；继续开发护林、管水、保洁等农村公益性岗位。其次，加强职业技能培训。主要包括三部分：一是非农就业技能培训；二是农村实用技能培训；三是农村发展带头人能力培训。最后，继续加强就业服务。加强对就业困难群体的就业帮扶，提供有针对性的就业指导、就业推荐、政策咨询等服务；建设公共就业服务人力资源信息网络平台，提供就业咨询、培训信息、职业介绍、就业和创业指导、跟踪服务、维权保障等一体化服务。

2. 提高公共教育水平

一是整合系统优质的学前教育。大石窝镇进一步挖掘公办学校教育资源，鼓励社会力量办学，形成完善的以镇中心幼儿园为龙头、私立幼儿园为补充的学前教育体系。大石窝镇提升了中心幼儿园办园水平，中心幼儿园已晋升为一级一类幼儿园。大石窝镇积极探索托幼一体化管理模式，向0~3周岁幼儿提供保育服务。二是构建均衡发展的义务教育。大石窝镇重点推进义务教育学校标准化建设、师资队伍建设、教育教学质量提高、关爱贫困弱势学生、建立经费投入机制和督导评价机制等工作，义务教育实现由重数量向重质量转变，由“有学上”向“上好学”转变。大石窝镇结合优质文化资源，探索增加特色教育内容；大力推进中小学校规范化建设，实施石窝中学校舍综合维修改造及南尚乐中心小学室外基础设施建设项目，努力改善办学条件。

3. 提高医疗卫生水平

大石窝镇加大了管理和资金投入力度，继续改善大石窝镇社区卫生服务中心、10所社区卫生服务站和45个村级医疗机构的就诊条件，从软硬件两方面积极创造条件，提高医护人员业务技术水平和服务能力；加强以全科医生为重点的基层医疗卫生队伍建设，做好全镇家庭医生签约服务管理，提高签约率；积极利用移动互联网、可穿戴设备等为签约居民提供在线服务；以创建国家级满意乡镇卫生院为基础，全面提升大石窝镇社区卫生服务中心管理和业务水平；积极落实城乡居民基本医疗保险政策，不断提升参保率，为全镇居民办理医疗保险参保手续，引导参保群众就近就诊，使人人享受医疗政策，做到病有所医；深入开展计划生育优质服务，促进人口均衡发展。

4. 提高社会保障水平

大石窝镇切实发挥各项民生社会事业的兜底保障作用，落实好城乡居民养老保险、困难群众生活补贴、医疗救助、最低生活保障和社会优抚等社会保障政策，及时做好低保户、低收入户、五保户的退出和准入机制。大石窝镇提高了对残疾人、贫困家庭、孤儿等特殊群体的帮扶救助力度，以政府购买公共服务和公益服务等方式，为不同人群提供项目化、个性化特色服务。对有劳动能力的贫困群众，大石窝镇因地制宜培育出一批能带动贫困户收入长期稳定增长的特色优势产业，并加大镇村干部结对帮扶力度，加快增收脱低步伐。此外，大石窝镇还完善了医疗救助、减灾救灾等保障制度，扎实做好临时救助工作，做到精准救助、应助尽助，切实提高人民群众的获得感；构建了居家养老“三边三级”服务体系，提升老年人社会福利水平和生活质量；积极推进高庄村养老照料中心、12 家村级养老服务驿站和南尚乐村 800 亩健身步道的建设工作，并发展短期照料、营养配餐、助洁助浴、精神关怀等居家养老服务项目，让更多老年人安享晚年。

5. 丰富农村文体事业

大石窝镇进一步完善镇村公共文化设施，加大对镇村文化活动中心、文化广场等基础性公共文化设施建设的投入，通过新建、改扩建、调整、共享等多种形式，推进文化设施资源整合。大石窝镇还进一步提升公共文化服务设施利用率，促进公共文化服务设施标准化、数字化、均等化、社会化建设；推动文化惠民项目与群众文化需求有效对接，组织开展丰富多彩、健康向上的群众性文化活动，积极举办大石窝镇农民书画节，实施文化惠民工程；倡导全民阅读，打造“书香大石窝”，提高镇村居民文化素养；扶持农村文化团体发展，推进实施农村文艺演出“星火工程”，变“送文化”为“种文化”，不断呈现大石窝文化新气象、百姓新风采。大石窝镇完善了镇文体中心建设，提高了体育设施水平和利用效率，定期举办全镇群众运动会以及乒乓球、篮球、羽毛球、广场舞、太极拳等专项体育比赛；推动农村社区体育设施提档升级，积极创建体育特色村；广泛普及健康知识，推进健康知识进校园、进村、进户；大力开展全民健身，积极发展群众体育活动，引导健康文明的生活方式。

第十章 密云区太师屯镇市级可持续发展实验区建设研究

一、基本情况

太师屯镇是密云水库北 6 镇中心和枢纽，位于北京市北部山区、密云城区东北方向 35 千米处，是密云北部的交通咽喉，镇域面积为 202.5 平方千米。1999 年 9 月，太师屯镇被国务院批准为“国家级综合改革试点镇”，其先后荣获全国环境优美乡镇，首都文明乡镇，京郊发展第二、三产业先进镇等多项荣誉。2014 年 8 月，太师屯镇被确定为全国重点镇。太师屯镇全境位于水源保护区内，西邻密云水库东岸，西北部隔潮河与高岭镇相望，北部与古北口镇、新城子乡紧邻，东北部与河北省兴隆县相邻，东部与北庄乡毗连，南部与穆家峪镇、巨各庄镇、大城子镇均有接壤，是首都生态涵养区特色典型乡镇，可持续发展模式示范意义重大。

太师屯镇域内山地多，林木资源丰富，森林植被不仅对密云水库有涵养水源、防止水土流失、延长水库寿命的重要作用，还能起到调节区域性气候、净化水质、保护和改善生态环境的特殊作用。太师屯镇主要水源涵养林分布于白龙潭—刁龙沟、杨家峪—庙岭—沙峪沟一带。为保护密云水库生态环境、保护饮用水资源，2017 年，太师屯镇执行库区涵养区禁种禁养和重要水源两侧保护清理政策，对畜牧养殖进行全面清理，直接造成畜牧产值同比大幅度下降。太师屯镇不断发展特色农业、休闲农业、景观农业等都市型现代农业，现已形成多个特色农业园差异化发展格局。太师屯镇以提升旅游服务质量为着力点，重点发展景区旅游和民俗旅游，形成景区、乡村酒店、民俗村和民俗户四级旅游接待网络，乡村旅游业呈现良好发展态势。

二、发展机遇和限制因素

（一）发展机遇

1. 守护好密云水库已成为重要政治责任

生态文明建设已经成为新时期党和国家的一项重大工作部署。党的十九大报告重点强调生态文明是中华民族永续发展的千年大计，要坚定走生产发展、生活富裕、生态良好的文明发展道路，建设美丽中国。作为北京的生态涵养区，密云区把保水作为首要政治责任，把生态建设作为立区之基，生态建设走在全国前列。2020 年，习近平总书记给建设和守护密云水库的乡亲们回信，指出“北京一万多平方千米的山区是首都重要的生态屏障和水源保护地，地位十分重要。我一直惦念着密云水库。当年修建密云水库是为了防洪防涝，现在它作为北京重要的地表饮用水水源地、水资源战略储备基地，已成为无价之宝……”太师屯镇是密云区的水源保护区，保水是其生态建设第一职责。太师屯镇要抓住将生态优势转化为发展优势的良好契机，加强村镇绿化、景观营造、环境治理和生态修复等工作的开展，推进太师屯镇生态、经济和社会的可持续发展。

2. 实施乡村振兴战略为太师屯镇发展绿色生态型产业提供了新契机

农业的服务性、安全性、功能性、体验性日益成为农业消费需求的新增长点。随着农业多功能性特别是生活、生态功能的迅速凸显，生态环境作为农业资源或要素的重要性迅速增强；文化、创意等服务要素对农业发展的影响逐步深化。党的十九大报告提出实施乡村振兴战略，要求提升农业发展质量，培育乡村发展新动能；坚持质量兴农、绿色兴农，加快构建现代农业产业体系、生产体系、经营体系，提高农业创新力、竞争力和全要素生产率。太师屯镇作为全国重点小城镇，在当前城乡融合发展的战略机遇期，要加快承接产业转移、服务支持农村、增强农村活力，加强与首都发展的统筹规划与功能配套。

3. “绿色国际休闲之都”的发展定位为太师屯镇休闲旅游产业发展注入强大动力

城乡居民对农业农村多功能需求迅速增加，尤其是城市居民到乡村旅游观光、文化体验、休闲养生的需求日益增加，为乡村承接这些需求带来了新的机遇。密云区紧紧围绕“绿色国际休闲之都”发展定位，大力推进高端休闲旅游、健康养生及现代服务业发展，为太师屯镇加快发展以都市型现代农业为特色的沟域经济提供了强大推动力。在古北水镇等周边新兴文化旅游地标的带动下，太师屯镇乡村旅游快速发展。随着京津冀协同发展上升为国家战略，太师屯镇作为京津冀西北部生态涵养区、密云水库旅游区的门户和距离市中心较近的旅游乡镇之一，要进一步提升休闲旅游业发展质量和发展特色，使自身成为首都市民休闲旅游、消费需求的重要承载地。

（二）制约因素

1. 经济基础较为薄弱

太师屯镇镇域范围主要是山区，人多地少，山场广阔，可利用的物质资源有限，区域经济发展总量不足，固定资产投资后劲不大。各村居民点布局较分散，不利于各项基础设施的建设和设施的共建共享，产业集聚发展难度较大。镇域建设和产业发展所需空间资源受到较大制约，急需进一步优化土地利用方式和提升土地利用效率。

2. 产业发展空间有限

太师屯镇位于水库的一级、二级保护区内，是严格控制开发区。太师屯镇有15个村队地处密云水库一级保护区内。遵循“保水是第一要务”的镇域发展原则，镇内严格限制工业、养殖业的发展，一级保护区内清退全部中小规模养殖户，产业结构非常单一，且地处深山区，贴近农村实际的产业项目选择、资源开发受到空间限制，产业发展方向还不清晰，农民就业基地“腾笼换鸟”还处于起步阶段。

3. 农民就业增收难度较大

随着种养殖业的退出，农牧业生产需要的劳动力逐渐减少，全镇两年退出畜禽养殖户605户、清退畜禽19万头（只）、退出库区种植近16平方千米，减收近3亿元，太师屯镇缺少替代产业来安排失业农民就业。农民增收压力较大，特别是低收入农户增收的措施办法还不够多。剩余劳动力的转化需要通过三产来解决。招商引资政策调整后，引进实体企业和注册企业的难度增加，招商引资工作面临更严峻的形势。

4. 产业同质化竞争不断加剧

近年来，太师屯镇乡村休闲旅游业虽然得到较快发展，但是仍然比较粗放、低端，主要以提供初级农产品和简单餐饮服务为主，人文历史资源与生态环境优势没有得到有效挖掘，第一产业和第三产业之间没有实现有效融合，致使镇内农产品附加值低、产业特点不明显。乡村休闲旅游业在北京郊区各地蓬勃发展，休闲农业间的竞争将越来越激烈，规避同质化竞争的重要性和紧迫性日趋突出，如何抓创意、突亮点、显特色，是未来镇域观光休闲农业发展需要重点考虑的问题。

三、建设思路和目标

（一）建设思路

太师屯镇深入学习贯彻习近平新时代中国特色社会主义思想和习近平总书记给建设和守护密云水库的乡亲们的回信精神，牢固树立创新、协调、绿色、开放、共享的发展理念，准确把握太师屯镇“密云东北部经济文化中心、库北片区综合性服务中心”的基础定位和“水源保护区，履行保水第一职责”的地域特性，坚持生态红线的底线发展思维，坚持绿色生态导向，推动生态资本加快增值，探索镇域经济、社会与环境协调可持续发展的有效路径，形成有利于资源高效合理利用、生态环境持续发展的新机制和新体制；将优质生态环境优势转化为发展优势，充分发挥乡村在生态涵养、文化传承、休憩空间创造和食品安全生产上的功能，推进太师屯镇保水和富民的有机统一；着力打造“一区两带三核心”的空间布局，构建以都市型现代农业为基础，休闲旅游业为核心，文化产业为先导的绿色产业体系，建设水源保护区乡镇可持续发展的新模式。

（二）建设目标

太师屯镇以切实保障水资源安全与可持续利用、提升生态质量与生态效应为前提，探索生态、民生协调发展的生产生活方式，发展以自然生态、产业生态、人居生态为核心的生态文明发展新模式。太师屯镇通过可持续发展实验区建设，使镇域生态品质得到不断提高，生态效能进一步凸显，产业功能逐渐丰富，经济结构有序优化，发展质量显著提高，基础设施和服务功能日益完善，人居环境更加生态宜居，初步建成以生态农业、乡村旅游、休闲养老、森林康养等生态型产业为核心的产业体系，有效推进美丽乡村建设，形成生态环境和谐优美、经济社会协调可持续发展的绿色生态强镇，实现生态美和农民富的有机统一。

四、建设路径

（一）推动生态文明建设，筑牢绿色生态屏障

太师屯镇严守底线，提升生态价值。太师屯镇以营造宜居、宜业、宜游的优美环境为目标，通过生态修复、环境整治、风貌提升等多种手段，继续强化水库水源保护；实施镇域水系流域综合治理和森林保育，优化生态环境，释放生态价值，使生态资源成为支撑镇域社会经济发展的核心要素，全面打造太师屯镇全域景区化的美丽乡村形象。

1. 强化水库水源保护

太师屯镇牢固坚持“保水是首要责任、环境是立镇之本”的理念，以保障首都水源安全为重点，以涵养为根基，加大对密云水库及周边环境保护，实施“定格、定人、定责、定章”的水源保护网格化管理，实现水库一级保护区看护全天候、全覆盖、无缝衔接，实现“清水下山、净水入库”。落实最严格的水资源管理制度，明确划定以水源保护区为核心的生态高敏感、高风险区域的生态底线，禁止一切与生态保护无关的开发建设活动；坚决清理一级保护区内畜牧养殖和 148 米以下消落区土地种植，稳步推进库滨带治理工程；启动一级保护区建设工程，对库区周边村的道路、饮水、护坝等基础设施进行维护和修缮。太师屯镇完善了监管机制、

保水宣传与普及工作，积极开展“密云水库环境综合执法行动”，对密云水库一级保护区和安达木河治理工程等进行重点巡查。

2. 加大河道治理及矿山修复

太师屯镇继续加大对镇域内主要河道的治理力度，沿主要河道进行旅游景观改造工程；继续推进安达木河治理，对清水河、安达木河两岸实施绿化美化；实施潮河治理工程，完成前南台村、后南台村、桑园村、城子村、小漕村段潮河河道清淤；实施小流域治理工程，完成头道岭村、前南台村、后南台村、黑古村沿小流域治理工作；加快大漕村矿山治理，完成大漕村陡岭子废旧矿坑治理工程。

3. 加快农村污水治理

太师屯镇加快推进镇区和集聚大村生活污水集中处理，研究制定镇域内生活污水处理设施运行维护管理办法，积极探索推广专业化、市场化、集约化的管养模式。在人口较少的村庄，因地制宜，探索推广造价低、耗能小、维护便利、处理水质好的处理工艺和国内外试用成功的户用小型处理设施及湿地处理等生态型新技术，尽可能用生态理念解决农村污水生态问题。

4. 加快垃圾厕所治理工作

太师屯镇加快推进垃圾无害化处理和资源化利用工作，完善了垃圾分类收集处理体系，实行村级环境责任制考核和保洁员管理办法，实施垃圾分类试点，推广无害化垃圾就地消纳，减少垃圾清运量；对镇域内的垃圾桶进行旧桶替换，对松树峪、上庄子村垃圾转运站进行提级改造，提高垃圾转运站处理效率，以有效缓解农村生产生活垃圾造成的环境压力；持续推进“厕所革命”，重点提升道路沿线旅游服务站、重点旅游村、加油站公厕服务品质，探索公厕管理外包机制，确保全部正常开放。

5. 提升森林生态系统质量

太师屯镇继续巩固前期绿化造林成果，实施封山育林及生态公益林抚育工程，启动低质、低效林改造，不断提高生态林的林分质量，优化林木结构，提升生态服务功能；加强退耕还林地块的管理工作，提升经济林的生态综合效益；积极开展京津风沙源治理工程项目，进一步提高森林覆盖率。

6. 完善落实生态补偿机制

太师屯镇以“六护”（护水、护河，护山、护林，护地、护环境）工作为重点，以生态富民为出发点，落实生态补偿机制，扩大环境保护和生态修复的资金来源。太师屯镇还建立了长效机制，探索政府主导、企业和社会各界参与，市场化运作、可持续的生态产品价值实现方式。太师屯镇严格实施水环境区域补偿制度，加大各级财政对水源保护区的投入力度，对水源保护地予以特殊扶持和资金倾斜。太师屯镇以实验区内水库、河流和湿地为重点对象，调整水源地保护者与受益者之间的利益关系，充分调动保护者积极性，将农业支持措施与环境保护相结合，动员本地村民参与资源环境保护。

（二）优化提升经济质量，构建绿色产业体系

太师屯镇提高了环保准入门槛，在产业选择与结构调整、土地开发建设过程中，优先考虑生态环境的承载能力，探索适合生态地区的经济发展思路。太师屯镇重点聚焦生态农业、乡村旅游等生态型产业发展方向，在切实发展乡村旅游和生态庄园经济、促进库区农民转移就业、加强公益性岗位管理上下功夫，促进产业结构优化升级，实现农民增收致富。

1. 丰富提升特色林果产业

太师屯镇以提升农业现代化水平和增加农民收入为核心，着重突出太师屯镇果品种植优势，以上庄子村有机板栗基地、松树峪村樱桃园、城子村和前南台村精品果园、流河沟村人枣基地等特色种植为龙头，大力发展特色果品种植；在现有苹果、板栗、脆枣、葡萄等传统优势果品的基础上，拓展延伸发展反季节樱桃、草莓、春雪仙桃、文玩核桃等高附加值的特色果品，丰富全镇特色林果体系。太师屯镇进一步完善了农田水利、服务设施并提升了整体形象，形成一批品种优良、技术集约、管理先进的标准化生产基地，打造出了太师屯镇特色高标准精品果园。

2. 科技支撑农业绿色转型

太师屯镇强化农业科技支撑作用，不断探索新型农业发展路径，完善农业全产业链条。太师屯镇还探索推广设施农业、无土农业等先进农业技术，打造高产、高效的精品菜园、果园、立体农业示范园，建设一批技术集约、管理先进的标准化生产基地，推动农业朝集约、高效、安全方向发展。太师屯镇引入农业科研机构，扩大农业科技领域的合作范围，增强农业科技自主创新能力。太师屯镇以创建科技农业园区、发展循环经济为重点，围绕农业主导产业发展和生态工程建设，逐步完善科技服务体系。

3. 加快推进品牌建设

一是强化品牌化路径。太师屯镇整合已有的优质农业品牌，使用太师屯镇统一形象、标识和宣传平台，以有机农业、绿色食品为发展导向，组织鲜活农产品进社区，提升市场对太师屯镇农副产品如流河沟嘎嘣脆枣、前南台黄金梨、车道峪红薯及揽湖山庄水库鱼等的认知程度。二是培育一批以邑仕山谷为代表的旅游农业品牌。太师屯镇以邑仕庄园为主体，以葡萄与葡萄酒文化为灵魂，以文旅市场为导向，以科技手段为支撑，以品牌塑造为目标，丰富密云水库东线旅游线。太师屯镇依托蜜蜂大世界项目，扩大养蜂产业的规模、提升太师屯镇蜂产品的质量与品牌实力。太师屯镇还制定了多层次营销策略，多层次的面向客户群体，既有面向中端市场的旅游农产品体系，也有面向高端市场的食品特供。太师屯镇以良好的农业生态资源为依托，将自身打造成生态型、创新型、科技型精致度假综合示范区。

4. 推动三产融合发展

太师屯镇进一步推进了农业与旅游休闲、农耕体验、文化传承等新兴业态的深度融合，积极发展民俗旅游、文化旅游、农业旅游及亲水休闲旅游，加速旅游与相关业态融合，推动旅游供给从风景和产品向环境与服务全链条拓展，提升旅游服务业品质，打造太师屯镇高端乡村旅游产业体系。一是多措并举，提升民俗旅游；二是挖掘内涵，完善文化旅游；三是创意引领，包装农业旅游；四是因地制宜，发展亲水休闲。

（三）加快美丽乡村建设，改善农村人居环境

太师屯镇以乡村振兴为契机，以产业项目为引擎，多措并举，吸引社会投资参与新型城镇化开发建设；大力推进新社区、新民居建设，着力改善村民生产生活条件，完善农村社区化服务，打造更具生态吸引力的人居环境。

1. 优化镇村空间结构

太师屯镇加大了重点小城镇建设力度，坚持生态优先、精致发展的理念，打造适合本地生态发展的“一中心、两轴、三组团”空间格局。其以镇区所在地太师屯为中心，建设特色城镇经济发展区，作为国家级小城镇核心功能的主承载区。太师屯镇面向库北地区发展生产型和生活型服务业，打造 101 庄园旅游经济产业带和安达木云水文化发展带。太师屯镇围绕人口和产业集聚的中心、公共服务以及旅游服务核心，打造镇区综合服务核心、白龙潭旅游服务核心和落洼旅游服务核心，以产业发展驱动城镇功能的完善和服务配套升级，将太师屯镇区建设成密云区东北部经济文化中心、库北片区综合性服务中心。

2. 加大人居环境整治

太师屯镇依托现有的山、水、林、田、草等生态要素，改善了村庄人居环境和生态条件；落实了乡村生活垃圾处理、生活污水处理、村容村貌整治工作；开展“实施乡村振兴战略扎实推进美丽乡村建设”专项行动；完善镇村道路、供水、电力、通信及能源建设；大力推进山区农民搬迁和新农村新社区建设，改善镇村基础设施水平和整体风貌。太师屯镇还围绕休闲旅游产业发展，完善了旅游基础设施配套，建设休闲生态廊道，提高旅游线路的通达性；推进农村饮用水工程，实行老旧供水管网改造，对未实现集中供水的村庄逐步实现自来水入户。

3. 打造优质康养小镇

太师屯镇依托历史遗迹、传统文化的保护性开发，维护和凸显本土人文价值，注重自然与人文风貌协调，展现以水为脉的生态保育和休闲功能，乡村风貌应体现本土建筑风格特征。其迎合不断涌现的健康养生需

求，利用优质的空气水体生态环境，植入健康养生等高端服务，营造高品质居住空间。太师屯镇以风景美化工程为抓手，强化休闲度假特色服务，打造静谧养生游；加大旅游基础投资，提升景区容纳能力，推动生态旅游景区向功能景区延伸；积极引入文化创意等新型经济业态，注重创意产业与太师屯镇本土文化的结合，构建包括养老、健康管理、运动康复等大健康产业集群。

4. 完善基础服务设施

太师屯镇持续推进燃气、供热、电力、污水处理、垃圾处理等工程，改善镇村基础设施水平和整体风貌；加快推进全镇交通路网建设，实现现有路网的优化升级，提升交通设施对全镇经济社会发展的支撑能力；积极支持传统村落、休闲农园、特色景观旅游、特色民宿、民俗村等区域开通乡村旅游客运线路，提升乡村旅游交通服务保障水平，加快农村旅游景区、人口密集区域的停车场、充电桩等基础设施建设。

（四）完善社会保障体系，加快社会事业发展

太师屯镇以保障和改善民生为核心，加强乡村基础教育资源、文化体育设施和现代化医疗服务的配备，增强公共服务能力，完善城乡社会保障体系，力争把太师屯镇建设成为学有优教、病有良医、老有颐养、住有宜居的美丽生态乡村。

1. 优先发展教育事业

太师屯镇不断提高教育事业为区域经济社会发展服务的能力，综合利用各种教育资源，完善学前教育、义务教育及成人教育体系，努力提升教学质量和服务水平；全面实施“农村教师素质提升工程”，打造高素质、专业化教师队伍；鼓励、支持、规范社会力量办学，有针对性地培养、引进与本镇重点产业相关的专业技术人才、实用人才。

2. 繁荣文化体育事业

太师屯镇大力发展公益性文化事业，促进文化创意产业与旅游业融合发展。太师屯镇进一步完善图书室、数字影院、文化室、体育公园等基层文化体育设施的管理与利用；加强非物质文化遗产和文物的保护力度，加强对“九曲黄河阵灯俗”“上金山狮舞”等非物质文化遗产的保护工作；继续开展太极拳、河北梆子等戏曲曲艺、花会、乡村大舞台等特色文化活动，培育镇村文化特色品牌和文化队伍。

3. 积极拓展就业空间

太师屯镇以精准帮扶低收入农户、低收入村为重点，提供公益性就业岗位，开展多种专业技能培训，开展农村地区就业困难群体和农村转移劳动力就业帮扶工作，实现所有低收入农户脱低。太师屯镇进一步发挥好公益性岗位“稳定器”作用，注重社区公益项目、资源环境保护项目的开发，并利用这些项目增加当地农民的就业机会，为低收入农民提供持续就业机会和收入，防止返贫现象出现。太师屯镇积极引入康养、文化专业人才，有针对性地加大旅游服务实用人才的培训力度，促进了农村居民就业。

参考文献

[1] Aldieria L, Carluccia F, Cirà A, et al. Is green innovation an opportunity or a threat to employment? An empirical analysis of three main industrialized areas: The USA, Japan and Europe [J]. Journal of Cleaner Production, 2019, 214 (20): 758-766.

[2] Altenburg T, Assmann C. Green Industrial Policy: Concept, Policies, Country Experiences [R]. Geneva, Bonn: UN Environment; German Development Institute / Deutsches Institut für Entwicklungspolitk (DIE), 2017.

[3] Chen M, Zhou Z, Zhang H, et al. Study on the path selection of sustainable development in the mountainous area of Beijing [J]. IOP Conference Series: Earth and Environmental Science, 2018, 121 (5): 1-5.

[4] Chris S, Arminda do P, Helena A. Generativity, sustainable development and green consumer behaviour [J]. Journal of Cleaner Production, 2020, 245 (245): 1-9.

[5] Costanza R. Ecological Economics: The Science and Management of Sustainability [M]. New York: Columbia University Press, 1991: 65-99.

[6] Costanza R. What is ecological economics [J]. Ecological Economics, 1989, 1 (1): 17.

[7] Xie X, Cai W, Jiang Y, et al. Carbon footprints and embodied carbon flows analysis for China's eight regions: A new perspective for mitigation solutions [J]. Sustainability, 2015, 8 (7): 10098-10114.

[8] 白德民. 资源型城市建设“两型社会”经验与模式：武安市国家可持续发展实验区建设实践 [J]. 中国人口·资源与环境，2011，(21)：

104-106.

[9] 曹霓．可持续发展实验区发展状态评价研究：以榆林市国家级可持续发展实验区为例［D］．西安：西北大学，2010.

[10] 郴州市人民政府．《郴州市可持续发展规划（2018—2030年）》和《郴州市国家可持续发展议程创新示范区建设方案（2018—2020年）》向社会公开征求意见［EB/OL］．http：//www.czs.gov.cn/html/dtxx/tzgg/content_2859818.html？tdsourcetag=s_pcqq_aiomsg，2019-01-05.

[11] 承德市人民政府．关于印发《承德国家可持续发展议程创新示范区2019年实施方案》的通知［EB/OL］．https：//www.sohu.com/a/329287188_120205629，2019-07-25.

[12] 丁洁，魏楠．特大城市中心城区的可持续发展之路：以上海市徐汇区国家可持续发展实验区为例［J］．中国人口·资源与环境，2014，(12)：26-29.

[13] 樊万选．生态经济与可持续性［M］．北京：中国环境出版社，2013.

[14] 冯·贝塔朗菲．一般系统理论基础、发展和应用［M］．北京：清华大学出版社，1987.

[15] 傅家骥．技术创新学［M］．北京：清华大学出版社，2000.

[16] 甘师俊．可持续发展：跨世纪的抉择［M］．广州：广东科技出版社，1997.

[17] 广东省人民政府．深圳市人民政府关于印发深圳市可持续发展规划（2017—2030年）及相关方案的通知［EB/OL］．http：//www.gd.gov.cn/zwgk/wjk/zcfgk/content/post_2939398.html，2018-05-28.

[18] 桂林市科学技术局．桂林市国家可持续发展议程创新示范区建设方案（2017—2020年）［EB/OL］．http：//kjj.guilin.gov.cn/zcwj/bszcwj/201811/t20181109_1025523.htm，2018-03-06.

[19] 郭光磊．北京市生态文明建设研究［M］．北京：中国言实出版社，2016.

[20] 郭艳华，周木堂．探索可持续发展实验区特色建设的新途径

[J]. 中国人口·资源与环境，2004，14（1）：109-112.

[21] 国务院. 国务院关于印发中国落实2030年可持续发展议程创新示范区建设方案的通知 [EB/OL]. http：//www.gov.cn/zhengce/content/2016-12/13/conterrt_ 5147412.htm，2016-12-03.

[22] 郝亮，陈劭锋，刘扬. 治理视角下中国可持续发展面临的问题与对策研究 [J]. 生态经济，2017，35（1）：173-179.

[23] 何革华，刘学敏. 国家可持续发展实验区建设管理与改革创新 [M]. 北京：社会科学文献出版社，2012.

[24] 贺峰，雷海章. 论生态农业与中国农业现代化 [J]. 中国人口·资源与环境，2005，15（2）：23-25.

[25] 胡鞍钢. 创新绿色北京实践　实现绿色发展模式 [J]. 前线，2010（1）：34-35.

[26] 黄洁. 安吉县美丽乡村建设的现状、问题和对策的研究 [D]. 杭州：浙江农林大学，2017.

[27] 黄晶. 从21世纪议程到2030议程：中国可持续发展战略实施历程回顾 [J]. 可持续发展经济导刊，2019，（9-10）：14-16.

[28] 黄小芬. 建设国家可持续发展议程创新示范区研究：以武汉市为例 [D]. 武汉：武汉理工大学，2018.

[29] 黄阳华. 德国“工业4.0”计划及其对我国产业创新的启示 [J]. 经济社会体制比较，2015（2）：1-9.

[30] 贾敬业，冯永源，窦贻俭，等. 生态县评价体系及持续发展战略的研究 [J]. 中国人口·资源与环境，1992，2（2）：33-39.

[31] 科学技术部农村与社会发展司，中国21世纪议程管理中心. 中国可持续发展实验区的探索与实践 [M]. 北京：社会科学文献出版社，2006.

[32] 李俊莉，曹明明. 国家可持续发展实验区研究状况及其展望 [J]. 人文地理，2011，26（1）：66-69.

[33] 李俊莉. 可持续发展实验区发展状态评估研究——以榆林国家可持续发展实验区为例 [D]. 西安：西北大学，2012.

［34］李仁杰，路紫．国内生态旅游与区域可持续发展关系研究［J］．地理科学进展，2014（10）：139-146.

［35］李小燕，吴奕婷．太湖之洲：“两山理念”湖州样板［J］．城乡建设，2018（16）：20-27.

［36］李晓西，胡必亮，等．中国：绿色经济与可持续发展［M］．北京：人民出版社，2012.

［37］李兆华．可持续发展实验区建设研究［M］．吉林：吉林大学出版社，2019.

［38］临沧市人民政府．临沧市可持续发展规划（2018—2030年）［EB/OL］．http：//www.lincang.gov.cn/lcsrmzf/lcszf/zfxxgkml/fzjhbg/314444/index，html.2019-05-29.

［39］刘慧，樊杰，Guillaume Giroir．中国碳排放态势与绿色经济展望［J］．中国人口·资源与环境，2011，21（3）：151-154.

［40］刘文玲，王灿．低碳城市发展实践与发展模式［J］．中国人口·资源与环境，2010，20（4）：17-22.

［41］刘晓璐．“两山”理论：新时代生态文明建设的根本遵循［EB/OL］．http：//www.71.cn/2020/0507/1084934.shtml，2020-05-07.

［42］陆学艺．可持续发展实验区发展历程回顾与建议［J］．中国人口·资源与环境，2007，17（3）：1-2.

［43］吕永龙，曹祥会，王尘辰．实现城市可持续发展的系统转型［J］．生态学报，2019，39（4）：1125-1134.

［44］吕永龙，王一超，苑晶晶，等．关于中国推进实施可持续发展目标的若干思考［J］．中国人口·资源与环境，2018，28（1）：1-9.

［45］陆小成．纽约城市转型与绿色发展对北京的启示［J］．城市观察，2013（1）：125-168.

［46］马世俊，王如松．社会—经济—自然复合生态系统［J］．生态学报，1984，4（1）：1-9.

［47］毛锋，朱高洪．生态城市的基本理念与规划原理和方法［J］．中国人口·资源与环境，2008，18（1）：155-159.

[48] 牟子平．区域农业可持续发展的技术战略和政策研究 [D]．北京：中国农业大学，2004.

[49] 聂继凯，危怀安．国外科技创新研究述评：理论与模式 [J]．科技与经济，2015，28 (2)：16-20.

[50] 牛文元．智慧城市是新型城镇化的动力标志 [J]．中国科学院院刊，2014，(1)：155-159.

[51] 潘安敏，胡海洋，李文辉．城市低碳消费模式的选择 [J]．地域研究与开发，2011，30 (2)：73-77.

[52] 潘家华，单菁菁，武占云．城市蓝皮书：中国城市发展报告 No. 12 [M]．北京：社会科学文献出版社，2019.

[53] 彭乾，邵超峰，鞠美庭．天津市可持续发展实验区建设模式研究 [J]．中国人口·资源与环境，2016，26 (5)：355-360.

[54] 申玉铭，方创琳，毛汉英．区域可持续发展的理论与实践 [M]．北京：中国环境科学出版社，2007.

[55] 宋书巧，覃玲玲，覃春烨．可持续实验区研究：以广西为例 [M]．北京：经济科学出版社，2017.

[56] 孙新章．国家可持续发展实验区建设的回顾与展望 [J]．中国人口·资源与环境，2018，(1)：10-15.

[57] 孙新章．中国参与 2030 年可持续发展议程的战略思考 [J]．中国人口·资源与环境，2016，26 (1)：1-7.

[58] 孙新章．中国建立落实 2030 年可持续发展议程创新示范区的战略思考 [J]．中国人口·资源与环境，2017，27 (4)：1-5.

[59] 太原市人民政府．《太原市国家可持续发展议程创新示范区发展规划（2017—2030 年）》和《太原市国家可持续发展议程创新示范区建设方案（2017—2020 年）》向社会公开征求意见 [EB/OL]．http：//www. taiyuan. gov. cn/doc/2017/08/05/197902. shtml，2017-08-05.

[60] 谭剑，黄宗远．基于创新理论视角的我国国家创新系统发展研究 [J]．中共四川省委党校学报，2017 (2)：43-49.

[61] 唐建兵．"安吉模式"对美好乡村建设的借鉴与启示 [J]．衡水

学院学报，2015，17（4）：18-22.

［62］唐明敏．地理学视野下生态文明发展水平评价：理论分析与案例研究［D］．武汉：华中师范大学，2018.

［63］汪菁，刘孝斌．经济、生态和文化协同发展视角下的竹产业发展路径研究：浙江安吉县竹产业发展的实践研究［J］．统计科学与实践，2018，（9）：17-20.

［64］汪涛，张家明，禹湘，等．资源型城市的可持续发展路径［J］．中国人口·资源与环境，2021，31（3）：24-32.

［65］王海燕，郑秀梅．创新驱动发展的理论基础、内涵与评价［J］．中国软科学，2017（1）：41-49.

［66］王浩，李文华，李百炼，等．绿水青山的国家战略、生态技术及经济学［M］．南京：江苏凤凰科学技术出版社，2019.

［67］王慧敏．安吉的“绿色变奏曲”［N］．人民日报，2016-08-29.

［68］王如松，贾敬业，冯永源，等．生态县的科学内涵及其指标体系［J］．生态学报，1991，11（2）：182-188.

［69］王如松，李锋，韩宝龙，等．城市复合生态及生态空间管理［J］．生态学报，2014，（1）：1-11.

［70］王如松，欧阳志云．社会发展综合实验区生态建设及科技引导途径［J］．中国人口·资源与环境，1997，7（3）：11-14.

［71］王瑞景．浙江安吉国家可持续发展实验区通过验收［N］．科技日报，2015-11-18.

［72］王少峰．“两山”理论指导绿色发展［EB/OL］．https：//www.sohu.com/a/299659643_114882，2019-03-07.

［73］王松霈．生态经济学［M］．西安：陕西人民教育出版社，2000.

［74］王伟中．中国绿色转型：努力、实践和未来［J］．中国人口·资源与环境．2012，22（8）：1.

［75］王煊．国外生态城市建设、管理经验与启示［J］．世界农业，2016，（5）：53-58.

［76］王亚萍．榆林国家可持续发展实验区建设问题研究［D］．西安：

西安建筑科技大学，2011.

［77］卫宝龙，严力姣，李建新，等．中国要美，农村必须美：美丽乡村的中国之路［M］．北京：中国农业出版社，2019.

［78］武卫政，孙秀艳，顾春．绿水青山就是金山银山：浙江湖州生态文明建设纪实之一［N］．人民日报，2018-04-20.

［79］习近平．绿水青山也是金山银山［N］．浙江日报，2015-08-24.

［80］徐俊，迟计．社会发展综合实验区建设的思路与对策［J］．中国人口·资源与环境，1994，4（1）：65-68.

［81］徐盛国，楚春礼，鞠美庭，等．“绿色消费”研究综述［J］．生态经济，2014，30（7）：65-69.

［82］杨建新．习近平绿色发展思想研究［D］．天津：天津工业大学，2018.

［83］杨婷．新疆阜康国家可持续发展实验区建设案例研究［D］．大连：大连理工大学，2015.

［84］姚娜，宋敏，刘学敏．国家可持续发展实验区科技计划实施现状及成效［J］．中国人口·资源与环境，2015，25（1）：158-161.

［85］尹昌斌，周颖，刘利花．我国循环农业发展理论与实践［J］．中国生态农业学报，2013，21（1）：47-53.

［86］于志宏，王秋蓉．打造贡献全球的中国可持续发展样板：访科技部社会发展科技司司长吴远彬［J］．可持续发展经济导刊，2019（1-2）：67-71.

［87］约瑟夫·熊彼特．经济发展理论：对于利润、资本、信贷、利息和经济周期的考察［M］．何畏，易家详，译．北京：商务印书馆，1991.

［88］约瑟夫·熊彼特．资本主义、社会主义与民主［M］．吴良建，译．北京：商务印书馆，1990.

［89］张海鹏．中国城乡关系演变 70 年：从分割到融合［J］．中国农村经济，2019，（3）：2-18.

［90］赵晓华．西安市可持续发展环境经济影响模型研究［D］．西安：西安石油大学，2008.

［91］中国21世纪议程管理中心．国家可持续发展试验区一览［EB/OL］．http：//www.acca21.org.cn/trs/000100310002000 8/，2019-12-06.

［92］中国科学院可持续发展战略研究组．2010中国可持续发展战略报告：绿色发展与创新［M］．北京：科学出版社，2010.

［93］黄群慧，黄速建，王钦，等．中国产业发展和产业政策报告（2013—2014）［M］．北京：经济管理出版社，2016.

［94］中华人民共和国科学技术部．关于印发领导同志在国家可持续发展实验区20周年总结表彰大会上讲话的通知［EB/OL］．http：//www.most.gov.cn/fggw/zfwj/zfwj2007/200701/t20070116_54318.htm，2007-01-16.

［95］中华人民共和国外交部，联合国驻华系统．中国实施千年发展目标报告（2000-2015）［R/OL］．http：//cn.chinagate.cn/reports/2015-07/28/content_36164105，htm，2015-07-28.

［96］中华人民共和国外交部．中国落实2030年可持续发展议程进展报告（2019）［R/OL］．http：//www.xinhuanet.com/world/2019-09/25/c_1210292253.htm，2019-09-25.

［97］朱婧，孙新章，刘学敏，等．中国绿色经济战略研究［J］．中国人口·资源与环境，2012，22（3）：7-12.

［98］诸大建．可持续性科学：基于对象—过程—主体的分析模型［J］．中国人口·资源与环境，2016，26（7）：1-9.

重要术语索引

附件 1

国家可持续发展实验区管理办法

第一章　总　则

第一条　为全面贯彻落实科学发展观，实施“科教兴国”和“可持续发展”战略，推进我国区域经济、社会协调发展，进一步加强国家可持续发展实验区（以下简称实验区）工作，为国家全面建设小康社会和构建社会主义和谐社会提供综合实验示范，在总结多年来实验区工作经验的基础上，制定本办法。

第二条　实验区工作实行国务院相关部门联席会议及联络员制度，科技部作为牵头部门，会同有关部门研究商议实验区建设与发展相关政策、管理机制及实验区新区评审、检查与验收等工作，各有关部门根据部门相关职能对实验区建设提供指导和支持。

第三条　实验区工作由科技部社会发展科技司归口管理，具体负责组织研究制定相关政策和制度；对实验区工作进行协调、指导、监督和检查，为实验区建设和发展创造条件，提供支持。

第四条　各省（自治区、直辖市）科技行政管理部门归口管理所辖区域实验区工作，负责协调解决本地实验区建设中的重大问题，为本地国家和省级实验区的建设与发展提供必要的支持。

第五条　实验区所在地人民政府负责本地实验区工作，应当成立由党政主要领导担任组长的实验区领导小组，并成立实验区办公室（跨行政区划的应成立联合办公室），具体负责实验区组织、管理和协调工作。

第二章　申报、考察与批复

第六条　实验区申报范围：直辖市、副省级城市城区，地级市，地级市城区，及上述行政区划的特定区域，县及县级市，镇级行政区。

第七条 申报实验区可以由申报范围内的行政区单位独立申报，也可由多个行政区划单位联合提出申请。

第八条 申报实验区应具备以下条件：

1. 经省（直辖市、自治区）主管部门正式批准建立省级实验区一年以上，取得一定成效和经验，具有进一步开展实验区工作的良好基础。

2. 领导重视，组织完善。实验区工作已被列入当地党委、政府议事日程，成立了由主要领导负责的协调领导小组；制定的国家可持续发展实验区建设规划科学、可行。

3. 具有开展实验区工作的内在需求和持续的发展动力；实验区建设目标和实验主题明确，具有鲜明特色和较强的区域代表性及示范意义。

4. 具备一定的可持续发展能力和推进可持续发展的经济与社会基础，科技支撑条件较好。

第九条 实验区申报由实验区所在地政府向省（自治区、直辖市）科技行政主管部门提出申请，经省（自治区、直辖市）科技行政主管部门审查后，向科技部提出推荐意见并向国家可持续发展实验区办公室（以下简称实验区办公室）提交有关材料。

申报材料包括：

1. 省（自治区、直辖市）科技行政主管部门的推荐函。

2. 《国家可持续发展实验区申报书》（格式附后）。

3. 《国家可持续发展实验区建设规划》（以下简称《实验区规划》）。

4. 开展省级实验区建设工作的总结报告。

第十条 申报受理：科技部授权实验区办公室对申报材料进行形式审查，并适时进行预考察和组织专家组赴申报地实地考察。专家组应及时提出书面考察报告和审查意见报送实验区办公室。

第十一条 科技部组织召开由国务院有关部门参加的联席评审会，对申报单位进行综合评审并形成评审意见。通过评审的实验区由科技部下达认定批复文件。

第三章 组织与管理

第十二条 科技部设立实验区办公室，成员由科技部有关单位的负责同志和工作人员组成。实验区办公室设在中国21世纪议程管理中心，负责实验区的日常管理工作。

第十三条 科技部聘请相关领域的专家组成实验区专家指导委员会，其主要职责是：受实验区办公室的委托，开展可持续发展实验相关理论和政策研究，参与实验区考察、验收等工作，并对实验区的建设与发展提供咨询、培训和指导。

第十四条 实验区建设期一般为五年，实验区所在地政府要按照已确定的《实验区规划》及示范工程项目，积极稳妥、分步骤、分阶段组织做好实验区各项工作。

第十五条 《实验区规划》是实验区建设的重要文件，须经当地人大审议通过，其实施情况应接受人大监督检查，经审议通过的《实验区规划》应报科技部备案。《实验区规划》实施过程中，遇有相关内容或指标调整须由实验区所在地人民政府和人大将调整意见及相关说明及时报送实验区办公室。

第十六条 各实验区应于每年一月底以前将上一年度实验区工作情况书面报实验区办公室和省主管部门，同时提出下一年度工作的总体安排和具体计划。

第十七条 实行实验区工作表彰制度。科技部每五年将组织对开展实验区工作组织有力、成效显著、产生较大的区域影响和示范效果的实验区和在实验区建设中做出突出贡献的先进个人进行表彰。

第四章 检查与验收

第十八条 开展工作满二年的实验区，完成阶段任务后，应向实验区办公室提出中期检查申请，原则上由科技部委托各省（自治区、直辖市）科技行政管理部门组织中期检查，并将中期检查结果报实验区办公室。

第十九条 实验区开展工作满五年，完成实验区全部规划任务后，由实验区所在地人民政府提出验收申请并经省（自治区、直辖市）科技行政管理部门审核后，向实验区办公室提出验收申请，由实验区办公室组织有关部门和专家进行验收。验收工作的主要内容：

1. 实验区协调领导小组及实验区办公室可持续发展能力建设工作情况。

2. 《实验区规划》中确定的目标、任务、重点项目及各项指标的完成情况及取得的成效。

3. 实验区在体制、机制、管理和科技创新等方面的主要做法和经验。

4. 实验区所在行政区划人民政府进一步支持和推动可持续发展工作的思路和方案。

第二十条 申请验收的实验区需提交以下材料：

1. 《实验区规划》原件或复印件一式七份。

2. 实验区工作总结及自我评估报告。

3. 实验区可持续发展示范项目实施情况报告。

4. 国家可持续发展实验区验收申请书。

第二十一条 实验区办公室对各实验区验收申请报告进行审核，编制验收工作计划和进度安排，组织验收工作组对通过审核的国家可持续发展实验区进行验收。

验收工作具体要求如下：

1. 验收工作组由实验区专家指导委员会成员和实验区办公室成员5~7人组成。验收工作采取实地考察、听取相关汇报、举行座谈会和发放调查问卷等形式进行。

2. 验收工作组有权对实验区工作报告、验收文件、规划实施情况及考察过程中的有关问题提出质询。

3. 验收工作组通过对实验区的综合考评形成《验收报告》，提交实验区办公室。根据实验区办公室提出的验收评审建议，由科技部组织召开由国务院相关部门参加的实验区联席评审会，进行实验区验收综合评审，评审结果由科技部发文批复。

第二十二条 验收结果分为验收合格与验收不合格两种，经考核，全面完成《实验区规划》任务，通过验收评审即认定验收合格；经考核，工作组织不力，未完成《实验区规划》任务，为验收不合格。

第二十三条 实验区实行动态管理，经验收合格的实验区，自验收批复之日起三年内可按有关规定申报国家可持续发展先进示范区，仍列入实验区管理系统。经验收合格的实验区三年内未申请或未通过国家可持续发展先进示范区评审，将不再作为实验区。验收不合格的实验区，将取消其“国家可持续发展实验区”称号。

第五章 附 则

第二十四条 本办法自发布之日起施行，原《国家可持续发展实验区管理办法》和《国家可持续发展实验区验收管理暂行办法》同时废止。

第二十五条 本办法实施前批准的实验区验收时间仍按六年实施期验收。本办法实施后批准的新实验区按本办法规定（五年实施期）进行验收。

第二十六条 本办法由科技部负责解释。

附件 2

北京市可持续发展实验区管理办法

第一章 总 则

第一条 为全面贯彻落实科学发展观，坚持以人为本、全面协调可持续发展，规范和加强北京市可持续发展实验区的认定和管理工作，参照科技部《国家可持续发展实验区管理办法》的相关规定，结合本市实际，制定本办法。

第二条 北京市可持续发展实验区（以下简称“实验区”）是在北京市行政区域内建设的可持续发展综合示范试点区域。在区县、街道、乡镇、开发区等特定的区域内，旨在依靠科技进步、机制创新、制度建设和政策突破，探索不同类型区域的经济、社会、资源、环境协调发展的机制和模式，在推动可持续发展进程中发挥辐射引领和示范带动作用。

第三条 北京市科学技术委员会（以下简称“市科委”）负责协调指导和组织推进实验区的发展与建设，研究制定促进实验区发展的相关政策和制度；编制和实施北京市可持续发展实验区的总体规划和发展计划；批准实验区的建立、撤销，开展实验区的组织管理等工作；对实验区工作进行协调、指导、监督和检查，为实验区的建设和发展创造条件。

第四条 申报单位作为实验区建设主体，负责推进实验区的建设与发展。

第五条 实验区所在区县政府、开发区管理委员会是所辖区域实验区的管理主体，负责协调解决实验区发展、建设和运行中的重大问题，为实验区的建设和发展提供支持。

第六条 实验区所在区县政府、国家级开发区管理机构应当成立由党政主要领导担任组长的实验区协调领导小组，并成立实验区协调领导小组办公室（设在实验区所在区县、国家级开发区管理机构内的科技行政管理部门），负责实验区的组织、管理和协调工作。

第二章　申报与认定

第七条　实验区申报范围：北京市行政区划内的区县、街道、乡镇、开发区等同级人民政府、政府派出机关、开发区管理机构为申报单位。

第八条　申报实验区应具备以下条件：

（一）领导重视，组织完善。实验区工作已被列入所在区县党委、政府、政府派出机关、开发区管理机构的议事日程，成立了由主要领导负责的协调领导小组和管理办公室；

（二）基础扎实，成效显著。公众参与意识较强，具有较好的可持续发展条件和科技支撑条件，开展了不同形式的可持续发展探索和实践，取得了明显成效和经验；

（三）目标明确，特色突出。具有开展实验区工作的内在需求和持续的发展动力，建设规划科学可行，建设目标和实验主题明确，具有鲜明特色和较强的区域代表性及示范意义。

第九条　街道、乡镇、市级开发区等申报实验区的，由其向所在区县政府提出申请，经区县政府审查并签署意见后，向市科委提出申请并提交有关材料；区县、国家级开发区等申报实验区的，由所在区县政府、开发区管理机构直接向市科委提出申请并提交有关材料。申报材料包括：

（一）区县政府、国家级开发区管理机构的推荐函；

（二）《北京市可持续发展实验区申报书》；

（三）《可持续发展实验区建设规划》；

（四）关于成立实验区协调领导小组及办公室的相关文件。

第十条　市科委按照本办法规定的程序认定北京市可持续发展实验区。认定程序如下：

（一）对申报材料进行形式审查；

（二）组织专家组实地考察和评审答辩，由专家组提出书面考察报告和评审意见；

（三）审核并认定可持续发展实验区。

第十一条　可持续发展实验区经认定后予以授牌，统一命名为“北京市可持续发展实验区”。

第三章　组织与管理

第十二条　实验区建设期一般为三年。实验区所在区县政府、国家级开发区管理机构要按照已确定的《可持续发展实验区建设规划》，积极稳妥做好实验区各项工作。

第十三条　《可持续发展实验区建设规划》在实施过程中相关内容如需调整，应由所在区县政府、国家级开发区管理机构审核同意并报送市科委备案。

第十四条　实验区应于每年十二月底以前将当年实验区工作情况和下一年度工作计划书面报送市科委。

第十五条　实验区在发展建设过程中取得的重大进展，应及时向市科委报告并提交书面材料。

第十六条　市科委根据工作需要，可以委托相关机构协助开展实验区日常工作。

第四章　扶持政策

第十七条　市科委设立专项资金，充分发挥科技进步和创新的支撑引领作用，重点支持实验区以提高区域可持续发展能力为目标，以促进科技成果的推广应用和产业化为核心，加快提升区域主导产业，大力加强生态环境建设，深入推动科技成果惠及民生。

第十八条　市科委通过科技计划项目等方式支持实验区加强能力建设，并鼓励、支持其承担国家科技研发和产业化项目，以及申报国家级实验区。市科委优先支持实验区承接本市重大科技成果转化和产业化项目，推进新技术新产品在实验区的示范应用。

第十九条 支持实验区开展管理体制和工作机制创新，推动中关村国家自主创新示范区先行先试的试点政策优先在符合条件的实验区推广落实。

第五章 检查与验收

第二十条 市科委根据实验区的建设发展情况，适时组织阶段性检查。

第二十一条 实验区开展工作满三年、完成一个建设周期以后，应由实验区所在地区县政府、国家级开发区管理机构向市科委提出验收申请，申请验收应提交以下材料：

（一）验收申请书；

（二）《可持续发展实验区建设规划》的实施情况和总结报告；

（三）建设期间实验区科技成果转化、主导产业提升、生态环境改善、科技惠及民生等方面取得的进展情况；

（四）实验区在可持续发展能力建设等方面取得的主要成绩；

（五）下一建设周期可持续发展实验区建设规划。

第二十二条 市科委组织专家组对提出验收申请的实验区进行实地考察和评估，并提出验收意见。

第二十三条 验收结果分为验收合格与验收不合格两种。经考核，全面完成规划建设任务，通过验收评审后即认定验收合格。经考核，工作组织不力，未完成规划建设任务，为验收不合格，将取消其“北京市可持续发展实验区”称号，并在三年内不允许再次申报实验区。

第二十四条 对验收合格，且提交下一建设周期可持续发展实验区建设规划并通过专家论证的，优先认定为“北京市可持续发展实验区”，进入下一个建设周期。

第二十五条 实验区如出现下列情形之一的，市科委将中止其建设资格，并取消其“北京市可持续发展实验区”称号：

（一）在阶段性检查中发现实验区建设存在重大问题，经整改后仍没有解决的；

（二）连续两年不提供总结；

（三）不接受市科委的管理；

（四）申报单位自行要求取消其“北京市可持续发展实验区”称号；

（五）市科委认为应该中止和取消的其他情形。

第六章　附　则

第二十六条　本办法自发布之日起三十日后施行。

后　记

本书是在北京市科委重点研发计划“可持续发展实验区建设与管理”（项目编号：Z181100009118002）和“资源环境与可持续发展”（项目编号：Z161100001216014）等项目支持下撰写完成的。感谢北京市科委对本专著出版的资助。

在现场调研、数据采集、资料收集与分析过程中，本书得到了北京市科委社发处李京霖博士，门头沟区科信局副局长邹莉、科长姜华，密云区科委副主任张维海，怀柔区科委副主任王金山，房山区大石窝镇镇长朱华俊，密云区太师屯镇党委书记胡勇，密云区大城子镇副镇长孙树春等领导的积极协调与帮助，特别是李京霖博士，多年来一直对本人跟踪北京市可持续发展实验区研究工作鼎力支持，并提供了各种建设性建议，在此表示深深感谢！北京市农林科学院农业信息与经济研究所孙素芬研究员、龚晶研究员、陈玛琳副研究员、张慧智副研究员、陈俊红副研究员、陈慈副研究员、赵姜副研究员、杜洪燕博士、陈香玉博士等在项目研究过程中，提供了技术支持和宝贵建议，特别是陈玛琳博士针对国家可持续发展实验区和创新议程发展示范区做了大量调研和总结分析工作，对此表示诚挚谢意！

还要特别感谢中国科学院生态环境研究中心吕永龙研究员、科技部国家可持续发展实验区专家委员会赵正中主任、原科技部发展计划司蔡文沁研究员、社发司何革华研究员、中国21世纪议程管理中心孙新章研究员、中国可持续发展研究会何建清研究员、农业农村部规划设计院朱明研究员、国家住宅工程研究中心张晓彤研究员、北京邮电大学胡燕祝教授、原北京市科委王丽水委员、北京市科委滕树龙研究员、北京市科委邢永杰处长、北京市科委刘宪明调研员、北京市经济与社会发展研究所社会研究部朱跃龙部长、中国农业大学普书贞教授、中国农业科学研究院刘凤岐副研究员、北京市环境科学院陈淑峰高级工程师等在本成果形成的各个阶段所提出的大量中肯意见和建议，使得本项成果研究思路更加清晰，内容更加合理和充实。

特别需要说明的是，本书的数据主要来自各类政府统计年鉴、公报。本书还参阅了政府部门及知名研究机构的公开报告，由于篇幅所限，未能在正文中全部标注，深表歉意。同时，也对各方的支持与帮助表示衷心感谢！最后需要指出的是，本书内容只反映作者个人观点。尽管本人多年来一直跟踪北京市可持续发展实验区建设与研究工作，但因时间、精力和研究水平有限，书中难免有不成熟和不完善之处，欢迎读者对本书提出宝贵意见和建议。

周中仁

2021 年 5 月于北京